Jacqueline MONSIGNY
Edward MEEKS

Elizabeth Taylor et Richard Burton

Les amants terribles

COUPLES MYTHIQUES

Éditions Alphée • Jean-Paul Bertrand

Collection Couples Mythiques
dirigée par Sylvie Gericke-Bertrand

www.editions-alphee.com

EAN : 978 2 7538 0468 5

Elisabeth sera en retard
même pour le Jugement dernier !
Richard BURTON

Prélude

Ils furent extraordinaires, rares, beaux, originaux, exceptionnels, gais, fous, hors du commun, tendres et sauvages… Ils furent uniques, incroyables, enfantins, capricieux, géniaux, fascinants, insupportables, généreux jusqu'à la folie, jetant des fortunes par-dessus les palais et les yachts. Ils furent les dernières stars d'une époque disparue. Ils furent amants, amis, associés, époux, parents, partenaires, rivaux implacables pour gagner la gloire suprême de l'oscar !

Princes de l'écran, jouissant de la vie, des voluptés du sexe, de l'alcool, de l'or et des diamants, le monde était l'immense scène sur laquelle ils se produisaient avec fureur et impudeur.

À eux, rien n'était impossible. Ce couple mythique, Elizabeth Taylor et Richard Burton, loin de cacher son appétit de puissance et de gloire, en faisait son drapeau. Ils ont poussé leur amour si loin, si fort, que celui-ci, dévastateur et brûlant, s'est retourné contre eux, les laissant épuisés, anéantis par leurs deux surpuissantes personnalités. Alors seulement, ils ont compris avec rage et désespoir qu'ils ne pouvaient plus vivre ensemble, mais que paradoxalement, il leur était impossible d'exister l'un sans l'autre.

Cruel dilemme !

Tels des ethnologues, nous avons eu l'immense privilège d'admirer et d'approcher en toute discrétion ce couple unique, grâce à son entourage d'altesses royales, quand mon mari Edward Meeks et coauteur de ce livre, a tourné en 1972 en Hongrie *Barbe Bleue*, d'Edward Dmytryk, avec Richard Burton.

Le tournage du film a duré plus de deux mois. Un moment inoubliable, d'autant plus que nous avons été invités à la « petite réception » que donnait Elizabeth Taylor pour ses quarante ans.

Qui n'a jamais vu une fête Taylor-Burton n'a, à notre avis, pas connu la démesure : ce fut à tous points de vue, durant trois jours et trois nuits, splendeur, frénésie, sympathie, grandeur, drôlerie, générosité folle, toilettes somptueuses, rivières de diamants, raffinement, simplicité des hôtes (eh oui !), humour, chansons celtes, czardas déchaînées, banquets jusqu'à l'aube, boissons coulant à flots pour trois cents copains, stars pour la plupart. Tous étaient venus en avions spéciaux participer à l'hôtel Intercontinental de Budapest (transformé pour l'occasion en château de Camelot avec tous les chevaliers de la Table Ronde), au triomphe de leur reine aux yeux lilas et à celui de son Lancelot gallois.

Maintenant, les lumières s'estompent dans la salle. La musique retentit. Une déesse apparaît sur l'écran, coiffée d'un diadème scintillant de mille pierreries.

Calez-vous dans votre fauteuil. Voici l'histoire incroyable mais envoûtante de nos héros Liz et Richard. Avec eux, nous irons au paradis avant de connaître leur enfer…

J.M.

Chapitre 1

Elle

Une enfant en or

— Quelle horreur ! Mais c'est un monstre ! s'écrie Sara Taylor, quand la sage-femme lui présente, à Londres, le 27 février 1932 à deux heures du matin, son nouveau-né : une petite fille aussitôt nommée Elizabeth Rosemond, au visage fripé, affreusement marquée de taches rougeâtres, la tête, les oreilles et le corps couverts de poils noirs. Celle qui deviendra un jour la plus belle femme du monde a tout d'un petit singe.

Pendant dix jours, cet affreux bébé qui désespère sa mère autant que son père Francis Taylor, un élégant négociant américain d'œuvres d'art dans la City, refuse de plus obstinément d'ouvrir les yeux. Est-elle aveugle ?

La pauvre Sara, une ancienne actrice, américaine comme son mari, sanglote sur le berceau de sa fille, en pensant à son fils de trois ans, Howard, aux traits si beaux et délicats. Mais cette femme énergique, faisant partie de la *Christian Science*, prie Dieu de toutes ses forces pour que sa pauvre petite Elizabeth soit guérie de sa laideur.

Dix jours plus tard, les affreux poils tombent. Miracle, le vilain petit canard ouvre enfin de magnifiques yeux couleur lavande, qui vont foncer peu à peu pour devenir assez vite d'un bleu profond aux reflets violets. De longs cils noirs, comme on n'en a jamais vu chez une enfant si jeune, entourent ses pupilles. Telle Blanche-Neige, des boucles très brunes font ressortir son exquis visage au teint de tanagra très pâle, avec déjà un grain de beauté sur la joue droite, qu'elle gardera toujours.

Les amis du couple Taylor ne cessent d'admirer la beauté d'Elizabeth. Celle-ci, comme une petite idole, s'habitue à ces compliments qu'elle trouve normaux.

Comme tous les Américains, Elizabeth rêve d'approcher les deux princesses d'Angleterre, son homonyme Elizabeth (Lilibeth), née en 1926, de six ans son aînée, et Margaret Rose, née en 1930. Seuls deux ans les séparent. Elizabeth espère beaucoup rencontrer les filles du roi et de la reine d'Angleterre, afin de pouvoir leur parler au très chic cours de danse Vacani où l'a inscrite sa mère.

C'est que Sara Taylor, regrettant toujours d'avoir abandonné son métier d'actrice pour se marier, forme sa fille en vue d'en faire une jeune fille accomplie. Aux cours de danse s'ajoutent ceux de chant, de piano, de maintien, d'équitation. La vie est belle à Londres.

Pas pour longtemps ! Dès 1939, sans attendre la déclaration de guerre, Francis Taylor, alarmé par les bruits de bottes d'Hitler, embarque à Pâques sa femme, son fils et sa fille à Southampton sur un paquebot américain, le *S.S. Manhattan*. Direction New York. Francis Taylor doit fermer sa galerie et promet qu'il ira rejoindre sa famille. Il ne réussira à le faire qu'en décembre 1939, quand la guerre sera déclarée. Malheureusement, il ne pourra emporter avec lui que quelques toiles. Son stock reste à Londres. Sa fortune finira sous les bombes du Blitz. Cette catastrophe budgétaire aura évidemment des conséquences sur l'avenir d'Elizabeth, tandis que son père sera obligé, en Amérique, de repartir à zéro.

Après quelques hésitations, la famille Taylor part s'installer en Californie. Elizabeth se souviendra toujours de ce long trajet de plusieurs jours en train pour traverser les États-Unis.

Sara Taylor adore aussitôt La « Mecque du cinéma » : Hollywood. Elle comprend vite qu'à l'Ouest, on peut faire fortune et le filon magique s'appelle Elizabeth.

La plus grande star de l'époque est une toute petite fille, Shirley Temple. Sara emmène souvent Elizabeth voir l'enfant prodige au cinéma. Une question tarabuste Sara. Comment réussir à présenter Elizabeth, qui a maintenant huit ans, à Universal ou à la Metro Goldwyn Mayer, les deux plus importants studios de Hollywood ?

À la sortie de la *Elementary School* (une école publique où Sara, par manque d'argent, a inscrit ses enfants), les parents des élèves n'arrêtent pas de lui dire qu'Elizabeth ressemble trait pour trait à Vivien Leigh, l'actrice anglaise qui vient de triompher dans *Autant en emporte le vent.*

Sara Taylor ne cesse de mettre sa fille en valeur. Dès qu'elle reçoit des invités, elle prépare Elizabeth, la coiffe avec des anglaises et lui demande de chanter pour leurs amis.

De son côté, Francis Taylor a rouvert une galerie très bien placée au Beverly Hills Hôtel, où vont bientôt venir aux vernissages acteurs et metteurs en scène célèbres, tels que Norma Shearer, Edward G. Robinson, Darryl F. Zanuck, Michael Curtiz, Bette Davis, Walter Pidgeon, George Cukor, Billy Wilder, Raoul Walsh, Frank Capra, Van Johnson …

Enfin, tous les efforts de Sara paient : grâce à la « secrétaire du père d'une camarade de jeux », la jeune Elizabeth Taylor est convoquée en 1940 pour une audition à la Metro Goldwyn Mayer.

Sara, surexcitée, fait donner en accéléré des cours de maintien, chant et diction à sa fille de huit ans. Celle-ci comparaît devant le terrible Louis B. Mayer en personne. Il terrorise la petite fille qui, déclare-t-il, « chante très faux *Le Beau Danube Bleu* ».

L'histoire nous sera justement racontée à Budapest par Claudie Bozzachi, la coiffeuse personnelle et amie d'Elizabeth, formée par le célèbre Alexandre de Paris. Il semble qu'Elizabeth Taylor n'a jamais oublié cette audition ratée du *Beau Danube Bleu*. Elle pourra d'ailleurs l'apercevoir tous les jours, en 1972, lors du tournage de *Barbe Bleue*, depuis la terrasse de son penthouse royal, au dernier étage du palace.

Assez méprisant, Louis B. Mayer déclare à Sara que sa gamine n'a aucun avenir ni dans le chant, ni dans le cinéma. Si jeune, Elizabeth est humiliée et consternée. Elle veut gagner de l'argent pour ses parents qui en manquent cruellement.

Retour à la case départ. Mais Sara, intrépide, ne se décourage pas : cette fois-ci, la « fille d'une secrétaire ayant travaillé chez Norman Shearer » obtient un rendez-vous pour Elizabeth chez Universal. Les producteurs du Studio ne sont pas emballés par la petite fille. L'un d'eux remarque, bougon, qu'elle n'a pas de fossettes comme Shirley Temple, un autre sait déjà qu'elle ne peut pas chanter. Finalement, un homme qui a du nez, Myron Zelznick, le célèbre agent, remarque Elizabeth. Il conseille aux producteurs d'Universal d'engager à tout hasard cette gosse qui a de si beaux yeux. Un contrat de cent dollars hebdomadaires, pour vingt semaines, est conclu. L'argent sera versé à Sara Taylor.

Elizabeth va tourner trois jours pour la première fois de sa vie en 1941 *There's One Born Every Minute*, de Harold Young. Elle a neuf ans et joue Gloria, une gosse absolument insupportable. Quand on observe de près ce film aujourd'hui, dans ce rôle très court, tout Elizabeth Taylor y est déjà. Regard, beauté, caractère puissant.

Le chef de production, un homme qui a dû le regretter, déclare :

— Elizabeth Taylor ne peut devenir vedette. Elle ne sait pas danser comme Jane Powel, chanter comme Judy Garland, ni surtout pleurer sur commande comme Margaret O'Brien (toutes des enfants stars), et puis sa mère est une des personnes les plus exaspérantes qui soit !

Sur ce jugement définitif, Universal rompt le contrat en 1941.

Elizabeth sanglote pendant plusieurs jours. Elle refuse de s'alimenter et de sortir pour aller jouer. Consterné de voir sa fille dans cet état, Francis Taylor accuse Sara. Ils ont une scène violente.

Le chagrin de cette enfant de neuf ans est terrible, elle supporte déjà la poids d'une responsabilité, celle d'adultes : ses parents. Ces chocs ont sûrement été très douloureux et difficiles à oublier.

Hollywood était et demeure à la fois aussi magnifique que cruel pour les acteurs, mais à cette époque-là, la vie des enfants comédiens était particulièrement dure et impitoyable. Elizabeth, courageuse, retourne à l'école où ses camarades l'aiment beaucoup. Elle échange ses vêtements avec les copines. C'est une époque où Elizabeth aime se vêtir en gitane, avec des jupes trouées, se souvient une de ses amies.

À l'automne 1942, un coup de théâtre change le destin d'Elizabeth. Elle a dix ans. La Metro Goldwyn Mayer cherche une petite fille avec l'accent anglais pour être la partenaire du jeune Roddy McDowall, de quatre ans son aîné, dans le film *Lassie Come Home (La Fidèle Lassie).*

Enfant acteur britannique déjà très connu au Royaume-Uni, il a été évacué de Londres dès 1940 en raison du Blitz. En Amérique, Roddy jouit d'une grande popularité pour avoir tourné à Hollywood *How Green Was My Valley (Qu'elle était verte ma vallée)*, un immense succès.

Les directeurs artistiques de la MGM font passer audition sur audition mais ne trouvent pas l'oiseau rare féminin.

Un ami de Francis Taylor, le producteur Sam Marx, a souvent vu Elizabeth à la galerie de son père. Il a, comme tout le monde, remarqué sa beauté et son accent typiquement british. Marx organise une audition à la MGM. Cette fois-ci, Elizabeth est sûre de sa force. N'a-t-elle pas dix ans ?

D'une voix ferme et avec son accent anglais parfait, Elizabeth n'a même pas besoin d'arriver au bout de la scène. Elle est engagée sur le champ avec un nouveau contrat de cent dollars par semaine. Plus tard, elle racontera en riant que la chienne colley Lassie était payée beaucoup plus qu'elle, deux cent cinquante dollars par semaine. Mais Elizabeth a toujours adoré les animaux et elle n'en a pas voulu à Lassie.

Dès le premier jour de tournage, Elizabeth est parfaite, sachant son texte, prenant ses places, jouant avec un naturel incroyable face à la caméra.

Roddy McDowall, déjà un « vieux routier » de quatorze ans, raconte dans ses mémoires qu'il a été suffoqué par le professionnalisme d'Elizabeth.

— C'était une adulte miniature, déclare-t-il, avec le visage le plus exquis. Je n'ai pas douté un instant qu'elle deviendrait une immense star, avec des yeux si fascinants que le directeur de la photo lui a demandé d'ôter son rimmel.

— Mais je n'en ai pas ! affirma Elizabeth. Confirmation fut faite par le maquilleur.

Les yeux mauves d'Elizabeth paraissaient répondre à la caméra et jouer avec l'objectif.

Une grande amitié va naître entre elle et Roddy. Il a l'expérience des plateaux et de Hollywood. Dorénavant, il va conseiller sa jeune partenaire, lui donner des astuces et lui apprendre à éviter les dangereux écueils avec la production.

Roddy sera pour Elizabeth un ami fidèle et précieux jusqu'à son décès en 1998. De cette disparition, elle aura un immense chagrin.

En pleine gloire, souvent, Elizabeth Taylor apparaitra à la cérémonie des oscars ou d'autres manifestations au bras de Roddy McDowall, le remettant ainsi dans la lumière des projecteurs de manière à « lui procurer un rôle » quand sa carrière aura besoin d'un coup d'accélérateur.

Pour Elizabeth, l'amitié est sacrée. Elle le prouvera à de nombreuses reprises, pour Montgomery Clift, James Dean et en continuant aujourd'hui son combat contre le sida ainsi que pour la mémoire de Rock Hudson.

La Fidèle Lassie ayant été un grand succès commercial, la MGM offre à Elizabeth son fameux contrat de sept ans : celui qui sera tant haï plus tard par les stars car c'était « le » moyen de les garder prisonnières ! Pourtant, Elizabeth et Sara sont ravies par les termes de l'accord, cent dollars par semaine avec de substantielles augmentations, terminant au bout de sept années à ce chiffre mirobolant pour l'enfant : sept cent cinquante dollars par semaine. Elizabeth sait qu'à dix ans, elle nourrit sa famille. Quant à Sara, elle se rengorge, sûre qu'elle a eu raison de pousser sa fille.

En 1943, Elizabeth tourne *Jane Eyre* de Robert Stevenson, puis elle enchaîne dans un petit film de guerre, *The White Cliffs of Dover (Les Blanches falaises de Douvres)*, mais « le gros coup » va bientôt arriver. Elizabeth vit presque totalement à la MGM. Ses studios, jardins, parcs, bungalows de Culver City sont sa maison. Elle rencontre à la cantine toutes les stars de l'époque et leur demande innocemment des signatures pour son carnet d'autographes. Elle a maintenant onze ans et semble un peu jeune pour interpréter le rôle d'un film en préparation, tiré d'un best-seller, *National Velvet (Le Grand National)*. C'est l'histoire d'une adolescente anglaise, Velvet, qui gagne à la loterie un cheval magnifique, « Le Pi » (appelé en français Espoir). Déguisée en garçon, elle gagne sur le Pi le plus difficile *steeple-chase* du monde.

Quand les organisateurs découvrent que Velvet est une fille, après un scandale, elle est injustement disqualifiée. Mais l'héroïne s'en moque. Elle est devenue célèbre et a réussi son pari.

La MGM pense d'abord à des grandes vedettes comme Vivien Leigh, Shirley Temple, Katharine Hepburn, pour interpréter Velvet, mais soit elles n'avaient plus l'air d'adolescentes, soit elles n'étaient pas bonnes cavalières. Elles ne seront pas retenues. Les producteurs hésitent. Elizabeth Taylor est bien jeune et trop petite. Avec aplomb, Elizabeth assure qu'elle grandira en trois mois grâce à sa volonté et qu'elle est la seule à savoir très bien monter à cheval.

Le metteur en scène, Clarence Brown, est séduit par la gamine et décide de l'engager. Il a raison, elle va grandir de huit centimètres en peu de temps.

La vedette du film, Mickey Rooney, jeune homme de vingt-trois ans ayant déjà tourné dix films, prend Elizabeth sous son aile. Lui aussi la conseille et la défend. Ce tournage de sept mois d'affilée est très dur pour Elizabeth, « le plus difficile de sa vie », avouera-t-elle plus tard. Clarence Brown, le metteur en scène, déclare : « Quelque chose de magique s'est passé entre elle et la caméra qui est tombée amoureuse d'Elizabeth Taylor. »

La récompense arrive avec la sortie du film dont le succès est colossal en 1944, avec à la clé deux oscars. Elle a treize ans. Ravie de sa prestation, la MGM lui signe un nouveau contrat. Cette fois-ci, elle gagne trente mille dollars par an (somme énorme à cette époque-là) et Mme Sara Taylor aura deux cent cinquante dollars par semaine pour continuer à chaperonner sa fille. Car Sara ne la quitte jamais, craignant, incroyable paradoxe, les « futilités » d'un métier où elle a jeté sa propre enfant.

La guerre se termine et Elizabeth partage le bonheur de la nation. Sa célébrité avec *Le Grand National* lui sert de tremplin. La vie d'Elizabeth est transformée du tout au tout. Elle est reçue avec les honneurs à la Maison-Blanche par le président Harry S. Truman, la First Lady Bess et leur fille Margaret qui chante pour l'occasion.

Elle est partout, sur les publicités du savon Lux, les maquillages Max Factor, sur des cartes de vœux, des livres d'enfants, photographiée avec Lassie, Le Pi, l'écureuil-vedette Nibbles. Cela ne dérange pas Elizabeth qui s'entend très bien avec les animaux. Elle a déjà trois chiens, quatre chats et trois chevaux. À quatorze ans, le moins que l'on puisse dire est qu'Elizabeth n'a pas la vie d'une adolescente normale.

Comme le public adore la jeune actrice entourée d'animaux, la MGM lui fait tourner une suite, *Courage of Lassie (Le Courage de Lassie)*. Cette fois-ci, Elizabeth est beaucoup mieux payée que la chienne et son nom sur les affiches figure au-dessus de celui de Lassie.

La MGM cherche un nouveau scénario pour sa jeune vedette. Elle le trouve avec *Cynthia*, une adolescente maladive, puis la même année, Elizabeth est « prêtée » par la MGM à la Warner Bros pour tourner avec William Powell et Irène Dunne *Life With Father (Mon père et nous)*, dont le metteur en scène est Michael Curtiz. Il a fait, entre autres chef-d'œuvres, le mythique *Casablanca*. Un génie du cinéma, mais un grand séducteur. La mère d'Elizabeth, Sara Taylor, ne lui résiste pas. Cette « idylle » dure le temps du tournage, mais brise le ménage Taylor. Elizabeth assiste à la séparation de ses parents. Elle en éprouve un tel choc qu'elle tombe malade plusieurs fois pendant le tournage. Il semble que ce soit le début des nombreux séjours d'Elizabeth Taylor dans différents hôpitaux. Comme si c'était le seul moyen pour elle de trouver un refuge.

Sa famille ayant éclaté, c'est donc la MGM qui sera sa famille. La présence constante de sa mère sur le plateau lui pèse. Elle a de fréquentes disputes avec Sara. Pourtant, malgré la séparation des Taylor, c'est Elizabeth qui fait vivre ses parents. Elle doit, elle veut gagner, pour eux, beaucoup d'argent, car au fond, ils dépendent totalement d'elle alors qu'elle n'a que quinze ans !

En 1948, pour ses seize ans, Elizabeth tourne *A Date With Judy (Ainsi sont les femmes)*, de Richard Thorpe, avec Wallace Berry et Jane Powell, puis aussitôt après, *Julia Misbehaves (La Belle imprudente)*, de Jack Conway, avec Greer Garson et Walter Pidgeon, qui ne peut s'empêcher de déclarer, en parlant d'Elizabeth :

— Pauvre gosse, c'est elle qui bosse pour sa famille !

Le soleil ne brille pas toujours à Hollywood

— Happy birthday, Liz !

Le 27 février 1948, la MGM offre une grande fête pour les seize ans de sa jeune vedette, ainsi que les clés d'une somptueuse décapotable rutilante. Ne voulant pas être en reste, les Taylor lui donnent à leur tour une Cadillac bleue, achetée probablement avec l'argent gagné par Elizabeth.

La voici avec deux somptueuses voitures qu'elle conduit sur Sunset Boulevard, pied au plancher. Les policiers sont indulgents pour celle que l'on appelle maintenant, à l'instar de Mary Pickford autrefois : « la petite fiancée de l'Amérique ».

Elizabeth a déjà plusieurs boyfriends, dont le joueur de football américain, Glenn Davis. C'est un jeune officier de West Point. Il est venu à Los Angeles pour un match amical entre l'armée et le très fameux club de Los Angeles, Rams. Des amis de la MGM ont eu l'idée de présenter Glenn à Elizabeth. Un sportif célèbre et la plus belle jeune fille d'Amérique, l'image ne pouvait que faire tilt. La romance plaît même à Louis B. Mayer.

Elizabeth vit une véritable idylle avec Glenn Davis. Ils mangent des glaces sur la plage, ne boivent pas, ne fument pas. Glenn offre à Elizabeth une bague de fiançailles. Ils s'embrassent, c'est tout !

Un secrétaire, terrorisé, déclare à Louis B. Mayer qui l'interroge pour savoir « jusqu'où » va la relation :

— Sir, tout ce que miss Taylor palpe chez Glenn Davis, ce sont les épaules !

Mais Elizabeth est désespérée car son « fiancé » doit partir pour la guerre en Corée. Ne doutant déjà de rien, elle organise un dîner avec quelques officiers de West Point et l'entraîneur de football Red Blaik. Celui-ci tombe de haut quand cette péronnelle de seize ans le supplie d'aller voir le général Eisenhower de la part d'Elizabeth Taylor pour lui demander d'épargner la Corée à Glenn car elle va l'épouser. Il semble que ce malheureux Red Blaik, persuadé que la jeune star connaissait très bien le général, soit vraiment allé quémander cette faveur ! La réponse de Dwight Eisenhower fut sans ambages :

— Tonnerre de Dieu ! Davis est d'abord un officier de West Point ! Il ira en Corée ou je ne m'appelle plus Ike !

Elizabeth pleura beaucoup et Glenn Davis partit pour la guerre en lui offrant son insigne en or de footballeur qu'elle porta longtemps autour du cou au bout d'une chaîne. On ne sait si elle lui rendit la bague.

Cet amour d'été et de jeunesse est très touchant, d'autant plus qu'Elizabeth promet à Glenn « d'aller le voir en Corée » après le tournage en Angleterre du film que la MGM lui prépare.

Évidemment, il n'y eut jamais de « voyage en Corée ».

Elizabeth pleure, mais, comme au cinéma, Bill Powley Jr arrive à point. C'est le fils d'un richissime ambassadeur des États-Unis au Brésil. La MGM et les parents Taylor approuvent ce choix. Bill offre à Elizabeth sa deuxième bague de fiançailles. Elle exulte de bonheur. Les promenades sur la plage recommencent. Les bains de mer, glaces et Coca-Cola.

Mais soudain, Elizabeth voit moins Bill. Elle se lasse de son fiancé. Les journaux s'inquiètent. On en parle à chaque émission. Mais que se passe-t-il ? À quand le mariage ? Si ce n'est pas Bill Powley Jr, qui sera l'heureux élu ? En fait, Bill voudrait une fiancée qui ne fasse pas de cinéma. Évidemment, il a mal choisi.

À cette époque « moyenâgeuse », une idylle doit être très pure, et suivie d'un mariage, surtout pour « la petite fiancée de l'Amérique ». Ici, à Hollywood, il ne peut y avoir que bonheur familial, fidélité (on en est loin dans la réalité), fraîche passion, union devant le pasteur. Les journaux donnent les mensurations d'Elizabeth. Stature : 1,64 m, tour de poitrine et de hanches : 90 cm. La perfection !

Bill Powley disparaît peu à peu de l'horizon. On se perd en conjectures ! Mais qui sera donc le fiancé de la plus célèbre et jolie fille du monde ?

Elizabeth, en perruque blonde, ce qui ne lui va pas tellement, tourne *Little Women (Les Quatre filles du Docteur March)* : une histoire pendant la guerre de Sécession qui a fait pleurer dans toutes les chaumières des États-Unis. Puis, au mois d'octobre, la MGM envoie sa jeune star, toujours chaperonnée par sa mère, tourner en Angleterre *Conspirator (Guet-apens)*, de Victor Saville, avec Robert Taylor dont elle joue l'épouse. Voilà deux Taylor à l'affiche, sans aucun lien de parenté, mais c'est bon pour la publicité.

Le rôle très dramatique est fort difficile pour Elizabeth, qui a vingt-et-un ans de moins que son partenaire. La MGM ne lui accorde aucun répit. Au retour, elle tourne *The Big Hangover (Le Chevalier de Bacchus)*, de Norman Krasna, avec Van Johnson qu'elle aime beaucoup comme camarade. C'est une comédie assez banale, mais Elizabeth est heureuse de travailler avec le beau Van qui partage son agacement pour la loi des studios, le système de Hollywood et la tyrannie de la MGM ainsi que celle de Louis B. Mayer.

Elizabeth voudrait être plus libre. Elle se rend compte qu'on la presse comme un citron. Elle désire choisir ses rôles, ne pas se les faire imposer et surtout, en trouver à sa mesure. La MGM ne s'en rend pas encore compte, mais Elizabeth est sur le point de ruer dans les brancards. Surtout quand la MGM la « prête » de nouveau à la Paramount. Heureusement, elle se calme car le rôle qu'elle cherche arrive : le grand metteur en scène Georges Stevens (qui a tourné en « vrai » et en couleur le débarquement de 1944 et la fin de la guerre jusqu'en 1945 en Allemagne, avec l'abominable entrée de son équipe de cinéma dans les camps de concentration de Dachau), prépare le film *A Place in the Sun (Une Place au soleil)*, tiré d'un best-seller de Théodore Dreiser. Stevens veut absolument Elizabeth Taylor pour interpréter la riche héritière Angela, en face de Montgomery Clift, la nouvelle star montante.

À New York, Elia Kazan et Lee Strasberg ont ouvert le cours de l'Actor's Studio. Monty Clift s'y est aussitôt inscrit, ainsi que son ami Marlon Brando. À Hollywood, Monty vient de tourner dans *Red River (La Rivière rouge)*, et surtout *The Heiress*

(L'Héritière), où il est le partenaire très remarqué d'Olivia de Havilland.

Monty est un être étrange, follement doué, les nerfs à fleur de peau, sauvage, solitaire et d'une beauté inquiétante. Pour la première de *L'Héritière*, la Paramount lui ordonne d'emmener Elizabeth Taylor au Grauman's Chinese Theater, car elle sera sa nouvelle partenaire dans son prochain film, *Une Place au soleil.*

Monty renâcle. Il n'a pas de smoking et proteste. Il est un acteur sérieux, lui !

— Cette Taylor, déclare-t-il, méprisant, n'est qu'une star de cinéma avec une paire de seins !

Curieusement, dix ans plus tard, Richard Burton aura, juste avant *Cléopâtre*, le même mépris machiste pour Elizabeth.

Bon gré, mal gré, après l'achat d'un smoking, la Paramount envoie Monty, de fort mauvaise humeur, avec deux attachés de presse comme chaperons, dans une Stretch limousine, chercher Elizabeth à son domicile. C'est Sara Taylor qui ouvre la porte, très excitée de rencontrer le mystérieux Montgomery Clift. Elle babille beaucoup trop.

Elizabeth, somptueuse dans une robe du soir turquoise, ses ravissantes épaules nues à peine recouvertes d'une cape de vison blanc, vient rejoindre Monty qui la fait monter poliment dans la limousine.

À peine assise, Elizabeth, sans s'occuper des attachés de presse, déclare tout de go à Monty :

— Je suis désolée pour maman. Elle peut vraiment être casse-cul !

Cette expression triviale sortant des lèvres purpurines de la plus belle fille du monde surprend tant Monty que lui, si sombre, éclate de rire. Il s'esclaffe, les larmes aux yeux, ce qu'il ne fait jamais. L'attachée de presse, Patricia, racontera plus tard qu'Elizabeth était vraiment mal embouchée, mais si peu guindée que son langage mit aussitôt tout le monde à l'aise, y compris Monty.

De nombreuses personnes seront en revanche très choquées du langage d'Elizabeth. Elles ne se rendaient pas compte que la jeune fille n'avait pas été élevée au pensionnat, mais sur les plateaux et les cantines de Hollywood. Elle avait, comme beaucoup de ses camarades, pris l'habitude de parler l'argot des machinos, des techniciens et même des acteurs.

Dès le début de la projection de *L'Héritière*, Monty chuchote pour Elizabeth :

— C'est affreux ! Je suis horriblement mauvais !

— Mais non, vous êtes magnifique ! déclare Elizabeth, sincère.

À la fin du film, les applaudissements pour Olivia de Havilland et Montgomery Clift lui prouvent qu'Elizabeth avait raison.

— Merci, Bessie Mae, lui chuchote-t-il.

Dans la limousine, sur le chemin du retour, Elizabeth demanda à Monty pourquoi il l'appelait Bessie Mae.

— Le monde entier vous nomme Elizabeth Taylor, moi je serai le seul à vous appeler Bessie Mae et personne ne le saura. Bonne nuit, Bessie Mae !

Et l'étrange Monty embrassa Elizabeth sur le front.

Sur le plateau d'*Une Place au soleil*, Georges Stevens regarde ses deux interprètes. Il est plus que satisfait. Entre Elizabeth et Monty ont jailli aussitôt une totale sympathie, une vraie compréhension et une tendre amitié. Elizabeth voudrait sûrement un peu plus de lui. Celui-ci, pourtant d'habitude si timide, réservé, rit facilement avec elle. Ils ne se quittent jamais, pas même pour les extérieurs du lac San Pietro où a lieu le tournage. Les deux jeunes acteurs font placer leurs caravanes l'une à côté de l'autre. Le journal à scandale *Confidential* écrit :

« Monty, le beau désespéré, a enfin trouvé l'amour. Il ne cesse de répéter avec Elizabeth Taylor les baisers du film. »

Tous ceux qui les ont vu tourner se souviennent, éblouis, qu'on aurait dit des jumeaux. Ils possédaient tous les deux des cheveux noirs, des yeux extraordinaires et une incroyable beauté à la fois angélique et démoniaque. Ils ne semblaient pas de cette planète.

Pour ceux et celles qui n'auraient jamais vu *Une Place au soleil* de Georges Stevens, nous nous permettons de leur conseiller le DVD. C'est un grand, un immense chef-d'œuvre en noir et blanc des années cinquante. L'histoire *a priori* banale d'un jeune homme pauvre (Monty) qui, décidé à gagner sa place dans la *High Society* et dans le cœur d'une jeune fille riche (Elizabeth Taylor), devra aller jusqu'au meurtre pour se débarrasser de son amie ouvrière (Shelley Winters). Par certains côtés, l'histoire rappelle *Le Rouge et le Noir* de Stendhal. Le magnétisme d'Elizabeth et de Monty surgit en même temps sur l'écran, révélant soudain le talent d'Elizabeth, telle une véritable chrysalide. Elle tombe follement amoureuse de Monty et lui demande carrément de l'épouser. Cela lui est impossible. Il aime Elizabeth, c'est sûr, mais Monty, à cette époque pudibonde, est obligé de cacher qu'il est homosexuel. Il refuse le mariage. Pourtant, Elizabeth et lui resteront unis par une immense amitié, peut-être plus forte que l'amour, jusqu'à la mort de l'un d'eux.

En soutenant toujours ses amis homosexuels, hommes ou femmes, Elizabeth était bien sûr en avance sur son temps. C'est sa gloire. Elle en engagera dans sa garde prétorienne, secrétaires, assistants, les défendant griffes et ongles.

Elle avouera que, jusqu'à Monty, elle ne jouait que d'instinct, ne pensant qu'à son maquillage et à la couleur de ses toilettes. Après *Une Place au soleil*, Elizabeth va apprendre la concentration sur un rôle et l'introspection. On en verra les résultats plus tard dans par exemple *La Chatte sur un toit brûlant* ou *Qui a peur de Virginia Woolf ?*

Comme Monty ne veut ou ne peut être pour elle qu'un ami, Elizabeth remarque à l'hôtel Bel Air, où elle réside pendant la fin du tournage en studio, un très beau garçon en tenue de tennis. C'est Conrad Nicholson Hilton, dit Nicky. Il est le fils du plus grand propriétaire d'hôtels des États-Unis. Nicky est aussitôt fasciné par Elizabeth. Tout est pour le mieux dans le meilleur des mondes. La MGM et les parents Taylor voient d'un très bon œil le mariage d'Elizabeth avec un milliardaire.

Elizabeth a commencé de tourner *The Father of the Bribe (Le Père de la mariée)*, de Vincente Minelli, avec Spencer Tracy et Joan Bennett. C'est l'histoire charmante et amusante des préparatifs d'un mariage. En fait, Elizabeth rejoue le soir dans le palais de cinquante pièces des Hilton ce qu'elle tourne dans la journée.

Les fiançailles d'Elizabeth Taylor et Nicky Hilton sont annoncées à grand renfort de publicité. Elizabeth reçoit ses premiers vrais joyaux, une bague du plus grand bijoutier de Beverly Hills et des boucles d'oreille assorties de diamants et émeraudes.

Elle est ravie en découvrant aussi le cadeau de Monty, qui ne viendra pas au mariage : une mésange en or avec deux pierres précieuses pour les yeux. C'est un rappel délicat car, en fait, pendant le tournage de *Une Place au soleil*, ils avaient tous deux soigné une mésange blessée avant de lui rendre, guérie, sa liberté.

La terrible commère Elsa Maxwell regrette, dans sa rubrique en général assassine, qu'« Elizabeth n'ait pas épousé Monty » !

Le mariage a donc lieu le 6 mai 1950. C'est un événement national, et même international. Elizabeth a tout juste dix-huit ans et Nicky Hilton vingt-trois. La MGM, qui pense à tout, va sortir *Le Père de la mariée* un mois après ce mariage royal. Trente mille fans attendent le jeune couple devant l'église. Une réception de six cents invités a lieu au Bel Air, où les jeunes mariés passent aussi leur nuit de noces. Le lendemain, ils partent pour une lune de miel de trois mois, direction le *Queen Mary* et l'*Europe*. Elizabeth Taylor, folle de bonheur, est vraiment amoureuse de son jeune mari.

La joie est de courte durée. Elizabeth découvre, au bout de trois jours, que son élégant playboy boit, se drogue, joue toutes les nuits au poker et la délaisse. Il est sombre, violent, colérique. Elizabeth porte des marques de coups sur ses bras et son visage, qu'elle cache sous le maquillage. Notre amie Claudie Bozzachi, coiffeuse d'Elizabeth, nous a raconté qu'elle était tombée presque aussitôt enceinte de Nicky. Mais à la suite d'une des colères imprévisibles de celui-ci, lui lançant des coups de pied dans le ventre, Elizabeth avait fait une mauvaise fausse-couche. La plus belle fille du monde n'était désormais qu'une femme battue.

Le malheureux Nicky aurait sûrement eu besoin de soins psychologiques, ce qui était peu pratiqué à l'époque. Il tenait à Elizabeth des propos horribles, la menaçait, l'insultait. Il voulait qu'elle arrête sa carrière. Un jour, le maître d'hôtel eut le malheur d'appeler Nicky « Mr Taylor », Elizabeth prit une volée en remontant dans leur appartement.

Épouvantée, elle demande le divorce et se réfugie chez sa secrétaire, Peggy. Il faut noter qu'elle ne court pas chez ses parents, ce qui aurait été pourtant normal.

Le divorce est effectif en janvier 1951.

Nicky Hilton était-il récupérable ? On peut en douter. Il finira très mal, après deux autres mariages ratés, dans une sorte de déchéance.

Malgré tous ces malheurs, Elizabeth tourne en 1950 *Father's Little Dividend (Allons donc, papa !)*, de Vincente Minelli, toujours avec Spencer Tracy et Joan Bennett. Tous deux sont très gentils avec Elizabeth. Puis elle enchaîne avec *Callaway Went Thataway (Une Vedette disparaît)*, de Norman Panama, avec Fred Mac Murray et Clark Gable, rien que ça !

Elle a dix-neuf ans. Son amour pour Nicky est brisé. Elle songe qu'elle a tout raté. Son désespoir consterne ses amis et ses parents. Ne mangeant plus, elle a beaucoup maigri et ne cesse de tourner. Un travail très dur, car il faut arriver au studio à cinq heures du matin pour la mise en plis, le maquillage, l'habillage, la répétition du texte, et être prête devant la caméra à sept heures trente. Toutes les actrices se sont plaintes des horaires draconiens de Hollywood. Pour les acteurs, c'était souvent un peu plus tard, car il n'y a pas de mise en plis à faire ni de maquillage sophistiqué.

Elizabeth tourne *Love Is Better Than Ever (Ruse d'amour)*, de Stanley Donen, le fameux metteur en scène de *Singing In The Rain (Chantons sous la pluie)*, qui triomphe encore sur les écrans.

Pendant le tournage de cette comédie, Elizabeth a tout le temps les larmes aux yeux. Heureusement, Stanley Donen est très compatissant. Il écoute la jeune femme, la console, la fait sortir le soir de son chagrin. En fait, le charmant Stanley, bien que marié, joue les chevaliers « très » servants et cette sollicitude soutient Elizabeth.

À la même époque, le producteur milliardaire Howard Hugues offre à l'actrice un contrat d'un million de dollars, à condition qu'elle l'épouse ! Elizabeth, qui vient d'avoir un fou furieux dans sa vie, refuse sagement la proposition de ce deuxième hurluberlu. Que va-t-elle faire ? Elle est écoeurée par Hollywood et tous ces gens qui la plaignent ou la critiquent.

Finalement, c'est la MGM, très paternaliste et inquiète de la santé de sa vedette, qui choisit de l'éloigner. On l'envoie dans son pays d'origine, l'Angleterre, pour tourner pendant l'été 1951 le rôle de Rebecca dans *Ivanhoé*, de Richard Thorpe, avec Robert Taylor qu'elle connaît bien, Joan Fontaine, Georges Sanders et Emlyn Williams, un acteur écrivain gallois très sympathique. Celui-ci, en dehors des scènes en costumes, parle beaucoup à Elizabeth de son grand ami Richard Burton, un merveilleux comédien de théâtre jouant actuellement dans *Falstaff* de Shakespeare le rôle du prince Hal, d'une façon extraordinaire, au Mémorial Theater de Stratford-upon-Avon, ville du grand Will.

Emelyn Williams propose à Elizabeth de l'y emmener pour le week-end. Vaguement tentée, elle accepte puis, encore trop fragile, elle se décommande.

Le rendez-vous avec le destin est manqué. Elle ne rencontrera pas cette fois-ci ce comédien de théâtre shakespearien encore inconnu, Richard… comment déjà ? Richard Burton !

Chapitre 2

Lui

Le petit prince de Galles

— Quel beau bébé ! s'exclame une voisine venue aider Edith Jenkins à accoucher de son douzième enfant.

Celui-ci est un petit garçon. Il pèse douze *pounds* [1] et pleure très fort, ce qui est un bon signe de vitalité.

Richard Walter Jenkins vient de voir le jour le 10 novembre 1925, au n° 2 Dan-y-Bont, dans une modeste maison de Ponthrydyfen, petite localité du pays de Galles, se situant à six kilomètres de Port Talbot, une grande ville d'aciéries.

Naître gallois comme Perceval sera toujours une grande fierté pour Richard Jenkins, malgré la pauvreté de sa famille. Le petit Rich, ainsi l'appelle sa famille, a tout juste un an en 1926 quand toutes les aciéries et les mines s'arrêtent de travailler. C'est la grève

1. La *pound* anglaise fait environ quatre cent cinquante grammes. Richard pesait donc plus de cinq kilos. Oui, un beau bébé !

générale. Une grève aussi dramatique que terrible, dont Richard entendra toujours parler pendant sa jeunesse.

Trente mille mineurs gallois, dont Dady Ni, le père de tous les enfants Jenkins, marchent sur Londres. On raconte le soir au coin du feu que les mineurs, pour se venger des Anglais, émaillèrent la route de leurs crachats noircis de la poussière de charbon et rougis du sang de leurs poumons malades. Terrible chanson de geste !

Pendant ce temps-là, les troupes britanniques tentaient avec brutalité de mater la révolte ouvrière en envahissant la région minière pour ramener le calme. La haine des Anglais ne fit évidemment qu'augmenter, d'autant plus que les Gallois, hommes ou femmes, ne se privaient pas de lancer des insultes aux Britanniques, qui ne les comprenaient pas. La belle langue galloise, d'origine celte, est en effet un total mystère, aussi bien écrit que parlé, pour celui qui n'a pas eu la chance de naître gallois.

Il est évident que l'impact d'une telle révolte, bien sûr répétée au cours des années, a dû avoir un grand retentissement intellectuel sur le petit Rich. Au cours de sa brillante carrière, Burton a toujours pris le parti des plus faibles. Il détestait la politique et le pouvoir. Son grand succès était d'imiter et de ridiculiser Winston Churchill. Devenu star multimilliardaire, il pouvait avoir une façon de parler très subversive qui frappait de stupeur les producteurs et même les terrorisait. Nous en avons eu personnellement la démonstration, au cours du tournage de *Barbe Bleue* en Hongrie, mais nous y reviendrons plus tard.

Un drame terrible frappe soudain la famille Jenkins. Edith, la maman du petit Rich, qui n'a que deux ans, meurt d'une fièvre « puerpérale » en donnant naissance à son treizième enfant, Graham.

« Drame de la pauvreté ! » dira amèrement plus tard Richard Burton. Cette misère, il la hait. Elle apporte tant de malheurs en raison du manque d'argent, de soins, de confort, de bonne nourriture et d'hygiène.

Après ce brusque décès, Dady Ni, le père, totalement abattu, se laisse aller à boire de plus en plus. Il ne sait plus comment se débrouiller avec tous ses marmots.

En fait, ce sont les aînés qui vont prendre les choses en main. Il y a donc à l'époque onze enfants Jenkins vivants : Thomas Henry né en 1901, Cécilia (dite Cis) née en 1905, Ifor (1906), deux petites filles nommées toutes deux Margaret et Hannah décèdent au berceau, puis arrive William (1911), David (1914), Verdun (comme son nom l'indique, né en 1916), Hilda (1918), Catherine (1921), Edith (1922), notre héros Richard Walter (1925) et le tout dernier, Graham (1927).

Les Jenkins, c'est une sorte de tribu. Mieux : c'est un clan. Richard Burton racontera que son père, Dady Ni, un petit homme d'un mètre soixante, d'une force herculéenne dans la mine, déclarait fièrement :

— Nous, les Jenkins, nous ne ressemblons à personne !

Ce fut Cis, âgée de 22 ans et jeune mariée avec un mineur, Elfed James, qui prit Rich dans leur toute petite maison de Taibach, à huit kilomètres de Ponthrydyfen. Malgré deux filles qui vont naître rapidement, Cis sera merveilleuse avec son petit frère, qu'elle va élever comme son propre enfant.

Elle adore Rich, le gâte, lui cède tout, car il a déjà un fort caractère. Cette attitude déclenche des scènes avec son mari Elfed, qui trouve ce gosse insupportable et beaucoup trop gâté malgré le manque d'argent.

C'est une époque où, au pays de Galles – probablement aussi en Écosse, Irlande et même Angleterre –, la vie des ouvriers au quotidien est très difficile. Acheter une paire de chaussures, des vêtements, se faire soigner par le médecin, aller chez le dentiste, remplir le garde-manger sont des actes très durs à réaliser.

Les cinq frères aînés de Rich, ainsi que son beau-frère Elfed et Dady Ni ne peuvent travailler que par intermittence à la mine.

Si le modèle féminin parfait est Cis pour Richard, sa grande admiration masculine va à son frère Ifor. Celui-ci aurait voulu faire des études et probablement aussi, avec sa belle voix, devenir avocat ou acteur, mais matériellement, c'est totalement impossible. Dès ses treize ans, Ifor descend à son tour dans le puits pour ramener quelques *shillings* durement gagnés à la maison. Ce destin noirâtre sera-t-il celui de Rich ?

Il vit donc pauvre, certes, mais choyé par sa sœur, au 73 Caradoc Street à Taibach. Au bout de la rue, il y a une boulangerie tenue par la famille Hopkins, où Rich va chercher le pain.

Quand il a douze ans, le père boulanger lui annonce que sa femme vient d'avoir un fils prénommé Anthony. Évidemment, Rich a d'autres préoccupations de son âge, et ne porte pas attention à cet événement. Ce n'est que beaucoup plus tard qu'il fera le rapprochement en rencontrant sur les plateaux Anthony Hopkins, devenu lui aussi un immense acteur. Il sera, entre autres, le cannibale Hannibal Lecter, dans *Le Silence des agneaux*. Étrange coïncidence, à moins que le fameux oxygène du pays de Galles ne soit propice aux vocations de grands comédiens.

Cependant, Rich, comme tout son entourage, ne parle et n'écrit qu'en gallois jusqu'à l'âge de sept ans. L'anglais est honni, banni, haï ! Toutefois, Rich l'entend à la radio. Il le comprend et va aussi l'apprendre à l'école, en conservant bien sûr un fort accent gallois.

Il adore imiter pour ses cousines, les filles de Cis, Charlie Chan, et aussi Hopalong Cassidy qu'il a vu au cinéma de quartier. Il fait rire tout le monde, mais très vite, il trouve un autre moyen de se mettre en valeur : à l'église presbytérienne. Sa belle voix et sa diction plaisent au pasteur, il lui demande de lire les écritures. En fait, cet humble pasteur de village sera le premier à percevoir le talent de Rich.

Très vite, le garçonnet éblouit les paroissiens de ses sermons. Il a une voix puissante pour son petit corps, une excellente mémoire et sait innocemment vanter les bienfaits de la « tempérance et la vie saine ». Préceptes excellents qu'il n'adoptera jamais au cours de sa vie.

L'argent semble être très vite la solution à tout pour le jeune Rich. Dès ses huit ans, il réussit à gagner quelques sous en faisant le coursier, collectant les journaux, tondant une pelouse, ramassant les mauvaises herbes, allant chercher du lait ou gardant un bébé. Grâce à ces *shillings*, il va au cinéma baptisé Le Cach (littéralement « les chiottes »). Cis, plus élégante, l'appelait le « picturedrome ». Grâce à son « travail », Rich s'achète des cigarettes et fume en regardant des westerns, les films qu'il adore. Il aime l'action, pas les histoires d'amour, c'est de son âge.

Il aime aussi le cricket et devient même le capitaine des juniors. Il s'entraîne au ping-pong, mais sa vraie passion est le rugby et pas n'importe lequel: le rugby à la Galloise, dans l'équipe de quinze joueurs amateurs en maillot rouge, qui flanqueront la raclée du siècle aux joueurs britanniques à l'Arms Park de Cardiff. Richard Burton déclarera un jour sans plaisanter qu'il aurait préféré « jouer à l'Arms Park pour son cher pays de Galles plutôt que d'incarner Hamlet à l'Old Vic » !

Sacrilège dans la bouche de celui qui deviendra un vrai Shakespearien. Rich le reconnaît dans son journal intime. Issu d'une famille de mineurs gallois tous fanatiques de rugby, il fait partie d'équipes de premier ordre car il est rapide comme l'éclair sur le terrain, mais il ne mesure qu'un mètre soixante-dix-sept et ne pèse que soixante-dix-neuf kilos. En face d'Evans de l'équipe de Newport avec ses quatre-vingt-dix kilos et un mètre quatre-vingt-sept, Rich ne fait pas le poids.

Son amour du rugby a failli lui jouer des tours. Ainsi, alors qu'il jouait *Hamlet* en matinée à l'Old Vic (un rôle écrasant où Hamlet est tout le temps sur scène), Richard voulait être au courant des rebondissements d'un match international gallois, qui se déroulait au même moment. Il n'arrêtait pas de s'éclipser derrière le décor pour écouter les résultats sur un transistor.

À Cardiff, un soir, Rich prit part avec son frère Ifor à une violente bagarre contre des supporters anglais. La castagne y alla fort et Burton a toujours pensé que ses graves douleurs du dos venaient de cet échange musclé. Le rugby n'a pas dû arranger sa colonne vertébrale.

À douze ans, Rich a déjà des petites amies. Il boit de la bière au pub et, avec ses petits boulots, gagne à peu près autant qu'un mineur. À l'école, il se fait remarquer du directeur et obtient une bourse lui permettant de poursuivre des études secondaires. Il est déjà terriblement impressionné par les écrivains, la lecture, les poètes et tous les intellectuels. Il s'essaie même à l'écriture. Toute sa vie, Richard aura un immense respect pour les écrivains. Nous en aurons du reste la preuve, plus tard, à Budapest.

Pour Richard, obtenir une bourse d'études représente l'ouverture sur une vie meilleure : jamais plus celle d'un mineur travaillant avec de l'eau jusqu'à la ceinture au fond d'une mine.

En 1937, Rich débute donc à l'école secondaire de Port Talbot. Pendant quatre ans, il est de toutes les activités sportives, clubs, chœurs de chant. Il est bon élève et l'instituteur, Meredith Jones, le recrute pour la fête théâtrale de fin d'année dans *La Charrette de pommes,* de Bernard Shaw, où il joue Monsieur Vanhatten, un Américain. Il a beaucoup de succès.

« Sans Meredith Jones, je n'aurais jamais fait d'études ni de théâtre ! » dira-t-il plus tard.

La famille Jenkins est ravie des succès de Rich.

Mais sans que personne n'en connaisse sur le moment l'exacte raison, Rich abandonne l'idée du certificat de fin d'année. Il quitte brusquement l'école et prend une place de… vendeur au rayon mercerie de la coopérative de la ville, pour vingt-huit *shillings* par semaine. Nous sommes en 1941. La guerre sévit. Il y a des bombardements tous les jours sur l'Angleterre et le pays de Galles. Rich a trouvé très rapidement cette place car tous les hommes valides sont au combat. Il ne reste que les jeunes et les vieux.

En fait, bien que Richard n'ait jamais rien dit sur le sujet, il semble qu'Elfed, le mari de Cis, en ait eu assez de payer pour ce garçon. Pour Elfed, et même sa femme Cis, l'idée que Rich pourrait aller un jour à l'université n'était qu'un inaccessible rêve. Elfed eut-il un mot malheureux pour Rich ? C'est probable. Elfed voulait qu'il travaille et gagne enfin sa vie.

Voici comment, à seize ans, Rich se retrouve vendeur. Il déteste ce métier, considère qu'il s'agit d'une situation humiliante pour lui, fils de mineur. C'est un jeune de seize ans en pleine révolte, en pleine guerre. Il va faire des bêtises. Il y a des tickets de rationnement pour tout, y compris les vêtements. Sans ticket, le client ne peut rien acheter. Richard est seul, trop seul à la coopérative. Comme par miracle, les amis de la famille Jenkins, qui venaient s'approvisionner, récupéraient leurs tickets ou se voyaient dispensés de les remettre à l'employé de service, c'est-à-dire Richard, qui ne demandait aucun argent. Il faisait cela pour le plaisir ! Aussitôt, les rumeurs vont bon train. Comment une telle idée a-t-elle pu germer dans la tête de cet adolescent ?

Bien sûr, il y a la rébellion contre l'ordre établi, mais aussi sa générosité naturelle qui ne le quittera jamais. L'illégalité a dû être aussi un puissant levier. Le pouvoir de donner et le sentiment du danger. Rich était trop intelligent pour ne pas deviner que s'il était pris sur le fait, il pouvait écoper d'une peine de prison.

Avant d'être piqué, Rich, sentant soudain le danger, a le courage de partir et il va… retrouver l'instituteur Meredith Jones. Celui-ci, un homme extraordinaire, voyant revenir le jeune repenti, ne lui fait aucun reproche. Il le reprend dans le centre pour la jeunesse qu'il a créé. Très en avance sur son temps, Meredith accueillait garçons et filles, le soir, dans un vieux bâtiment délabré par les bombes d'Hitler.

Dans cette ambiance, Rich retrouve son équilibre. Il joue très bien au ping-pong, fait de la boxe et chante à la perfection. Meredith s'associe avec un homme, Léo Lloyd, qui ouvre de plus un centre théâtral dans la bâtisse. Pour Richard, c'est un vrai théâtre avec une scène et Léo Lloyd, remarquant ses dons, lui donne le rôle d'un comte dans un acte tiré des *Misérables*. Cis vient voir son petit frère et Meredith, enthousiaste, lui déclare :

— Ce garçon a toutes les qualités pour faire un bon acteur. Je veux essayer de faire quelque chose pour lui !

La pauvre Cis en reste pantoise. Son petit frère acteur ! Personne au pays de Galles n'aurait pu penser à une chose pareille.

Meredith se démène et convainc le directeur du comité de reprendre Rich au lycée. Un an et demi après avoir quitté l'école pour devenir vendeur à la coopérative, Rich est réintégré. Cette fois-ci, il est résolu à réussir ses examens.

Un des enseignants, Philip Burton, est prié de surveiller de près ce gaillard très brillant, mais particulièrement tête de bois. La chance a tourné pour Richard Jenkins. Il vient de rencontrer l'homme exceptionnel qui va changer son destin.

Pygmalion

« Ce n'est pas Philip Burton qui m'a adopté. C'est moi ! J'ai adopté Philip Burton ! » affirmera orgueilleusement Richard, au cours d'une interview en 1964, alors qu'il jouait *Hamlet* à Broadway.

Qui ne connaît pas *Pygmalion*, cette pièce magique de George Bernard Shaw, inspirée d'une légende grecque ? Au début de leur rencontre, le pygmalion Burton et son « disciple » Rich ont autant de mal à se comprendre que le professeur Higgins et Eliza Doolittle dans la pièce de théâtre.

Philip Burton est un homme à la vie irréprochable, un lettré, universitaire, moitié Gallois, moitié Anglais, passionné de littérature, de théâtre, diplômé de langue anglaise, véritable shakespearien, ce qui est très apprécié en Angleterre. On écoute ses avis et son opinion. Il travaille aussi à la BBC de Cardiff en qualité d'auteur, acteur et producteur indépendant. Il a trente-huit ans, et c'est un personnage respecté.

Rich est un chien perdu sans collier, assoiffé de vivre, brouillon, colérique, charmeur mais aussi « dur à cuire », il répond facilement, il est très méfiant, comme un écorché vif. Joueur de rugby, intrépide, beau, très beau, mais le visage dévoré par l'acné. En ce temps de guerre, on a d'autres chats à fouetter que soigner la peau de ce jeune homme. De toute façon, il sera bientôt envoyé au combat. Son visage gardera de cette époque des marques toujours grêlées. D'autres auraient été défigurés. C'est le contraire qui arrivera à Richard : sa peau couturée, trouée comme un champ de bataille, ajoutera à son charme cinématographique, lui donnant un superbe visage mâle aux yeux magnifiques (d'un bleu-vert étincelant) qui feront fondre toutes les femmes.

Philip Burton, présent lors de l'interview de 1964, admettra que Richard a dit vrai. C'est lui, le gosse perdu, qui s'est accroché, imposé au maître. Avec une grande franchise, Philip Burton reconnaît qu'il a toujours eu le complexe de Pygmalion. Il lui semblait qu'il avait eu beaucoup de chance, notamment celle d'avoir accès à la connaissance. Il voulait rendre aux jeunes défavorisés son savoir. Effectivement, Philip Burton avait transmis avant la guerre toute son érudition à un jeune acteur très doué, Thomas Owen Jones, qui avait très bien réussi avant de s'enrôler dans la RAF (Royal Air Force). Malheureusement, il avait disparu lors d'un combat aérien. Philip Burton eut un immense chagrin. C'est la raison pour laquelle il fut au début assez réticent pour instruire Richard.

Instinctivement, peut-être pour amadouer Philip Burton ou se rapprocher de lui, Rich s'engage dans le 499ème ATC Squadron (Air Transport Corps), un entraînement au sol dirigé par Philip, pour adolescents voulant intégrer l'armée de l'air. De plus, Rich vient rejoindre l'équipe de surveillance de nuit contre les incendies dont Burton est le chef à Port Talbot. Si une bombe incendiaire tombe sur le toit d'une maison voisine, Rich et Philip doivent se porter sur les lieux au plus vite pour faire évacuer et assister les pompiers.

Par ces nuits de faction sur l'immeuble qu'habite Philip Burton, élève et professeur parlent beaucoup. Rich, regardant les étoiles, ose avouer tout haut qu'il voudrait en fait être acteur. Philip Burton n'est pas étonné, mais ravi. À partir de cet instant, il va faire travailler Rich à voix haute pour le débarrasser de son « horrible » accent gallois. Parfois, avec son caractère bien trempé, Rich se rebelle, mais son pygmalion est impitoyable. Il le fait répéter encore et encore. S'il veut jouer Shakespeare, son accent doit être parfait en anglais.

Les allers et retours sont quasiment impossibles à exécuter chaque jour pour retourner chez sa sœur Cis à Taibach. Rich s'installe donc à Port Talbot, dans la très respectable pension de famille tenue par Mrs. Smith, au 6 Connaught Street. C'est Philip Burton qui paie très généreusement la pension, car la famille Jenkins n'en a absolument pas les moyens. Rich y emménage, bon présage pour lui, le 1er mars 1943, jour de la Saint-David, fête du pays de Galles. Cette année, il aura dix-huit ans et risque d'être bientôt mobilisé. Rich serre les dents, travaille de plus en plus. Il « engloutit » littéralement tout ce que lui apprend Burton, déclame des passages entiers de *Henry IV* et *Henry V* du grand Will, récite des poèmes qu'il découvre de Dylan Thomas, grand poète gallois. Philip Burton est ravi des progrès de son élève. Ce dernier avoue ne pas tout comprendre, mais être fasciné par la poésie.

Parfois, cependant, Rich tombe dans une sorte de mélancolie qui ne le quittera jamais. Richard fait partie de ces hommes qui, ayant perdu leur mère très jeune, la rechercheront toute leur vie. Un soir, alors qu'il a oublié sa clé, Richard va passer la nuit, grelottant, sur la tombe de sa grand-mère.

Finalement, Philip Burton qui, déjà, loge, habille, nourrit son élève et lui consacre beaucoup de temps, propose à la famille Jenkins de l'adopter. Pourquoi Philip fait-il cela ? Sans l'expliquer réellement aux Jenkins afin de ne pas les vexer, Philip Burton sait très bien que pour obtenir l'admission de Richard à l'Exeter College d'Oxford après ses examens, il lui sera plus aisé, en tant qu'enseignant de la classe intellectuelle et bourgeoise, d'aider Rich en étant son tuteur légal. C'est évidemment préférable au simple statut de « fils d'un mineur à la retraite ». Nous sommes en 1943 et les choses évolueront heureusement dans le bon sens plus tard en Angleterre. Faire partie de la *working class* ne sera plus « honteux ».

Comme beaucoup d'acteurs en herbe, Richard est favorable au changement de son nom. Comme si c'était une façon d'abandonner, avec sa première peau, ses vieux démons.

Dady Ni, son vrai père, au début réticent, mais poussé par Cis, tout à fait clairvoyante, accepte de signer les papiers officiels. Richard Walter Jenkins devient pour toujours, aux yeux de la loi anglaise, *Richard Burton*.

Désormais, lorsque Richard parlera de son père, il s'agira toujours de Philip Burton, qui l'a fait naître spirituellement et intellectuellement. Richard n'a pas été le seul à tout devoir à un enseignant. Albert Camus, dans son discours pour le Prix Nobel en 1957, a rendu hommage à Monsieur Louis Germain. Conscient de sa brillante intelligence, l'instituteur lui avait donné les possibilités de poursuivre ses études en l'aidant bénévolement, pour qu'il accède au concours des bourses. Il put ainsi entrer au lycée Bugeaud d'Alger, en 1924.

Dans toute carrière, il y a le facteur chance : un matin de novembre 1943, Philip Burton découvre dans le *Cardiff Western Mail* une petite annonce :

« L'auteur dramatique, acteur et metteur en scène gallois Emlyn Williams (celui-là même qui invitera

Elizabeth Taylor pendant le tournage d'*Ivanhoé* en 1951 à venir voir Richard Burton jouer du Shakespeare à Strafford-upon-Avon) cherche de jeunes acteurs et actrices d'origine galloise, pour sa nouvelle pièce *The Druid's Rest*, une très jolie comédie à Liverpool. »

Né vingt ans plus tôt que Rich, Williams est comme lui un fils de mineur qui a réussi par sa seule volonté à sortir des corons.

Rich n'a eu finalement que des expériences théâtrales fort réduites, mais beaucoup de répétitions avec son mentor. L'audition se passe pour le mieux. Emlyn Williams se reconnaît aussitôt en Richard. Il dira de ce premier contact :

— C'était un jeune garçon tout à fait remarquable, avec de superbes yeux bleu-vert, brillants comme ceux d'un tigre, presque sauvages, au milieu d'un visage aussi fier que courageux.

Une digne personne, Miss Sarah Grace Cook, avait aidé Emlyn Williams à réussir. C'était, comme Philip Burton pour Rich, l'ancienne institutrice de Williams. Comme elle assistait souvent aux répétitions de la pièce, lors de l'audition de Rich, elle déclara en chuchotant à Williams :

— Rich vous ressemble à vos débuts, mais il a le diable en lui ! Il n'est pas comme vous !

Le diable en lui !

Désormais, grâce à Philip Burton, Rich a trouvé la clé du paradis. Dès janvier 1944, après le théâtre de Liverpool, Richard joue le rôle de Glan, le fils aîné d'un couple de tenanciers de bar, dans la même pièce à Londres, sous les bombes nazies. Sa doublure est un jeune gaillard gallois, fils d'un mineur encore plus pauvre que Dady Ni, du nom de Stanley Baker. Les deux acteurs débutants s'entendent comme larrons en foire, et font ensemble, après la représentation, les quatre cents coups avec la tournée des pubs.

Stanley Baker ne restera pas longtemps doublure. Lui aussi va devenir un très grand acteur anglais, et tournera de nombreux films dont le très fameux *Les Canons de Navarone*. Il aura même droit au titre de *Sir Stanley Baker*, remis plus tard par la reine Elizabeth II.

Pour ce premier vrai rôle, Rich obtient une petite critique dans le *New Statesman* : « Richard Burton fait preuve d'un grand talent. » Devenu vedette, Richard affirmera toujours que cette très courte phrase avait changé sa vie en le convainquant que le métier d'acteur était vraiment fait pour lui.

En Avril 1944, comme l'avait promis Philip Burton, Rich est accepté à l'Exeter College d'Oxford. Pour lui, le fils de Dady Ni, et pour sa famille, c'est comme s'il pénétrait dans l'Olympe où seuls les dieux se retrouvent. En dehors de ses brillantes études, c'est à Oxford qu'il gagne un pari jamais égalé jusqu'à ce jour : celui de descendre deux pintes de bière en dix secondes. Record absolu ! Mais il frôle la mort, car un autre élève, un vrai crétin, corse la bière d'alcool éthylique. Rich tombe dans l'escalier, s'évanouit, s'abîme une fois de plus le dos. Un ami d'Oxford déclare en parlant de cette époque où Rich s'amusait follement :

— L'alcool lui donnait de l'éclat !

Rich avait toujours vu les hommes boire plus que de raison au pays de Galles, comme son père Dady Ni. Pourquoi faire autrement ?

Son professeur de littérature, Nevill Coghill, directeur des amis de la société d'arts dramatiques d'Oxford, n'y va pas par quatre chemins en parlant de Richard à cette époque :

— Ce garçon-là est un génie, il sera un très grand acteur s'il le veut. Il est d'une grande beauté et d'une virilité remarquable. Bien que très réservé, on sent qu'un feu couve en lui.

Nevill Coghill monte à Oxford une des plus grandes comédies de William Shakespeare : *Mesure pour mesure.* Il faut bien comprendre qu'en Angleterre, Shakespeare est une sorte de religion. Réussir à devenir un acteur shakespearien hisse le comédien au rang de « prince du théâtre ».

Tous les rôles sont distribués, mais Rich obtient une audition. Il choisit la tirade d'*Hamlet*, *« To be or not to be »* (Être ou ne pas être). Combien de fois ne l'a-t-il pas récitée pour Philip Burton ? Richard se montre si remarquable que Nevill Coghill, ébloui, avoue :

— Ce fut la meilleure interprétation d'*Hamlet* que j'aie entendue, à l'exception bien sûr, concède-t-il, de John Gielgud, grand prêtre, le plus shakespearien des acteurs, respecté de tous, y compris Laurence Olivier.

Rich est accepté à l'unanimité dans *Mesure pour mesure* comme doublure du rôle d'Angelo, qui doit être interprété par un autre élève. Mais celui-ci, juste après avoir commencé les répétitions, doit partir pour la RAF. Rich le remplace. Philip Burton arrive dare-dare pour coacher son protégé, qui va jouer un grand personnage du répertoire dans un collège d'Oxford et devant un auditoire choisi, extrêmement difficile.

Le soir de la Première, Richard triomphe dans ce rôle d'Angelo. Robert Hardy, excellent acteur faisant partie, lui, du gratin britannique (car paraît-il, vingtième prétendant au trône du Royaume-Uni), déclare, dithyrambique :

— Rich nous a éblouis. Il était totalement maître du public. Sa voix chantait comme un violon et savait prendre des accents si profonds que le sol en tremblait !

Rien que ça !

Robert Hardy deviendra un grand ami de Richard Burton. Pendant la réception qui suivit la pièce, le plus grand imprésario de Londres, Binkie Beaumont, vint trouver Richard.

— Si vous êtes décidé à « faire » l'acteur après la guerre, venez me voir.

Mais Rich fait partie des douze élèves officiers à réussir l'examen. Il quitte Oxford à l'automne 1944.

Puisqu'il a dix-neuf ans, il est mobilisé et intègre l'école d'instructeurs de Torquay. Il veut être pilote, mais sa vue n'est pas assez perçante. Il est pris comme navigateur, ce qui le contrarie beaucoup. Richard, comme tous les jeunes hommes de son âge, rêve d'héroïsme et se voit déjà abattre des avions ennemis sur la Manche.

Début 1945, il embarque pour le Canada, pays allié, à bord de *L'Aquitania*, pour continuer son entraînement là-bas, loin des bombes allemandes. Mais le 6 août 1945, les combats cessent sur la terre avec la bombe atomique. Pendant deux ans, le contingent auquel appartient Richard attend sa démobilisation. C'est long, très long.

Rich joue au rugby dans le camp de Winnipeg. Il est tout le temps à la cantine. Ses copains découvrent qu'il couche avec la cuisinière qui est fort jolie. Il obtient une permission et part en auto-stop pour New York. À Manhattan, il n'a pas d'argent, il chante quelques hymnes gallois sur les trottoirs pour pouvoir se payer un bon dîner à Greenwich Village.

Invité chez des amis américains de Philip Burton, Rich les fait suffoquer de rire avec son imitation de Winston Churchill, son grand triomphe de toujours. Il pourra encore étoffer sa prestation quand, bien plus tard, Winston Churchill, vieux lion fatigué venu le voir jouer *Hamlet* en régulier au théâtre, ronflera, assis au premier rang, pendant toute la pièce. À la fin du spectacle, Churchill entrera dans la loge de Burton en lui bougonnant seulement « Prince Hamlet, puis-je me servir de vos toilettes ? » Et le vieux bouledogue ressortira sans un mot…

Richard rentre au pays en 1946. Il court aussitôt au pays de Galles pour apporter des cadeaux américains, encore modestes, à toute sa famille. Mais Cis a droit à un vrai petit manteau de fourrure.

Ce sera le début d'une générosité folle. Il offrira plus tard à sa nombreuse famille, maisons et affaires, magasins, faisant d'eux tous des nantis. L'argent semblera toujours lui brûler les doigts. Quant aux amis qu'il a tirés de mauvaises situations, ils se comptent par centaines.

Richard s'interroge. Veut-il tenter de décrocher une place de capitaine de rugby ou écrire ? Il s'y essaie, mais tous ses manuscrits sont refusés.

Il est engagé comme acteur grâce à Philip Burton pour jouer dans une pièce *In Parenthesis*, à la BBC. C'est un succès pour lui, de plus il rencontre dans le studio d'enregistrement le grand poète gallois Thomas Dylan, qui est aussi acteur. Richard tombe en adoration devant cet homme talentueux qui boit encore plus que lui !

Début 1947, Richard reçoit enfin sa feuille de démobilisation. À vingt-deux ans, il est libre et fauché. Il se souvient alors de Binkie Beaumont. L'imprésario le reçoit très bien. Il se rappelle de son talent, lui propose un contrat de cinq cents livres par an, qu'il travaille ou non. Richard exulte, cinq cents livres, c'est bien plus qu'aucune personne de sa famille n'a jamais touché.

Il va être aidé aussi par ses amis fidèles Emlyn Williams, Robert Hardy et bien sûr Philip Burton. Avec orgueil, Richard dira plus tard dans une interview :

— Libéré un lundi de l'armée, mardi, j'étais sur les planches. Le mercredi, je devenais star. Je n'ai jamais regardé derrière moi.

Il faut se méfier de ses boutades, car il a toujours aimé l'humour et l'ironie. Il ne faut pas prendre ses reparties au pied de la lettre.

À partir de février 1948, la vie de Richard devient très occupée. Au Lyric Théâtre de Hammersmith, dans

Castle Anna, il joue Mr. Hicks, un jeune officier cantonné dans les environs du château. Puis en mai 1949, au Globe Théâtre, à Londres, dans *The Lady's not for burning (La Dame ne brûlera pas)* il interprète un employé orphelin.

En même temps, grâce à Emlyn Williams, il tourne dans *The Last Days of Dolwyn*, un mélodrame sur un village gallois, puis *Now Barabbas Was a Robber,* de Sir Cedric Hardwick, où Richard interprète Paddy, un saboteur irlandais à la veille de son exécution. Il y est remarquable.

En 1950, au Lyric Théâtre Hammersmith, vient *The Boy With a Cart*, sur une mise en scène de John Gielgud. Il y joue Cuthman, un gars de Cornouailles.

Il enchaîne au Dolphin Théâtre, Brighton, avec *Un Phénix trop pressant*, de Christopher Fry, et interprète Tegues, un beau soldat romain, juste dix ans avant *Cléopâtre* !

En novembre 1950, coup de chance, il part pour New York jouer *La Dame ne brûlera pas.* C'est sa première apparition comme acteur dans la « Big Apple » et la mise en scène est encore de John Gielgud qui, décidément, a l'œil sur Richard Burton.

Au milieu de toute cette activité, lui, le grand coureur de jupons, se marie, en février 1949, avec une jeune actrice galloise de dix-neuf ans, Sybil Williams. Richard a vingt-quatre ans. Il envoie un télégramme à sa famille : « Marié ce matin – Stop – Plaignez le pays de Galles ». La seconde phrase n'a rien à voir avec son mariage, mais un « drame » a eu lieu : le XV Gallois a été battu par l'Écosse à Murray Field.

Sybil est une jeune femme très jolie, fine, blonde, toujours souriante et gaie, la tête bien sur les épaules. C'est une vraie fée du logis et une parfaite organisatrice. Elle ressemble à Cis, la sœur bien-aimée de Rich. Tous les amis de Richard l'adorent. Mais lui ?

Sa vie de célibataire briseur de cœurs féminins a dû commencer à lui peser. Il semble que Sybil le sécurise. De plus, qualité primordiale, elle est galloise. Ils chantent tous les deux, à cœur perdu, des hymnes de leur pays. Cependant, Rich confie à son ami Stanley Baker, qui lui demande étonné pourquoi il se marie :

— Je l'épouse car c'est ce qu'elle attendait de moi. C'est une fille bien et elle voulait la bague au doigt.

La voix de la sagesse n'a rien à voir avec l'amour fou. L'été 1951 va être chaud, très chaud, pour les vingt-six ans de Richard.

Antony Quayle, grand acteur de l'Old Vic Theater à Londres, est le directeur de la saison shakespearienne du Festival de Strafford-upon-Avon. Il cherche le jeune premier qui pourra interpréter le rôle du prince Hal dans *Henry IV* et *Henry V.* Quayle, lui, joue le personnage de Falstaff.

Emlyn Williams conseille aussitôt Richard Burton. Anthony Quayle va le voir dans *The Boy With a Cart*. Aussitôt conquis, Quayle propose la saison à Richard. Mais celui-ci hésite. Sera-t-il capable d'interpréter ce personnage peu banal, disciple et complice de Falstaff, une sorte de prince voyou s'associant avec de mauvais drôles ? Richard est inquiet. Stratford, estime-t-il, c'est le succès ou la ruine. Il devra jouer avec les plus grands acteurs shakespeariens, se mesurer à eux, Anthony Quayle, Michael Redgrave, Hugh Griffith, dans la pièce *Henry V*. Bref, il a envie de refuser. Philip Burton arrive à la rescousse, le fait répéter et Emlyn Williams calme ses craintes. Il arrache son accord.

Ce Festival de Stratford-upon-Avon sera un triomphe pour Richard. Le terrible Kenneth Tynan, critique au *Spectator*, écrira : « Son prince Hal n'est jamais errant… Il est assis, voûté ou vautré, le regard sombre et fixe (…) Il sourit là où d'autres se sont esclaffés, se détend là où certains ont forcé et Falstaff doit se donner beaucoup de mal pour l'amuser et nous amuser ! »

Anthony Quayle, Falstaff est assez vexé.

Richard savoure son triomphe avec Lauren Bacall et Humphrey Bogart qui, se trouvant en Angleterre, viennent en personne au Mémorial Theater admirer le « jeune phénomène Burton ». Celui-ci, quand même très bluffé de rencontrer l'homme de *La Sierra Madre*, du *Faucon maltais* et de *Casablanca*, plait à Bogart, qui avoue avoir toujours rêvé de pouvoir un jour lui aussi jouer du Shakespeare.

Pendant le dîner, Emlyn Williams raconte qu'il a failli arriver avec Elizabeth Taylor qui tourne comme lui dans *Ivanhoé*, mais la star, trop fatiguée, n'a pu venir.

Cette nouvelle laisse Richard de marbre. Froidement, il lance :

— Miss Taylor, qui est-ce ?

Ce qui fait beaucoup rire Humphrey Bogart.

Chapitre 3

Elle

À la recherche du bonheur

Tandis que le talent de Richard éclate comme un feu d'artifice à Stratford-upon-Avon, Elizabeth se morfond en 1951 aux studios de Borehamwood en Angleterre.

Elle n'aime pas son rôle de Rebecca, la jolie et touchante Juive accusée injustement de sorcellerie dans *Ivanhoé*. Les extérieurs au château de Torquillestone, haut lieu moyenâgeux des chevaliers normands asservissant les Saxons, ne la distraient pas du tout. Même le provocateur George Sanders, bien connu pour ses reparties cyniques et jouant « l'infâme » Boisguilbert, rival d'Ivanhoé, ne lui arrache pas un sourire. Quant à Robert Taylor, elle l'aime bien, mais le trouve quand même assommant.

Elizabeth n'a que dix-neuf ans et voudrait s'amuser. Les joutes, chevauchées, armures avec fracas d'armes la font bâiller.

À la cantine du studio, elle rencontre Michael Wilding. C'est un charmant acteur britannique de quarante ans, élégant, raffiné, très pince-sans-rire. Michael fait une brillante carrière. Il a tourné pour Alfred Hitchcock *Les Amants du Capricorne* et *Le Grand alibi,* aux côtés de Marlène Dietrich avec qui il a eu, paraît-il, une liaison passionnée.

Michael Wilding est un homme sincèrement gentil. Il comprend qu'Elizabeth se sente bien seule en Angleterre. Il la fait rire, l'invite à dîner. Tous les deux sortent chaque soir, dansent et s'amusent dans les night-clubs. Elizabeth est ravie. En un mois, elle tombe folle amoureuse de Michael. Bien que flatté, il hésite à franchir le pas avec la fille la plus célèbre du monde.

C'est elle, comme d'habitude, qui prend les choses en main. Elle s'achète une bague et annonce à la presse, en montrant le diamant, qu'elle est fiancée avec son bel acteur britannique. Les journalistes, enchantés, chantent ses louanges. Quand Elizabeth décide quelque chose, rien ne lui résiste. C'est une gamine au cœur brisé, éternellement à la recherche d'un substitut paternel, capable de la soutenir et de la protéger.

Mais il y a un petit hic. Bien que vivant séparé de sa femme, Michael est encore marié. Elizabeth ne connaît aucun obstacle. Elle balaie ce « léger » inconvénient. Pressé par sa « fiancée », Wilding divorce vite fait. Il rejoint Elizabeth à Hollywood, qui d'ailleurs ne lui plaît pas trop, et tous deux décident de se marier au plus vite.

Dans sa folie amoureuse, Elizabeth garde tout de même les pieds sur terre. À peine arrivée, elle va trouver Benny Thau, grand producteur à la MGM, pour lui proposer un marché:

— Je vais épouser Michael Wilding, mais financièrement, il ne peut se permettre de quitter l'Angleterre. Offrez-lui un contrat à Hollywood, sinon j'abandonne le cinéma pour partir vivre avec lui en Angleterre !

Ce simple discours, qui a le mérite d'être concis, fait l'effet d'une bombe à la MGM.

En 1952, à cause de la rivale nommée télévision, les majors compagnies sont en crise. Les cinémas font moins d'entrées. La MGM ne renouvelle pas les contrats de Clark Gable, Spencer Tracy, Mickey Rooney, Esther Williams la naïade. C'est la panique chez les stars. Mais la MGM tient, malgré ses caprices, à conserver sa nymphe en or. Pour garder coûte que coûte Elizabeth, la MGM lui offre un contrat de cinq ans à cinq mille dollars par semaine pour quarante semaines (trois cents dollars reviendront toujours à Sara Taylor. Elizabeth, généreuse, tient à laisser ce subside à sa mère).

Pour Michael Wilding, son contrat est de trois ans à trois mille dollars par semaine. Très *business woman*,

Elizabeth inclut une clause de cinquante mille dollars pour l'achat d'une maison avec piscine. Ravie, elle attend déjà un enfant et veut un vrai *home sweet home*.

Malgré sa grossesse, elle tourne *The Girl Who Had Everything (La Fille qui avait tout)*, de Richard Thorpe. Encore l'histoire d'une « gosse de riches », puisque cela plaît.

Elle a souvent des nausées et du mal à cacher son état : la plus grande vedette de Hollywood craint que Louis B. Mayer ne l'apprenne, car le terrible patron sanctionne les vedettes féminines qui remplissent leurs « fonctions de gestation » ! Il déteste cela. Malheur à celles qui tombent enceintes ! On résilie leurs contrats !

L'accouchement, pour Elizabeth, est très difficile. Son premier fils, Michael Howard Wilding, naît par césarienne le 6 janvier 1953. La maman a tout juste vingt et un ans. Une nouvelle césarienne fera naître son fils cadet Christopher Edward, le 27 février 1955.

Comme pour la première intervention, elle souffre beaucoup après, son ventre est tiraillé, recousu, mais elle est folle de bonheur. Elizabeth est une bonne mère, évidemment beaucoup trop occupée. Elle est très fantasque, absolument pas préparée à ce rôle-ci. Quand un de ses enfants crie, elle sanglote, ne sachant que faire.

Cependant, au milieu de l'agitation qui l'entoure, Elizabeth n'oublie jamais ses fils. Ils vont la suivre partout. Au début de son mariage avec Michael Wilding, Elizabeth est très heureuse. Ils se rendent souvent à Londres. C'est toute une colonie comprenant nurses, enfants, secrétaires, assistants, coiffeuse, chats et chiens, valises (« une centaine en général », affirmera plus tard Rex Harrison, moqueur).

Malgré tout l'argent qu'ils gagnent, les Wilding ont toujours des dettes. Cependant, Liz, hautaine, refuse la somptueuse pension alimentaire que la loi oblige Nicky Hilton à lui verser.

De Londres, elle va souvent avec Michael à Paris, qu'elle adore. Cette enfant de Hollywood découvre, émerveillée, le marché aux puces, les boîtes de chansonniers inconnus en Californie, et… le restaurant La Tour d'Argent.

Elizabeth ne se rend pas encore compte qu'elle a une santé délicate. Elle ne se ménage jamais. Avec leur train de vie, il lui faut absolument faire rentrer de l'argent dans cette maison qui leur coûte de plus en plus cher. Sara Taylor reproche à sa fille son désordre et son gaspillage. Évidemment, Elizabeth n'est pas la maîtresse de maison parfaite. Ranger l'ennuie. Quand elle rentre du studio, elle jette ses vêtements par terre, laisse chiens et chats faire leurs besoins sur les moquettes. Quand Monty vient voir sa chère Bessie Mae, il adore ce caravansérail.

Tandis que Michael garde les enfants et ne reçoit qu'un rôle de seconde catégorie dans *La Madone gitane* avec Joan Crawford, Elizabeth travaille entre 1953 et 1954 à en donner le vertige. Elle ne tourne pas moins de cinq films, dont : *Rhapsodie*, de Charles Vidor, avec le superbe Vittorio Gassman, l'acteur italien en vogue ; enceinte, on l'a déjà dit, *The Girl Who Had Everything (La Fille qui avait tout)* de Richard Thorpe, avec Fernando Lamas, le séduisant acteur latino, et Dick Powell. Ce film relate l'histoire de la fille d'un riche avocat qui tombe amoureuse d'un gangster, client de son père. Puis suit une jolie bluette, *The Last Time I Saw Paris*, de Richard Brooks, avec son ami Van Johnson comme partenaire ; et *Le Beau Brummel*, de Curtis Bernhardt, avec Stewart Granger et Peter Ustinov, un homme exquis et talentueux qui fait rire Elizabeth. Enfin, *Elephant Walk (La Piste des éléphants)* de William Dieterle, avec Dana Andrew et Peter Finch. Ce dernier film n'était pas prévu sur l'agenda d'Elizabeth.

Lors du tournage très difficile à Ceylan, la délicate Vivien Leigh (Scarlett O'Hara, inoubliable), en raison de la chaleur en pleine jungle, doit quitter le film. Elle est victime d'une de ses terribles dépressions qui finiront par la mener à la folie et la tuer. Le tournage est arrêté. C'est la catastrophe pour la Paramount. Seule Elizabeth, qui ressemble un peu à Vivien Leigh, peut reprendre le rôle au pied levé. La production gardera toutes les scènes lointaines avec Vivien, que les spectateurs prendront pour Elizabeth (même taille, même silhouette). Quant au son, Elizabeth doublera le tout au retour. La MGM « prête » donc Elizabeth à la Paramount. Elle arrive, comme Zorro, pour sauver le film. Celui-ci est probablement maudit car, après un mois de tournage très épuisant, Elizabeth est victime d'un accident qui aurait pu la rendre borgne.

Alors qu'elle tournait dans une jeep avec Dana Andrew et Peter Finch devant une forte soufflerie (leur envoyant en plein visage le soi-disant vent de Ceylan), Elizabeth reçoit un éclat de métal dans l'œil. Un ophtalmologiste appelé d'urgence le lui retire sur le plateau et panse son œil. Mais un minuscule morceau métallique y reste planté. Pendant plusieurs jours, l'œil d'Elizabeth suppure. Elle a des maux de tête. Transportée d'urgence dans la clinique d'un autre docteur, celui-ci lui fait une véritable opération à vif. Il n'était que temps. Le morceau était rouillé. Elizabeth supporta très courageusement cette difficile intervention et reprit le tournage.

Au fil des années, elle va de plus en plus adorer raconter tous ses malheurs physiques, opérations, césariennes, empoisonnements, évanouissements, surtout à son cher ami Monty, encore plus hypocondriaque qu'elle. Il adore ses récits et en redemande :

— Oh ! Bessie Mae, tu es ma sœur car tu as autant de maladies et d'accidents que moi ! Imagine que tu aies perdu un de tes beaux yeux violets ! Comment serais-tu avec un bandeau noir ? murmure-t-il avec une certaine gourmandise. Et tous deux se tordent de rire.

En raison de ses grossesses, Elizabeth a raté de très beaux rôles, dont celui de *La Reine vierge.* Elle a franchi un grand pas et devient de plus en plus lucide sur sa carrière. Elle n'est plus une jolie adolescente, elle est devenue brusquement une femme aussi splendide que redoutable. En 1955, elle a désormais vingt-trois ans et se bat pour obtenir de tourner *La Comtesse aux pieds nus* de Joseph Mankiewicz et *Une Femme en enfer* de Daniel Mann, car elle comprend maintenant l'importance du scénario et du metteur en scène. La production lui préfère respectivement Ava Gardner et Susan Hayward, qui obtiendra pour *Une Femme en enfert* un oscar.

Devenue très pro, Elizabeth déclare dans une interview au *New York Times* : « En me voyant dans *La Dernière fois que j'ai vu Paris*, j'ai compris que je voulais d'abord être une actrice et ne plus m'ennuyer en jouant la comédie ! » Jugement sur elle-même impitoyable.

En 1955, Elizabeth lit le scénario de *Giant (Géant)*, réalisé par George Stevens, celui-la même qui lui offrit son magnifique rôle dans *Une Place au soleil.*

La formidable saga de *Géant* se déroule au Texas et l'histoire s'étale sur trente ans. Au début, Elizabeth est une jeune femme, Leslie Benedict. Elle finira grand-mère. Georges Stevens est emballé de retrouver sa chère Liz. Rock Hudson et James Dean sont engagés. Rock est une star confirmée et a déjà tourné de nombreux films d'aventure, tels que *Les Géants du ciel* de Raoul Walsh, *Winchester 73* de George Sherman, *Taza, fils de Cochise* de Douglas Sirk. Rock interprète dans *Géant* le mari d'Elizabeth, riche propriétaire de milliers de bêtes à cornes qui, bientôt avec la découverte du pétrole, ne rapporteront plus rien.

James Dean, lui, est devenu à vingt-quatre ans l'idole d'une génération en deux films : *À l'Est d'Eden* d'Elia Kazan et *La Fureur de vivre* de Nicholas Ray. Dans *Géant*, James « est » littéralement Jett Rink, pauvre ouvrier agricole ne possédant qu'un misérable lopin de terre râpée où rien ne pousse. Aimant en secret Leslie (Elizabeth), il est chassé du ranch par son mari. Fou de rage et de désespoir, il fait jaillir de son mauvais terrain l'or noir. (La scène où James Dean, hurlant, sale, luisant, « boit » littéralement le pétrole qui jaillit de son forage, vaut de revoir le film). Juste retour des choses. Les propriétaires du ranch sont ruinés par le changement et le pauvre ouvrier devient milliardaire, se vengeant de celui qui l'a injustement chassé.

Elizabeth comprend aussitôt qu'elle a enfin trouvé un grand rôle dans un grand film, une saga aussi forte qu'*Autant en emporte le vent*. Elle se lie d'amitié avec Rock Hudson. C'est un homme vraiment charmant, son physique somptueux fait peut-être même oublier parfois son réel talent.

Invités un jour à déjeuner par Tim, un ami jeune producteur, à la cantine des Studios Universal, nous avons vu quelques acteurs hollywoodiens connus s'installer à des tables non loin de nous, sans que personne n'y porte vraiment attention. Soudain, Rock Hudson est entré, souriant, aimable, grand, très grand, facilement un mètre quatre-vingt-dix, large d'épaules, tellement splendide, bronzé, respirant la joie de vivre et la santé que toutes les têtes, subjuguées, se sont tournées vers lui. Pourtant, parmi ces personnes, il y avait beaucoup de techniciens ou des secrétaires de bureaux qui connaissaient parfaitement Rock. Il se dégageait de lui une magie, la même que celle d'Elizabeth.

Elle s'entend donc très bien avec Rock Hudson. Le fait qu'il soit homosexuel ne la dérange pas, au contraire. Comme pour Monty, elle sera toujours l'amie des gays, opprimés en ce temps-là.

Jimmy Dean, comme Elizabeth l'appelle, est tout le contraire de Rock, très pro, calme et sérieux sur le plateau. James est capricieux, difficile, assez fou mais génial, aussi bien dans la vie que quand la caméra tourne. Avant de jouer une scène, il se roule par terre en poussant des cris de coyote, gesticule, gémit, hurle, se relève pour à nouveau ramper sur le sol. Sans l'avouer, James Dean a sans doute le trac et toutes ces gesticulations et gémissements viennent probablement de la « méthode » de l'Actor's Studio pour extirper l'énervement ou l'angoisse.

Elizabeth est la seule du tournage à vraiment parler avec James Dean. Il effraie les autres acteurs et actrices par ses sautes d'humeur. Bien qu'elle n'ait que vingt-trois ans, Elizabeth est très maternelle pour ce garçon de vingt-quatre ans, elle déjeune et dîne souvent avec lui. Il l'émeut en lui avouant qu'il a un eu un grand amour contrarié pour la si jolie actrice Pier Angeli, qui a débuté et triomphé en 1949 dans *Demain il sera trop tard,* du grand metteur en scène italien Leonide Moguy. Pier, qui s'appelle en réalité Anna-Maria, était la sœur de Marisa Pavan et la belle-sœur de Jean-Pierre Aumont. Déchirée entre son amour romantique pour James Dean (ils ont tous deux à peine vingt ans), et sa famille italienne qui fait tout pour la séparer de son amoureux, elle finit par briser leurs fiançailles et se marier avec Vic Damone, acteur et chanteur.

Toujours meurtri, James Dean apprend que le mariage de sa bien-aimée est désastreux et n'en éprouve que plus de chagrin. Elizabeth écoute, compatit, panse les plaies intérieures. Elle aimera toujours les écorchés vifs, les proscrits, ceux que la « bonne société » critique, bannit. Bien plus tard, dans un discours au Festival de Cannes, Elizabeth en laissera plus d'un bouche bée lorsque, à la suite d'un film sur la prostitution, elle déclarera :

— Toutes les prostituées, toutes ces femmes sont mes sœurs. Je comprends leur malheur, et je les serre dans mes bras !

Confidential raconte en couverture qu'Elizabeth Taylor est amoureuse de ses deux partenaires, Rock et James. Michael Wilding est inquiet. Il prend l'avion pour venir faire des reproches à sa femme, puis il repart à Hollywood.

Elizabeth devient plus coriace. Elle a des affrontements avec son metteur en scène, George Stevens. Elle ose discuter ses ordres, donner son avis sur le choix des costumes. Elle refuse un chapeau affreux, puis n'est pas d'accord sur l'interprétation de son rôle. George Stevens tape du poing sur la table. Elizabeth crie plus fort que lui. Quelle ambiance !

James Dean termine le film quelques jours avant Elizabeth. Elle lui offre un chaton siamois ravissant car il aime les félins. James est ravi. Il lui dit qu'il se rend en Californie aux essais d'une course automobile à laquelle il doit participer avec sa splendide Porsche 550 Spyder argentée qu'il vient d'acheter, et conduit pied au plancher.

— Sois bien prudent, Jimmy ! lui recommande Elizabeth en l'embrassant comme un petit frère.

— N'aie crainte, Lizzie ! Pour la prudence, je suis le plus fort ! répond gaiement James Dean.

Quatre jours plus tard, le 30 septembre 1955, pendant la projection des rushes à laquelle assiste Elizabeth dans une salle sombre, un assistant répond au téléphone. Il passe aussitôt le combiné à George Stevens. Dans la pénombre, Elizabeth entend le metteur en scène s'exclamer :

— Quoi ? Non ! Ce n'est pas possible !

Stevens arrête la projection. Il fait rallumer la lumière et annonce, blême, la voix étranglée :

— James Dean s'est tué au volant de son bolide sur la route de Salinas en Californie.

Elizabeth pousse un hurlement. Elle va sangloter toute la nuit. Le lendemain, les yeux gonflés, elle demande à George Stevens de ne pas tourner ce jour-là. Il refuse. Rock Hudson, très compréhensif, soutient Elizabeth. Cependant, Stevens, probablement épuisé comme sa vedette par cinq mois de tournage très durs, souvent sous un soleil de plomb et quarante degrés, l'oblige à tourner malgré son chagrin. Ils veulent terminer le film au plus vite. Il n'y a plus que quinze jours à faire.

Elizabeth réussit à finir ses gros plans, mais elle crie à la fin à Stevens :

— Salaud ! Vous êtes content ?

Épuisée, anéantie par la mort de Jimmy Dean, elle se fait hospitaliser presque deux semaines. Très affaiblie, elle revient pour terminer quelques raccords sur une chaise roulante. Elle souffre d'une terrible sciatique, sans doute due au contrecoup de la mort de James Dean.

Elizabeth rentre en octobre à Hollywood, mais rien ne va plus avec son mari, peu satisfait de sa carrière hollywoodienne. Pour ne rien arranger, il semblerait que Michael ait fait venir à la maison deux call-girls et qu'il les ait renvoyées à l'aube, en leur donnant à chacune deux cent cinquante dollars. Vraie ou fausse « information » de *Confidential.*

Elizabeth est humiliée. Elle sait que son mariage est un échec, mais elle n'a jamais trompé son mari. Du reste, elle ne trompera en fait aucun de ses compagnons. Elle n'est pas femme à avoir une double vie. Elle n'a donc pas eu autant d'hommes que cela, mais en revanche beaucoup d'époux.

Elizabeth s'interroge. Est-ce de sa faute ou celle de Michael ? Elle traîne, tergiverse, demande conseil à son cher Montgomery Clift, bien embarrassé pour répondre. Il vient vivre à Hollywood car il va tourner avec Elizabeth *L'Arbre de vie*, sur une mise en scène d'Edward Dmytryk.

Après un dîner bien arrosé chez Elizabeth, à Bel Air avec des amis tels que Rock Hudson, Monty décide de rentrer chez lui. Elizabeth s'en voudra toujours de ne pas l'avoir obligé à rester dormir chez elle. Il a probablement trop bu et pris comme toujours des tranquillisants. Monty conduit trop vite dans les fameux canyons de Hollywood. Sa voiture s'écrase violemment contre un poteau.

Alertée par Kevin, un de leurs amis, Elizabeth court comme une folle vers la voiture défoncée. Monty, évanoui, saigne abondamment de la tête et ne peut plus respirer car ses dents brisées sont tombées dans sa gorge. On dirait que toute cette scène macabre a été écrite pour un film d'horreur. Intrépide, Elizabeth enfonce la main dans la gorge de Monty pour extraire les dents. Elle le sauve ainsi de l'étouffement. Plus tard, Monty, en riant, lui offrira ses dents, qu'il a fallu remplacer par des neuves. Quel cadeau !

Monty est transporté à l'hôpital où des chirurgiens esthétiques vont tenter de lui refaire son si beau visage. Avec l'accident, nez, pommettes et lèvres sont enfoncés, déchiquetés.

La MGM annonce qu'elle va remplacer Montgomery Clift pour le film. Elizabeth, scandalisée, s'interpose et déclare que si la MGM n'interrompt pas la préparation du film jusqu'au rétablissement de Monty, elle ne tournera avec personne d'autre que lui et rompra son contrat avec la production.

La reine a parlé ! La MGM donne huit semaines à Monty pour se rétablir. En fait, il lui faudra quasiment trois mois pour être capable de tourner, mais Elizabeth ira le voir chaque jour à l'hôpital.

Le 19 juillet 1956, la MGM annonce qu'Elizabeth Taylor et Michael Wilding se séparent.

Mais après tous ces drames, Elizabeth reprend soudain goût à la vie. Un ouragan nommé Mike Todd l'a invitée à passer deux jours en mer sur son yacht. Il est le producteur du *Tour du monde en quatre-vingts jours*, et rien ni personne ne lui résiste jamais.

Passion, désespoir et scandale

— Dans la vie, il suffit d'un peu de charme et beaucoup de veine ! lance Mike Todd pour Elizabeth Taylor, alanguie sur le pont de son yacht. Elle ne peut retenir ses larmes, car à vingt-quatre ans, sa vie est brisée. Elle a raté son mariage, elle n'a plus aucun avenir.

— Pauvre gosse ! murmure Mike Todd à l'oreille de son meilleur ami, le chanteur Eddie Fisher, marié à la jeune star Debbie Reynolds. Moi, je vais la consoler ! L'affaire ne va pas traîner. En fait, Mike Todd est amoureux depuis longtemps d'Elizabeth.

Ses amis affirment qu'il tremblait rien qu'en prononçant son nom.

Après huit jours de corbeilles de cent roses rouges, deux cents lys blancs, trois cents orchidées jaunes retenues par des rivières de diamants pour lui prouver réellement son amour, Mike Todd, comble de la passion, fait tracer un après-midi entier par cinq avions, avec de la fumée, le nom d'Elizabeth Taylor dans le ciel d'Hollywood. Allez résister à tout cela !

En homme pressé, Mike Todd demande Elizabeth en mariage et… attendrie, amusée, étourdie, éblouie par le personnage, elle accepte.

Né Avram Hirsch Goldenbogen en 1907 à Minneapolis, fils d'un pauvre rabbin, Mike Todd, qui a changé de nom, est un vrai *self-made-man*. Il fait tous les métiers à Chicago où il grandit… peu car il ne sera jamais grand, mais large d'épaules, costaud, trapu.

À huit ans, il cire les chaussures, vend des journaux, il est garçon de cirque ou porteur de valises dans les gares. Rien ne le rebute. Peu à peu, il réussit à monter des spectacles musicaux à Broadway, gagne beaucoup d'argent, en reperd encore plus et, couvert de dettes, recommence et redevient infiniment plus riche.

Une vraie histoire à l'américaine !

Ils ont vingt-sept ans de différence, mais Mike est tellement actif, rapide, plein de santé et rempli de projets tous plus gigantesques les uns que les autres, que cela ne se voit pas.

Sa mégaproduction, *Le Tour du monde en quatre-vingt jours*, tournée avec son fameux procédé Todd-Ao, un gigantesque écran de cinémascope dont il est le propriétaire, avec David Niven dans le rôle de Philléas Fogg et l'acteur mexicain Cantinflas dans celui de Passe-Partout, promet d'être un grand succès. Mais Mike est quand même inquiet. Avec le cinéma, sait-on jamais ? Nul ne peut connaître la réaction de la presse ni du public.

Elizabeth doit quitter Mike pour aller tourner avec Monty, à peu près rétabli, *L'Arbre de vie*, une histoire sudiste se déroulant à Louisville dans le Kentucky où il fait aussi humide que chaud. Les week-ends, Mike lui envoie son avion particulier qu'il baptise rapidement le *Lucky Liz* pour aller la chercher et elle rejoint son « fiancé », soit à New York, soit à Los Angeles. Avec un régime pareil, il ne faut pas s'étonner qu'elle soit fatiguée. Un jour, sur le plateau, serrée dans un corset baleiné sous sa robe à crinoline, Elizabeth fait une crise « d'hyperventilation », consistant en des vertiges, un évanouissement et de véritables malaises compliqués de tachycardie. Le médecin doit lui donner des calmants et l'arrêter de tourner pendant plusieurs jours. Monty, son cher partenaire, est aux cent coups, mais lui aussi, pourtant sans corset, est victime un jour du même genre de crise aiguë. Il a droit aux mêmes sédatifs, rajoutés à ceux qu'il avale déjà comme des bonbons. Avec Elizabeth, ils peuvent parler de leurs maladies et Monty ne s'en prive pas. Très maternelle, Elizabeth fait tout pour l'empêcher de boire trop. Parfois, quand il est souffrant, elle lui fait prendre une douche. Il se laisse bercer comme un enfant. Elizabeth est sa sœur, sa mère, surtout pas sa femme. Mike comprend leur amitié et la production est très reconnaissante envers Elizabeth de si bien s'occuper de Monty. S'il tombe malade, c'en est fini du film.

Tournant le dos aux calomnies, le metteur en scène de *L'Arbre de vie*, Edward Dmytryk, nous a déclaré pendant un dîner à Budapest qu'il avait trouvé Elizabeth et Monty très agréables dans le travail car, quoi qu'on dise, ils étaient deux grands professionnels. Même si Monty, depuis son accident, n'avait plus exactement le même visage, il était, comme Elizabeth, remarquable sur l'écran. Pour Dmytryk, c'était cela seul qui comptait.

Pendant ce tournage qui séparait durant la semaine les amoureux, Monty devint le confident de Mike Todd et Elizabeth. C'est lui qui remit à sa chère Bessie Mae une bague ornée d'une perle rose que Mike lui fit parvenir par son intermédiaire. Le lendemain, c'est la vraie bague, un diamant de vingt-neuf carats que reçoit, par le même biais, Elizabeth. Elle la montre aussitôt fièrement à tous les journalistes présents sur le plateau.

Les fiançailles officielles d'Elizabeth et Mike sont annoncées le soir de la sortie à New York du *Tour du monde en quatre-vingt jours.* C'est un triomphe qu'Elizabeth partage avec Mike. Elle lui porte bonheur. Désormais, elle partagera tout avec lui. Elle a enfin trouvé l'homme de sa vie, son père, son frère, son protecteur, son mari. Elle n'est plus seule à se battre. C'est lui son chevalier, qui lutte pour la défendre.

Avec l'immense succès de son film dans le monde entier, Mike Todd prend sa vraie revanche sur la vie. De plus, la femme la plus belle du monde est amoureuse de lui. Il ne lui refuse rien. En fait, Elizabeth n'a pas le temps de demander, c'est lui qui devance ses moindres désirs. Il lui offre une Silver Cloud Rolls-Royce. Toutes les semaines, il marque l'anniversaire de leur rencontre, un samedi, par un collier, une bague en saphirs, un manteau de vison blanc, rose, beige. Elizabeth a trois ans de moins que Mike Todd Junior, le fils de son fiancé. Mike raconte à son meilleur ami, Eddie Fisher, que le jour où il a offert à Elizabeth un diadème en diamants, elle s'est précipitée dans leur chambre pour le mettre et qu'elle est revenue toute nue, avec juste le diadème sur la tête. C'est l'amour fou. Ils s'entendent merveilleusement bien sexuellement. *L'Arbre de vie* enfin terminé, Mike emmène Elizabeth pour des vacances en Floride. Ils ne tiennent pas en place. De là, ils partent aux Bahamas, pour Nassau.

Sur le yacht de Lord Beaverbrook, où ils sont invités, Elizabeth glisse dans un escalier et tombe sur le dos. Elle souffre horriblement. Transportée en service d'orthopédie à l'hôpital du Harkness Pavillon à New York, les médecins découvrent un écrasement de plusieurs vertèbres de sa colonne vertébrale. Il faut opérer. Elizabeth est sûre que tout cela vient d'une scène dans *Guet-apens*, avec Robert Taylor, où elle a été renversée dans un escalier, à moins que cette faiblesse ne vienne du film *Le Grand National* où elle est souvent tombée de cheval. L'accident de travail, à cette époque-là, n'était pas reconnu.

L'opération a lieu le 8 décembre 1957. Pendant quelques jours, Elizabeth souffre le martyre. Mike ne la quitte pas. Il a pris une chambre à côté de la sienne. Plus tard, Elizabeth aimera montrer ou faire toucher l'endroit, aussi dur que boursouflé, là où les chirurgiens ont, dit-elle, « ressoudé » sa colonne vertébrale. Bien sûr, le premier à palper l'endroit sera, presque envieux, le cher Monty.

Mike Todd a caché quelque chose aux journalistes, mais pas aux chirurgiens ni à ses avocats. Elizabeth est enceinte. Il veut l'épouser dès sa sortie de l'hôpital. Elle quitte enfin le Harkness Pavillon après un mois au lit, puis rééducation, sur un fauteuil roulant poussé par Mike. Les photos de la star, pâle et ravissante, feront le tour du monde. On la plaint. On l'adore.

Les deux amoureux continuant d'avoir la bougeotte, partent aussitôt pour le Mexique, seul pays où ils peuvent avoir rapidement un jugement de divorce. Étrange convalescence pour une grande opérée. Mais Elizabeth et Mike ne sont pas des gens comme les autres. Dans la ville de Mexico, le juge, pas du tout épaté par la présence d'Elizabeth Taylor, refuse la requête de divorce. Fou de rage, Mike le traite en anglais de « merdeux de nom de dieu de foutu connard ». On peut supposer que le juge n'a pas totalement compris la belle langue de Shakespeare. Finalement, les fiancés repartent pour Acapulco, sur le Pacifique.

Là, ils trouvent un juge plus compréhensif et peut-être cinéphile. La requête de divorce est acceptée. Grand seigneur, Michael Wilding, encore le mari, accourt pour signer les papiers, puis il repart, probablement soulagé. Elizabeth et Mike restent au Mexique. Ils ont tout obtenu du deuxième brave juge mexicain, y compris une dispense de bans, ils annoncent leur mariage pour le 2 février 1957 à Acapulco, dans la villa Hernandez, une splendeur blanche avec des jardins en espaliers.

Eddie Fisher et Debby Reynolds sont invités. Eddie est le témoin de Mike Todd. L'acteur Cantinflas, toute la famille d'Elizabeth, ses deux petits garçons que

Mike aime beaucoup, son propre fils, Mike Todd Junior et sa femme Mara, sont présents.

Petite contrariété. Mike Todd cherche un rabbin qui puisse les marier. Mais d'abord, il n'y en a pas tellement au Mexique, à moins que ces saints hommes ne se cachent, refusant de bénir l'union d'un Juif avec une divorcée, protestante de surcroît. C'est le maire d'Acapulco, el Señor le Potogui, qui les unit.

Les six mois suivants, Elizabeth grossit, elle est heureuse. Mike est tellement fier d'être père à son âge.

Huit médecins assistent Elizabeth pour son accouchement, qui se fait encore par césarienne. C'est une jolie petite fille, Elizabeth Frances, que les parents appellent aussitôt Liza. Elizabeth apprend, horrifiée, que les accoucheurs pensaient qu'une nouvelle grossesse lui serait fatale. Ils ont demandé à Mike Todd la permission de ligaturer les trompes de sa femme. Après avoir hésité, Mike a accepté. Elizabeth ne lui en voudra pas, mais elle avouera à sa confidente Claudie Bozzachi qu'elle a eu l'impression « qu'on l'avait assassinée. »

Faisant toujours les choses royalement, les Todd envoient cinq mille faire-part de naissance.

Pour présenter *Le Tour du monde en quatre-vingt jours,* Elizabeth et Mike font le tour du monde. Australie, Moscou, Hong Kong, Athènes, Nice, Paris, partout ils sont fêtés comme des rois. Au Madison Square Garden de Londres, ils reçoivent dix-huit mille personnes surexcitées par la présence d'Elizabeth Taylor. Dans chaque pays, Mike lui achète des robes de grands couturiers par dizaines. C'est au cours de ces voyages qu'elle connaîtra Dior et Marc Bohan.

Enfin rentrée à Hollywood, mais dans quel état, après leur périple, Elizabeth songe sérieusement à abandonner définitivement le cinéma pour demeurer toujours avec Mike. Celui-ci, clairvoyant, la pousse quand même à accepter de tourner *La Chatte sur un toit brûlant* de Richard Brooks, scénario adapté de la pièce de Tennessee Williams. Elle n'a encore jamais eu l'oscar. Mike voudrait lui faire plaisir en lui en décrochant un. Il fait beaucoup de publicité pour elle dans *L'Arbre de vie,* mais Elizabeth n'obtient rien sur ce film. Mike espère qu'avec *La Chatte*, Elizabeth obtiendra enfin la statue d'or tant convoitée.

Le tournage commence le 12 mars 1958. Elizabeth, jeune mère de famille heureuse enfin dans sa vie avec Mike Todd, est dans la splendeur de ses vingt-six ans. Elle joue Maggie, *la chatte*, et Paul Newman interprète Brick, le mari qui délaisse sa femme.

Paul Newman est, comme Monty, un pur produit New Yorkais de l'Actor's Studio : il travaille beaucoup ses rôles, il s'inquiète car, pendant les répétitions, Elizabeth dort un peu. Richard Brooks, qui a déjà travaillé avec Elizabeth, le rassure :

— Quand la caméra tourne, elle se réveille sans aucune préparation.

Évidemment, dès que Brooks lance pour la première fois « Action ! », Paul Newman demeure stupéfait de voir Elizabeth « se mettre en route » avec la caméra. Le spectacle d'une grande actrice.

Mike Todd vient tous les jours déjeuner à la cantine avec Elizabeth. Il est si heureux qu'il confie un jour à son amie Eddie Fisher : « Je vis avec Elizabeth les meilleures années de ma vie, mais tu sais, Eddy, j'éprouve tant de bonheur que cela me fait un peu peur… Je suis joueur (il adore le poker), je ne connais que trop la loi de la chance et j'ai vraiment la trouille : selon la justice du jeu, je devrais perdre quelque chose pour compenser ! »

Eddy Fisher le rassure.

— Mais la vie n'est pas une partie de poker !

— À voir… murmure Mike.

Mais le triomphe continue. Il reçoit une invitation du Friars Club qui veut lui remettre, le dimanche 24 mars au soir, au Waldorf-Astoria de New York, le prix très convoité de « l'Entrepreneur de spectacles de l'année ». Mike, fou de joie, propose bien sûr à Elizabeth d'y aller, mais elle est dolente avec un peu de fièvre.

Todd invite de nombreux amis, comme Kirk Douglas, Joseph Mankiewicz, à se joindre à lui. Tous, dont des journalistes, refusent au dernier moment. L'un d'eux, James Bacon, de l'*Associated Press*, avoue qu'il a pensé : « Il faisait un temps affreux sur la Californie, pluie et orage. Ce voyage était-il vraiment nécessaire ? »

Finalement, Mike Todd s'envole de l'aéroport de Burbank avec Art Cohn, (son biographe, qui écrit à cette époque *Les Neuf Vies de Mike Todd*), le pilote et le copilote, dans son avion le *Lucky Liz*.

Mike a promis à Elizabeth de l'appeler de Tulsa dans l'Oklahoma où ils referaient le plein de fuel. Mais, dans le ciel, les orages deviennent de plus en plus violents. Le *Lucky Liz* lutte parmi les éclairs dans la nuit.

Au-dessus des monts Zuni, au Nouveau-Mexique, le pilote ne parvient pas à reprendre de l'altitude. Le *Lucky Liz* s'écrase dans une forêt de pins. L'explosion, très violente, est entendue à des kilomètres à la ronde. Les restes des occupants carbonisés ne seront identifiés que grâce à leur dentition. Seule l'alliance de Mike Todd fut retrouvée à peu près intacte, quoique déformée par le feu. Elle sera apportée à sa veuve, Elizabeth Taylor.

Sans coup de téléphone, Elizabeth s'était inquiétée toute la nuit. Quand elle voit arriver le samedi matin tôt son docteur, Rex Kennamer, et l'adjoint de Mike,

Dick Hanley, ainsi qu'Eddie Fisher, complètement bouleversés, elle comprend aussitôt.

— Non ! Non ! hurle Elizabeth. Pas ça, non pas ça !

Elle fait une crise de nerfs, balbutiant : « J'ai supplié Mike de ne pas partir… Je veux mourir aussi… »

— Je n'ai jamais vu un tel chagrin, admet Helen Rose, sa créatrice de costumes, venue elle aussi. Sa vie s'écroulait et nous ne pouvions rien faire pour la consoler.

En fait, tout Hollywood est secoué par la mort de Mike Todd, plus encore ceux qui ont sagement refusé le voyage, et ils sont nombreux.

Évidemment, Richard Brooks s'inquiète pour *La Chatte sur un toit brûlant.* Elizabeth pourra-t-elle finir le film ? Très classe, il vient dire à Elizabeth que si elle veut abandonner le tournage, il ne lui en voudra pas. Elle ne répond rien et ne fait que pleurer.

L'enterrement de Mike Todd a lieu à Chicago, sa ville. Des milliers de curieux ont envahi le cimetière pour apercevoir celle qui est désormais la veuve la plus célèbre du monde. Il y en aura une autre plus tard, Jackie Kennedy.

Le visage voilé sous un chapeau, Elizabeth est soutenue par son frère Howard Taylor, son docteur et Eddie Fisher, le grand ami de Mike. Monty est venu, mais au milieu de la cohue, il ne pourra même pas parvenir à rejoindre Elizabeth. Mais elle l'apprendra plus tard et sera touchée, car Monty, elle le sait, a horreur de la foule. Devant le cercueil de Mike, Elizabeth est prise de tremblements. Elle gémit : « Mike, mon amour, je t'aime… je t'aime ! »

Après cette journée atroce, Elizabeth reste prostrée dans sa maison, songeant que la douleur va la tuer. Puis, au bout de trois semaines, elle arrive au studio, dit bonjour à tout le monde et repart très vite.

— Revenez demain, a proposé Richard Brooks très gentiment.

Et elle revient, finissant avec courage le film. Toute sa vie, Elizabeth, aussi bien plongée dans ses malheurs, opérations, complications ou grands bonheurs, continuera toujours à travailler, mélangeant probablement suivant les rôles la réalité et la fiction. En fait, Maggie, *la chatte*, la sauvera de la détresse.

Par testament, Mike Todd léguait sa fortune à parts égales entre Elizabeth et son fils, Mike Todd Junior. Celui-ci tentera de récupérer les bijoux que Mike offrit à Elizabeth à travers sa société de cinéma, Todd Ao. Il s'y cassera les dents ; Elizabeth arguant du fait que ces cadeaux étaient autant de souvenirs de son mari, ce qui était après tout vrai !

Comme elle parle de suicide, Eddie Fisher, le fidèle ami de Mike, vient voir Elizabeth tous les jours pour la consoler. Elle prend l'habitude de pleurer sur son épaule, mais elle a totalement perdu la volonté de vivre. Dick Hanley et Eddie Fisher ont l'idée d'appeler le rabbin Max Nossbaum, de la synagogue Israël à Hollywood. Sa présence fait du bien à Elizabeth. Le rabbin, un saint homme, touché par le chagrin d'Elizabeth, revient la voir tous les jours.

Par amour pour Mike, elle décide de se convertir au judaïsme. Le rabbin, prudent, lui demande d'attendre. Elizabeth fait très sérieusement son instruction religieuse et, finalement, devient officiellement juive. Cet acte religieux semble la calmer un peu.

Elle se rapproche de plus en plus d'Eddie Fisher. Elle se rapproche tellement que ses amis, comme Rock Hudson, Monty, Helen Rose, se rendent compte qu'Eddie a pris la place de Mike. Non qu'il ait l'impression de voler quoi que ce soit, car il aimait et admirait trop Mike. Elizabeth croit même de bonne foi que c'est Mike qui les réunit. Celle qui n'est pas d'accord, c'est Debbie Reynolds. Bien que son mariage avec Eddie ne soit pas une réussite, elle clame partout son malheur. Elle vitupère contre Elizabeth Taylor, cette « mangeuse d'hommes briseuse de ménages ». Elizabeth n'en a cure. Elle accompagne Eddie Fisher à Las Vegas où il chante. La présence d'Elizabeth Taylor dans la salle assure au chanteur un immense triomphe.

Les journaux font leurs gros titres sur les amours d'Elizabeth et Eddie Fisher. Debbie Reynolds demande le divorce. Sa carrière monte en flèche. La vente des disques d'Eddie Fisher tombe à zéro. Elizabeth devient la femme à abattre.

La MGM sort *La Chatte sur un toit brûlant.* C'est un triomphe. Le scandale va bien à Elizabeth. Eddie Fisher est assez riche pour gâter Elizabeth. Imitant Mike Todd, il lui offre un sac du soir clouté de diamants.

Elizabeth ne peut oublier Mike, mais elle ne supporte pas la solitude et aime à sa façon Eddie qui a le mérite « d'être là ». Elle l'épouse à Las Vegas à la synagogue Beth Shalom, le 12 mai 1959, puis ils partent sur *L'Olnico*. Un splendide yacht blanc où ils passent leur lune de miel, et qui les conduit à Saint-Tropez.

La descente d'Elizabeth Taylor et Eddie Fisher sur le quai, en face de chez Sennequier, forme une émeute. Des centaines de CRS sont envoyés d'urgence pour ramener le calme. Elizabeth remonte à bord avec Eddie.

Fin mai, Elizabeth arrive à Londres où elle a rendez-vous avec Sam Spiegel, le richissime producteur du *Pont de la rivière Kwaï.* Il veut Elizabeth pour son prochain film, *Soudain l'été dernier*, encore un sujet de Tennessee Williams.

Tandis que l'Amérique traite Elizabeth de « démon des ménages », « chatte folle de désir », Elizabeth discute avec Spiegel. Elle accepte le rôle si Montgomery Clift est son partenaire. De Liz, rien ne l'étonne plus, bien qu'il ait du mal à comprendre le mariage avec Eddie Fisher. Monty, qui vient de tourner *Le Bal des maudits* avec son ami Marlon Brando, rejoint Elizabeth à Londres.

Le tournage de *Soudain l'été dernier*, aux Studios de Pinewood, est lugubre. Bien qu'au bras d'Eddie Fisher, Elizabeth n'est pas remise de la mort de Mike. Katharine Hepburn pleure chaque jour celle de Spencer Tracy. Monty se débat entre la drogue et l'alcool. La presse britannique attaque si violemment Elizabeth et Eddie Fisher que Joseph Mankiewicz interdit le plateau aux journalistes. Il est un peu le confident d'Elizabeth et assure que, dès cette époque, elle a regretté d'avoir épousé Eddie. Le metteur en scène dira qu'elle a « des yeux extrêmement tristes ».

Un soir, à l'hôtel Dorchester, Spyros Skouras, président de la Twenty Century Fox, appelle Elizabeth. Elle est dans son bain. C'est Eddie qui répond. Spyros Skouras propose à Elizabeth le rôle de Cléopâtre. Eddie transmet le message. De sa baignoire remplie de mousse, Elizabeth crie, comme un défi :

— C'est d'accord s'il me donne un million de dollars !

Aucun acteur ni actrice n'a jamais touché un cachet aussi faramineux, pas même Ava Gardner ou Lana Turner. Spyros Skouras demande dix minutes pour consulter ses associés. Il rappelle presque aussitôt.

— C'est d'accord ! Miss Taylor aura un million de dollars.

Elle doit d'abord tourner *La Vénus au vison* à Hollywood, un film qui lui déplaît, où elle joue une call-girl. Puis elle revient à Londres pour *Cléopâtre*, dont le metteur en scène est Rouben Mamoulian.

Cléopâtre doit être tourné en Todd-Ao, le procédé de Mike. Des décors magnifiques sont construits aux Studios de Pinewood et Shepperton. Ils sont somptueux. Malheureusement, tous les malheurs vont accabler la préparation du film. Le froid et la pluie abîment tous les palais et colonnes de la reine d'Égypte. Le temps londonien ne ressemble pas à celui d'Alexandrie et puis Elizabeth tousse tout le temps. Elle a pris froid. La presse est furieuse car la star est née ici voici vingt-huit ans et se plaint du climat. Les calamités s'accumulent, grève de machinos, de coiffeurs, de décorateurs, malaises de miss Taylor. Elle est transportée avec quarante de fièvre. On parle de fièvre de Malte, de paludisme. On lui ôte une dent avec un abcès.

La fièvre ne tombe pas. Elle ne peut plus respirer et tombe dans le coma. Lord Evans, le médecin de la reine, vient la voir. Il pense qu'il s'agit d'une méningite. Eddie appelle le docteur Rex Kennamer, qui connaît bien Elizabeth. Il arrive précipitamment d'Hollywood. La production, pragmatique, propose de remplacer Elizabeth. Rouben Mamoulian, indigné, refuse.

Au Dorchester, où elle est revenue, Elizabeth ne cesse d'émettre des râles. Elle ne peut plus respirer. Les antibiotiques n'agissent pas. Elle a une double pneumonie. Pour la sauver, on la ramène à l'hôpital, où deux médecins pratiquent, sur la plus belle femme du monde, une trachéotomie (un trou dans la trachée avec une canule pour qu'elle puisse respirer). Elle en gardera une cicatrice, effacée plus tard par le chirurgien esthétique Rodolphe Troques, (qui était aussi du voyage à Budapest, avec sa femme la belle Mado). On la met sous assistance respiratoire. Elle va un peu mieux. Deux jours plus tard, elle sort du coma.

Son rétablissement se fera peu à peu. C'est une survivante. Les mêmes images qu'avec Mike Todd sortent dans la presse et à la télévision : Elizabeth, en manteau de vison, est poussée dans un fauteuil roulant par Eddie Fisher. Elle a bien failli mourir. On lui pardonne tout. Elizabeth est une déesse que rien ne peut abattre !

Spyros Skouras, qui a perdu plus de deux millions de dollars dans ces maudits décors et tous ces retards accumulés, décide de quitter l'Angleterre pour aller tourner le film en plein été à Rome, puisque Elizabeth ne supporte pas le froid.

Avant de partir pour le soleil, Elizabeth, incorrigible, se rend en Allemagne pour adopter un enfant car elle ne peut plus en avoir d'autres. Elle choisira la plus misérable, couverte de boutons, avec une hanche paralysée.

— Les autres étaient bien portants, alors j'ai pensé que celle-là avait besoin de moi ! déclarera ensuite Elizabeth. Elle appellera la petite fille Maria.

On peut dire que cette enfant a eu de la chance.

Elizabeth n'a pas vraiment le temps de pouponner le bébé, car elle part presque aussitôt avec mari, armes et bagages pour Rome, où le tournage de *Cléopâtre* a lieu. La presse du monde entier est à l'affût. Que va-t-il se passer aux studios de Cinecitta ?

La vie de Liz Taylor ressemble à un long feuilleton qu'aucun écrivain ne pourrait inventer. Les acteurs masculins anglais ont été changés. Ce ne sont plus Peter Finch, ni Stephen Boyd, mais Rex Harrison dans le rôle de César et Richard Burton dans celui de Marc-Antoine.

Attention, le rideau va se lever : Richard Burton entre en scène au moment où Elizabeth pénètre dans Rome.

Chapitre 4

Lui

La route de la gloire

— Elle est belle, n'est-ce pas ?

Ivre d'orgueil, Richard vient d'acheter sa première voiture, une vieille Flying standard, avec l'argent de Stratford-upon-Avon. Il a simplement oublié un détail : il ne sait pas conduire. C'est son ami, l'acteur Robert Hardy (surnommé Tim), qui lui apprend les mystères du volant. Richard est bon élève. Il passe son permis et se lance fièrement sur les routes. Malheureusement, la Flying, trop âgée, coule une bielle et termine sa vie dans une descente trop raide.

Richard, lui, est en route pour la gloire. Il va bientôt s'acheter une Jaguar 10, puis une Cadillac blanche que Dady Ni prendra pour un bateau, enfin une MG rouge décapotable, voiture qu'il gardera toujours.

Sa femme Sybil décide d'abandonner le théâtre pour se consacrer à la carrière de son mari. La famille Jenkins adore Sybil, de même que tous les amis du jeune couple : c'est une épouse parfaite. La seule personnne à ne pas être satisfaite, c'est Richard Burton lui-même. Ne déclare-t-il pas à Alec Guinness, acteur qu'il admire assez pour l'appeler « cette cathédrale de talent » :

— Soit j'ai une voix de stentor, soit le public ne m'entend pas… Chez moi, pas de juste mesure ! »

Il n'y aura en effet jamais de « juste mesure » chez Richard Burton. Quand il sort du théâtre après la représentation, il va avec ses amis au pub et nul ne sait, surtout pas sa femme, quand il en sortira.

Juste avant Stratford, il avait eu la chance d'être engagé, en 1950, pour jouer *The Lady's Not For Burning (La Dame ne brûlera pas)*, une fantaisie médiévale de Christophe Fry, à New York. Il plaît à Broadway et Broadway lui plaît. Il est donc fou de joie de retourner vers la Big Apple, en novembre 1951, pour interpréter un musicien dans *Eurydice* de Jean Anouilh. Le titre devient au Plymouth Théâtre *Legend of Lovers (La Légende des amants).* Il partage l'affiche avec Dorothy McGuire et Hugh Griffith, un autre grand acteur gallois.

Si la pièce n'est qu'un demi-succès, la terrible critique new-yorkaise est sous le charme de Richard, qu'elle encense littéralement. Il est désormais un jeune acteur de vingt-six ans plein d'avenir.

Il rentre à Londres en paquebot, comme il est venu. Il est aussitôt engagé pour interpréter au Lyric Théâtre d'Hammersmith le premier rôle de la pièce d'Emmanuel Roblès, *Montserrat.* Il joue le rôle-titre, personnage à la fois terrifié mais héroïque, malgré le massacre de six otages sous ses yeux.

Un concert de louanges accueille sa prestation. Il est la révélation d'avril 1952. Tous les critiques le jugent « inoubliable ». Il y a de quoi avoir la tête enflée. Pas Richard ! Antony Quayle veut qu'il revienne à Stratford pour y interpréter tous les grands rôles shakespeariens.

Va-t-il accepter ? Il hésite, tergiverse, souhaite réfléchir. À ce stade de sa carrière, il a envie, peut-être même besoin de faire une pause. Le cinéma le tente, mais il ne voit pas comment y pénétrer.

Un personnage hors du commun fait son entrée dans la vie de Richard. Sir Alexandre Korda, metteur en scène, producteur, né Sándor Laszlo Kellner en 1893 à Pusztaturpaszto (cela ne s'invente pas !), dans l'Empire austro-hongrois. Comme beaucoup d'émigrés d'Europe centrale de ce temps-là, il prétend descendre d'une famille de hussards servant l'empereur d'Autriche. C'est peut-être la vérité, car il va se lancer au galop dans une carrière d'écrivain, sous le nom de Sandor Korda, et faire une entrée fracassante d'abord dans le cinéma muet hongrois, puis viennois, allemand, enfin anglo-saxon, avant d'être anobli par le roi George V pour ses films, de véritables triomphes internationaux, comme *La Vie privée de Henry VIII*, avec les inoubliables Charles Laughton et Robert Donat.

À sa couronne de producteur s'ajoutent d'immenses succès, tels que *Elephant Boy*, *Le Livre de la jungle,* et même *The Third Man (Le Troisième homme)*, avec Orson Welles. Korda est partout en Europe et de l'autre côté de l'Atlantique. C'est cet étonnant découvreur de talents qui a remarqué le jeune Richard Burton. Après avoir vu la plupart des pièces de théâtre auxquelles il a participé, Korda décide qu'il est temps pour ce gaillard de passer à la vitesse supérieure. Pour ce faire, il lui signe un contrat mirobolant de quinze mille dollars, avec promesse de toucher par la suite quatre-vingt mille dollars sur trois films.

Richard aura cette phrase étonnante destinée à Robert Hardy :

— Avec cette somme, je peux m'acheter Buckingham Palace !

Il explique à son ami « Tim » qu'il ne peut croire qu'il y ait autant d'argent au monde et que lui, le fils de mineur (ceci le hantera toujours) va pouvoir le mettre sur son compte en banque. Il avoue aussi à Emlyn Williams qu'il refait des additions toute la nuit pour partager au mieux cet argent avec sa famille.

Après une soirée bruyamment arrosée chez Alexandre Korda avec champagne et alcool coulant à flots, Richard, accompagné de Sybil, part cette fois-ci pour New York en Constellation, un superbe quadrimoteur. Après un court arrêt dans cette ville, il s'envole pour Los Angeles. Richard reconnaît avoir cuvé son vin pendant les vingt-deux heures de voyage. Bientôt, très bientôt, les avions iront beaucoup plus vite.

Les trois films que Burton doit tourner à Hollywood sont, en 1952, *Ma Cousine Rachel*, d'après le roman de la célèbre Daphné du Maurier, avec pour réalisateur Henry Koster. En 1953, ce sera *Les Rats du désert*, de celui qui deviendra un de nos grands amis, Robert Wise, et enfin, *La Tunique (The Robe)*, encore de Henry Koster.

Dès leur arrivée au Beverly Hills Hôtel, les jeunes Burton, vraiment épuisés par un si long voyage et décalage horaire, ont à peine le temps de déposer leurs valises car, sur l'ordre de Korda, une réception est donnée en leur honneur dans les salons.

Pour se remonter, Richard commande scotches sur scotches. Parmi les invités, il retrouve avec joie Humphrey Bogart et sa belle épouse Lauren Bacall.

Très fier d'avoir vu Richard à Stratford, Bogart lui crie :

— Vas-y, *kid*, crache-leur du Shakespeare !

Et voilà Richard, poussé par le plus célèbre acteur de Hollywood, déclamant de sa voix faisant trembler les vitres des tirades de *Hamlet*, luxe suprême aussi bien en anglais qu'en gallois, langue totalement inconnue des Hollywoodiens. Son succès est fulgurant. Jamais personne, en « ce pays-ci », n'a connu pareil phénomène. Même Lauren Bacall admettra plus tard : « Richard n'était pas un homme comme les autres. Bogey (surnom de Bogart) l'adorait. »

Pourquoi Lauren Bacall deviendra-t-elle réticente à l'encontre de Richard Burton ? En fait, elle ne va pas tarder à prendre la tête « du comité de défense » de Sybil Burton, femme « trop » trompée. Dans ce vivier magnifique, rempli des plus belles filles de la Terre, Richard n'a qu'à se baisser pour faire son choix et, ce Don Juan ne s'en prive pas. Une boutade circule alors parmi les starlettes : « Avec Richard Burton, mieux vaut apporter son matelas ! » Ce n'est peut-être pas de très bon goût, mais cela semble très proche de la réalité. Le jeune coq écume le poulailler.

Place au travail. Richard a donc été choisi pour interpréter dans *Ma Cousine Rachel*, Philip Ashley, jeune héritier tombant fou amoureux de la veuve de son père adoptif, jouée par Olivia de Havilland. Celle-ci, à l'époque, est une immense star. Elle a été, entre autres, la Mélanie de *Autant en emporte le vent*. La réputation de Richard, séducteur de toutes les filles, agace Olivia. Elle ne se gêne pas pour rabrouer ce débutant, d'autant plus que, sans le vouloir évidemment, il lui a fait, par un geste maladroit, tomber un pan de décor sur la tête.

Si Olivia est d'un abord difficile, il n'en est pas de même avec le réalisateur, Henry Koster. Comprenant aussitôt le grand talent de Richard, il le pousse en avant. Tous deux savent très bien que c'est dans *Rebecca*, en 1940, de la même Daphné du Maurier, sur une réalisation d'Alfred Hitchcock, qu'un autre acteur anglais shakespearien, Laurence Olivier, a virtuellement fait « éclater » sa carrière, d'où l'importance pour Richard de réussir sa prestation.

Finalement, malgré les difficultés, Richard passe très bien l'examen de son premier film à Hollywood, car l'année suivante, il sera cité aux Academy Awards pour l'oscar du meilleur second rôle masculin. Il le ratera de peu. L'oscar sera attribué à Anthony Quinn pour son rôle dans *Viva Zapata*, avec Marlon Brando, mais cette « nomination » sera tout de même pour Richard une façon royale de « mettre le pied sur le Pacifique. »

Au pays de Galles, la Première de *Ma Cousine Rachel* atteint le délire. Chaque fois que Richard apparaît sur l'écran, la famille Jenkins et tous les enfants du pays dans la salle applaudissent, crient, scandent son nom. Dans le tohu-bohu, personne ne comprend plus rien à l'histoire, mais tout le monde est ravi.

Richard n'a pas vraiment le temps de souffler. Il part donc pour Palm Springs tourner *Les Rats du désert*, de Robert Wise dans ce qui devrait être le décor de Tobrouk ou El Alamein au coeur du désert africain.

Dans cette fresque sur la guerre et l'Afrika Korps, Richard interprète le jeune capitaine anglais Mac Roberts, donnant du fil à retordre et même damant le pion à Rommel, au cours d'une bataille décisive.

Au cours d'un dîner avec sa femme Millicent, chez eux à Beverly Hills, Robert Wise nous a déclaré qu'il avait trouvé sur le tournage Richard très agréable, sobre, consciencieux, courageux et parfaitement fiable. De son côté, Richard a aimé Wise et il a adoré tourner avec James Mason, Rommel dans le film, acteur dont il admirait l'immense talent. Richard va aimer parler avec ces grands professionnels. À chaque tournage, il va en apprendre un peu plus sur le métier. Si ce long métrage repasse à la télévision, cela vaut la peine de le regarder. Richard Burton est éblouissant, aussi bien dans les scènes d'action que dans celles de jeu. Il possède déjà la simplicité et le manque d'affectation des grands acteurs.

Va-t-il y avoir le troisième film promis par Alexandre Korda ? Après quelques difficultés de budget, Richard est engagé, probablement grâce à Henri Koster qui l'a tant apprécié dans *Ma Cousine Rachel,* pour tourner, avant la lettre, une sorte de Ben Hur très religieux, *The Robe (La Tunique).*

Dans ce film en cinémascope, le premier du genre semble-t-il, avec ce procédé de si large écran, Richard Burton interprète le soldat romain Marcellus Gallio, un ivrogne coureur de filles qui, après avoir vu « l'agonie » du Christ sur la croix, se convertit au Christianisme et choisit de mourir en héros pour sa foi. Le film est très kitch, Hollywood reconstituant le calvaire assez surréaliste, mais Richard est magnifique et, avec ce rôle, il accède au statut de star.

En dépit des critiques ironiques, *La Tunique* va être un immense succès. Le Vatican recommande même aux fidèles d'aller voir ce film religieux. Sur le plateau, en attendant de tourner, Richard en jupette joue aux dés avec Victor Mature, un acteur de Hollywood, immense star adorée des spectateurs pour ses bras musclés, son torse magnifique et ses films bibliques, comme *Samson et Dalila*. À Hollywood, on qualifie Victor Mature de « superbe morceau ». *A priori*, Richard est beaucoup plus intellectuel que son partenaire, mais en fait, le jeune comédien se prend d'amitié pour Victor. Un homme injustement méprisé question talent, mais dont Richard dira :

— Victor Mature connaissait le métier de A à Z. Il m'a beaucoup appris !

La légende des studios affirmant que Mature ne prenait, malgré ses muscles, jamais aucun risque, Richard lui a demandé si c'était vrai :

— Vous pouvez me croire, Richard… Je réfléchis à deux fois avant de monter les marches d'un escalier mouillé… Si je me casse la jambe… on me remplacera par un rival et pfft… personne du studio ne viendra même m'apporter un citron à l'hôpital !

Richard écoute, enregistre, hoche la tête. Victor Mature continue :

— Dans *Samson et Dalila*, « ils » ont voulu que je me batte avec un lion, je vous demande un peu ! Ces bêtes-là peuvent vous endommager un physique, ce qui est mon gagne-pain ! « Pas question de bataille avec votre fauve ! » ai-je dit au metteur en scène. « Mais Vic, a-t-il répondu, c'est un très vieux lion, il est doux comme un agneau ! » « Pas question ! » ai-je répété.

À bout d'arguments, le producteur, arrivé à la rescousse, a cru avoir la parade.

— Mais Vic, ce pauvre vieux lion n'a même plus de dents.

— Alors, vous voulez que je meure sous ses gencives ? s'est exclamé Vic Mature.

Richard raffole de ses histoires, mais bien plus tard, il nous avouera qu'il a écouté Mature car il n'a jamais aimé tourner avec des chevaux ni des chiens inconnus. Pourtant, il aimait les animaux, mais pas trop les équidés car les chevaux, désobéissants, dixit Burton, « ne font jamais ce que l'on veut qu'ils fassent pour la caméra, c'est comme les voiliers ou les enfants capricieux, enfin la liste est longue ! »

Le tournage de *La Tunique* est long, très long, et la partenaire de Richard, Jeans Simmons, qui a été en 1948 la divine Ophélie dans le film *Hamlet* de Laurence Olivier, est bien belle. Une brune aux yeux bleus. Elle ressemble même un peu à Vivien Leigh et Elizabeth Taylor… Dans le film, le personnage de Jeans Simmons commence par détester Marcellus pour finalement l'adorer. C'est exactement ce qui va se passer dans la vie. De son côté, Richard estime qu'il ne quittera jamais Sybil, mais qu'on peut tomber amoureux à l'écran et un peu dans la vie sans mettre en danger son mariage !

Jean Simmons est mariée avec Stewart Granger, mais leur union ne va pas fort. Pour aller retrouver la belle, au clair de lune, Richard a trouvé, pendant que Sybil dort, un système fort ingénieux : Les Granger possèdent un gros chien de race Saint-Bernard. Pour que l'animal puisse sortir de jour comme de nuit dans le jardin, une chatière a été ouverte dans la porte de la cuisine… Une chatière assez grande pour le gros toutou et… tout juste pour un homme assez mince ! Richard prend l'habitude de passer à quatre pattes par cet orifice pour rejoindre Jean, tandis que Stewart Granger tourne toutes les nuits *Scaramouche*, avec Mel Ferrer.

Hélas, un soir, en soulevant comme d'habitude de sa tête le battant de la chatière, Richard trouve au bout de son nez le canon d'un fusil ! C'est le mari outragé, rentré plus tôt, qui attend, menaçant l'amant de lui faire sauter la tête ! Il va falloir toute l'éloquence de Richard pour calmer les fureurs de Stewart. Peu à peu, le Gallois, malin, réussit à convaincre l'Américain d'origine britannique que cela ne vaut pas la peine de s'entretuer pour une femme et qu'il est beaucoup plus civilisé de trinquer. Au petit matin, Jeans Simmons, attirée par des rires dans la cuisine, va les trouver tous les deux ivres morts, à leur quinzième whisky et devenus les meilleurs amis du monde. Outrée, elle ne leur pardonnera jamais !

Cette histoire, digne de Mack Sennett ou même Charlie Chaplin, nous a été racontée par Ron Berkeley et sa femme, Vicky Tiel, respectivement maquilleur de Richard et créatrice de robes pour Elizabeth, un soir au restaurant à Budapest et nous avons bien ri en imaginant la scène de ce qui n'était après tout qu'un marivaudage moderne.

Avant de quitter Hollywood pour rentrer en Angleterre, Richard assiste avec Sybil à une grande fête, un dimanche matin, dans une de ces splendides demeures de Bel Air, avec beaucoup de monde, bien bronzé, autour de la piscine. Bloody Mary, Secret-Driver, Whisky ou bière glacée sont servis dès l'arrivée. Aussitôt, des personnes que Richard ne connaît pas du tout commencent à l'appeler Dick, diminutif de Richard. Il note dans ses carnets qui ont été publiés : « Ils étaient tous très gentils, cependant je leur ai demandé de ne pas m'appeler Dick mais plutôt de mon vrai nom, Richard. Dick, ai-je rajouté, me donne l'impression d'être une sorte de sex-symbol ! » (Dick, en argot, désigne le sexe masculin). Cela les fit beaucoup rire. Et Richard continue : « J'avais eu mon petit succès, quand j'ai aperçu, au bout de la piscine, une fille qui retira ses lunettes de soleil pour me dévisager d'un air hautain. Elle était tellement belle que je faillis éclater de rire. Oui, c'était une splendeur, l'abondance faite femme… sombre… impassible. Puis elle se détourna, m'ignorant totalement. »

Il ne la nomme pas, mais il est évident qu'il a reconnu Elizabeth Taylor. Celle-ci avouera qu'elle se souvenait parfaitement de cette très brève rencontre.

— À première vue, déclara-t-elle, je l'ai trouvé prétentieux. Il me semble qu'il n'arrêtait pas de pérorer et de rire. Pour lui rabattre le caquet, je lui ai décoché un coup d'œil glacial.

Deuxième rendez-vous manqué.

Malgré une très belle proposition de Darryl Zanuck d'un contrat de sept ans pour sept films d'un million de dollars pour cette période, Richard, à la surprise de tous, refuse ce pactole. Il a un autre projet qui lui tient à cœur.

Il repart donc seul pour l'Angleterre car Sybil s'est envolée avant pour ouvrir leur maison à Hampstead, dans la banlieue de Londres. Richard vient de refuser une fortune car il s'est engagé à retourner à l'Old Vic Théâtre, seulement payé quarante-cinq livres par semaine, pour jouer « le » rôle ! Celui qu'aucun acteur ne peut refuser, et pourtant celui qui les terrorise tous !

Un roi en exil

— Cet esprit que j'ai vu est peut-être un démon et le démon a le pouvoir de revêtir plusieurs formes…

— Non ! Recommence, Richard, tu es trop extérieur, Hamlet réfléchit plus que toi : le fantôme lui a certes révélé son nom, mais n'est-ce point un piège ? Un spectre malin ? Est-ce vrai ? Est-ce bien le roi son père qui s'adresse à lui ?

À peine rentré à Londres, en juin 1953, Richard se met aussitôt au travail avec Philip Burton dont, à trente-deux ans, il écoute toujours les conseils avec confiance et déférence. Richard avoue : « Nous avons eu avec Philip sept séances vraiment très longues pour tenter de comprendre, si c'est possible, le caractère réel d'Hamlet ! »

Le résultat ne se fait pas attendre. Quand Richard arrive au théâtre pour les répétitions officielles, le metteur en scène Michael Benthall est ébloui que son acteur principal connaisse déjà à la perfection les cinq actes gigantesques de la pièce.

Tout le monde connaît plus au moins la trame du drame de Shakespeare, tiré de la légende d'un écrivain-historien danois, Saxo Grammaticus, écrite vers 1192 : le prince Hamlet apprend d'un fantôme, sur les remparts du château d'Elseneur, que son père le roi a été assassiné par Claudius, son propre frère, en accord avec sa veuve, la reine Gertrude. Préparant sa vengeance, Hamlet va simuler la folie, abandonnant sa douce fiancée Ophélie, qui en perd la raison et se noie. Dans le duel qui l'oppose à Laertes, le frère d'Ophélie, joué par Robert Hardy, Hamlet est blessé par une épée empoisonnée mais, avant de mourir, il réussit à tuer son oncle Claudius, l'usurpateur du trône, tandis que sa mère, la reine Gertrude, meurt empoisonnée par le breuvage qu'Hamlet a préparé pour elle.

Pendant toutes les représentations, données d'abord en septembre 1953 à l'Assembly Hall d'Edinburgh, Richard – Hamlet vit une véritable passion avec son Ophélie – Claire Bloom. Celle-ci vient de triompher dans le film de Charlie Chaplin *Limelight*. Richard et Claire forment un couple magnifique sur scène et le public ne se lasse pas de les applaudir à la fin du spectacle.

Évidemment, Sybil Burton s'inquiète. Son mari l'aime, elle est son équilibre. Il lui a dit et redit qu'il avait besoin d'une « certaine » liberté, mais qu'il ne la quitterait jamais. Il est sans doute sincère. En tout cas, l'attitude de Sybil est à la fois héroïque et exemplaire. Elle doit souffrir, mais ne se plaint pas et fait celle qui ne voit rien. Elle va devoir faire montre de beaucoup de patience, car le spectacle, après Edimbourg, s'installe pour longtemps à l'Old Vic Théâtre de Londres.

De 1953 à 1956, avec évidemment des interruptions permettant à Richard de tourner des films, outre Hamlet, celui-ci n'interprète pas moins de cinq rôles aussi énormes de Shakespeare Philippe le Bâtard dans *Le Roi Jean*, Sir Toby Belch dans *La Nuit des rois* (Claire Bloom joue Viola), *Coriolan* dans le rôle-titre, *La Tempête* où il est Caliban (Claire Bloom est Miranda). Enfin, *Othello*, où Richard, à la suite sans doute d'un pari fou avec son ami et partenaire John Neville, décide d'interpréter à tour de rôle chaque soir Othello ou Iago. Tous les mordus de Shakespeare viennent assister deux soirs de suite à la performance incroyable, car ce sont vraiment des rôles énormes. Richard avouera que, pris entre ces deux personnages, il pensera parfois le soir devenir fou, ne sachant plus lequel il devait être sur scène et surtout oubliant carrément « qui » il était lui-même, perdu au milieu de ces « deux monstres ». Résultat : pour se remettre de ce numéro d'équilibriste sans filet, Richard reste au pub très tard après le spectacle, éclusant bières et whiskies. Il admettra que seul l'alcool lui faisait oublier ses douleurs physiques et ses angoisses morales.

La critique londonienne encense Richard pour ses performances. Elle le décrit : « changeant, viril, funeste, brillant, impétueux ». C'est au cours de ce cycle à l'Old Vic que Winston Churchill viendra frapper à la porte de Richard. « Prince Hamlet, puis-je me servir de vos toilettes ? » Toute sa vie, Richard racontera cet épisode en imitant à la perfection le vieux lion, qu'il affirme détester car Winston était « conservateur », donc « l'ennemi du peuple », alors que lui, Richard, affirmait être travailliste, faisant partie du *labour*, la classe ouvrière.

Il faut avouer que Richard Burton fut très courageux et honnête vis-à-vis du métier qu'il avait choisi, en refusant trois films pour venir se frotter à tous ces rôles épuisants, de plus très mal payés. Richard Burton est alors sacré « l'héritier de Laurence Olivier ».

Pendant les arrêts estivaux de l'Old Vic, Richard peut quand même retourner au cinéma car il « doit » toujours trois autres films à Sir Alexandre Korda.

Il arrive donc à Hollywood en 1954 pour tourner *The Prince of Players,* relatant la vie du grand acteur du dix-neuvième siècle, Edwin Booth, le frère de John Williams Booth, comédien lui aussi, mais surtout devenu célèbre mondialement pour avoir été l'assassin du président Abraham Lincoln.

Richard retrouve dans la cité du cinéma Humphrey Bogart, qui l'accueille à bras ouverts. « Bogey » veut tout savoir des spectacles de l'Old Vic. Richard ne se fait pas prier pour lui déclamer toutes les grandes tirades d'*Hamlet*, *Othello* et *Coriolan.* Bogart est aux anges. Lauren Bacall promène Sybil et continue d'être la « présidente de sa défense conjugale ». Dans *Prince of Players*, Richard doit interpréter un acteur au passé fascinant, jouant du Shakespeare, mais payant la note à cause de son frère assassin, joué par John Derek. Ce film, mis en scène par Philip Dunne, aurait dû être un succès pour Richard, mais de l'avis de tous, le scénario, trop long et mal ficelé, ne plut pas au public. À moins que ce ne fut le sujet, avec en fond l'assassinat d'un président si respecté. Après l'été, Richard rentre donc à Londres pour continuer en hiver son marathon théâtral.

Mais, en mai 1955, il part pour l'Espagne interpréter *Alexandre*, de Robert Rossen. La distribution aux côtés de Richard est brillante : Danielle Darrieux, Claire Bloom (il est probable que Richard a proposé son nom), Peter Cushing et Frédéric March.

Alexandre est une superproduction où Richard interprète évidemment le fabuleux génie guerrier qui conquit le vaste monde de cette époque-là, sans perdre une seule bataille. C'est pendant ce long métrage qu'il va détester tourner avec des chevaux, « trop désobéissants ».

Richard travaille beaucoup sur le scénario. Il lit tout ce qui concerne le mythe du conquérant. La vie est belle et ensoleillée, parfois un peu trop, sur la péninsule ibérique.

Richard a de l'argent plein les poches. Il fait venir toute sa famille galloise, frères, sœurs, neveux, nièces, mais aussi les copains acteurs, Emlyn Williams, Robert Hardy, William Squire et le Gallois Stanley Baker. Tous de joyeux drilles.

Robert Rossen est un peu débordé avec tout ce monde, mais ravi de son interprète, qu'il a eu l'idée de coiffer d'une perruque blonde bouclée ne lui allant que très moyennement. Fatale erreur. Le film, trop « Cécil B. de Mille en stuc », sera, comme *Prince of Players*, un demi-échec et la profession, très critique, en rejettera injustement toute la faute sur Richard.

Cependant, il a encore le temps de repartir à Hollywood pour tourner une nouvelle adaptation du roman de Louis Bromfield, *The Rain Came (La Mousson)*, devenu pour le cinéma *The Rain of Ranchipur*. Il s'agit du remake d'un film culte tourné autrefois avec Tyrone Power et Myrna Loy. Richard reprend le rôle de Tyrone Power et devient le mystérieux docteur Safti, en face de la maléfique Lana Turner remplaçant Myrna Loy.

Là, Richard ne porte pas de perruque, mais un superbe turban avec aigrette et pierre précieuse convenant à son physique de beau ténébreux. Le metteur en scène est Jean Negulesco. Il a fait de grands succès, tel *Johnny Belinda*, avec des « nominations » aux oscars, ou *Comment épouser un millionnaire*, cette comédie adorable avec Marilyn Monroe. Mais, dans *The Rains of Ranchipur*, Negulesco semble moins inspiré. Les effets spéciaux du raz-de-marée, de l'inondation de Ranchipur, et de tous les malheureux noyés indiens, paraît avoir fait oublier au metteur en scène les rapports passionnés qu'il pouvait y avoir entre le docteur Safti et la « perverse » lady anglaise, Lana Turner. Il semble du reste que le cocktail Richard – Lana n'a jamais pris. Elle demeure sur l'écran de glace pour lui et vice-versa. Leurs relations hors du plateau étaient aussi froides que sur l'écran. Miss Turner n'a pas eu besoin « d'apporter son matelas » !

Déçu des films qu'il a tournés, Richard rentre en Angleterre avec quatre-vingt huit mille livres, une très jolie somme avec laquelle il pourrait s'acheter deux châteaux dans le Surrey. Pour mieux visualiser : une fort belle maison à Beverly Hills coûtait en ce temps-là vingt mille dollars. Il ne possède alors que la moitié de son cottage à Hampstead, l'autre moitié est louée. Il va, croit-il, pouvoir tout acheter. Un coup de massue lui tombe sur la tête : le fisc anglais lui ponctionne quatre-vingt-deux mille livres, ne lui laissant que six mille livres pour vivre. Richard avait déjà prévu tout l'argent qu'il allait donner à ses frères et sœurs pour s'acheter maisons et magasins.

S'être donné tant de mal, avoir tourné tous ces films, pour des clopinettes ! S'être esquinté le dos dans des combats, transpirer à cheval sur des bourrins récalcitrants, se battre en duel, lutter, endurer le trac, porter des armures qui scient la peau ! Non ! « Enough is enough ! » (Trop c'est trop), proteste Richard. Il décide alors de réagir et cherche où il pourrait bien mettre désormais à l'abri son magot « à venir ». Car en fait, ses demi-succès s'avérant parfois de vrais échecs au cinéma, il ne sait absolument pas si on va lui proposer d'autres films. Peut-être ne recevra-t-il plus jamais de scénarios ?

Cependant, Richard est gallois donc obstiné. C'est lui tout seul, n'ayant rien d'un homme d'affaires, qui cherche le lieu idéal de sa fuite. Les paradis fiscaux, ces îles du bout du monde, ne lui plaisent pas. Il aime le temps gris et la pluie, il se décide donc pour la Suisse et le village paisible de Céligny, à un kilomètre du lac Léman, sur la rive dite « du mauvais côté du lac », car moins ensoleillée et partant moins chère.

C'est que Richard a dû économiser pour pouvoir s'acheter cette maison très simple, nullement comparable aux palais de Hollywood, avec vue sur le Mont-Blanc.

Richard a tout de même réussi à se faire payer une partie de *La Mousson* et *Alexandre* en Suisse. Il nomme aussitôt sa maison « pays de Galles ». Ses voisins sont Charlie Chaplin, l'Aga Khan, Peter Ustinov. Il va sans dire qu'il voit surtout Peter Ustinov, un autre acteur, de plus écrivain de talent, transfuge anglais, mais il a évidemment une énorme admiration pour Charlie Chaplin. Richard demande à son frère Ifor de venir vivre avec lui et Sybil à « pays de Galles ». Désormais, Ifor va aider Richard. Il lui servira d'assistant, secrétaire, s'occupera de l'organisation, du planning de sa carrière, de ses voyages.

Pour le moment, à « pays de Galles », Richard est devenu un roi en exil : c'est le désert. Aucun coup de téléphone, pas un seul scénario devant la porte. Va-t-il falloir rentrer piteusement à Londres pour refaire des enregistrements de pièces à la BBC ?

En attendant, Ifor construit dans le jardin un chalet où il va habiter avec sa femme Gwen. Richard lit beaucoup et se rend tous les jours au café de la gare, malheureusement juste au bout de la rue, pour boire une, deux, trois bières, etc. Il a envie de se lancer dans l'écriture et tente d'oublier qu'en Angleterre, on le traite de fraudeur, de traître à la patrie.

L'entourage financier que Richard a monté, risque de le mettre sur la paille si le travail n'arrive pas très vite. Il a engagé autour de lui Valérie Douglas, secrétaire gestionnaire, Maurice Solowitz, un agent suisse, Vera Baker, son agent anglais, Aaron Frosch, son agent new-yorkais et beaucoup d'autres s'ajouteront au cours des années autour de Richard Burton.

Enfin, la roue tourne et 1957 va lui apporter de grandes joies, un immense soulagement et de grandes déceptions : un enfant, du travail, et des échecs !

Sybil tombe enfin enceinte à « pays de Galles » et donne naissance à une petite fille, aussitôt nommée Kate. Richard est fou du bébé. Il joue avec elle, lui parle. Il est le plus heureux des hommes, même si parfois Londres et les copains de théâtre lui manquent.

Enfin, Richard reçoit une proposition de film : il s'agit de *Sea Wife (L'Épouse de la mer)*, une histoire d'amour à tourner à la Jamaïque, avec Joan Collins en « religieuse », Burton en officier de la RAF, tous deux perdus sur une île déserte après le torpillage de leur navire.

Le scénario, de l'avis du pygmalion Philip Burton, qui conseille toujours Richard, n'est pas terrible. Mais le metteur en scène est Roberto Rossellini, un nom magique ! Au bout de trois jours de tournage, le maestro italien se défile, ayant paraît-il des problèmes de divorce avec sa femme Ingrid Bergman. Un remplaçant, Bob Mc Naught, arrive rapidement. Il n'a bien sûr pas l'envergure du maître. Mais Richard se demande : « Peut-on sauver un scénario inepte ? »

Encore un film raté. Richard se sent maudit. Joan Collins se vante d'avoir refusé ses avances. Il déclare seulement avec humour :

— Elle avait une vision très exagérée de sa propre importance.

Un autre film, *Bitter Victory (Amère victoire)*, de Nicholas Ray, est proposé à Richard. Emballé par la renommée de Ray, grand metteur en scène, il accepte. C'est encore une histoire de guerre, où Burton est le capitaine Leith et Curt Jurgens le major Brand. Ils sont les chefs d'un commando britannique chargé de s'infiltrer derrière les lignes ennemies. *Amère victoire* est un véritable fiasco. Le titre y est peut-être pour quelque chose. Le bruit court dans les milieux du cinéma que Burton « porte la poisse ».

Son père gallois, Dady Ni, meurt, mais Richard, déprimé, ne va même pas à l'enterrement. Son vrai père est devenu Philip Burton. À ces échecs s'ajoute le fait qu'il a refusé un autre film historique à grand spectacle auquel il ne croyait pas du tout, *Lawrence d'Arabie*. Tout le monde peut se tromper. Peter O'Toole devient, après ce monument du cinéma, une star internationale. Richard avouera qu'il lui a fallu beaucoup de temps avant de pouvoir entrer dans un cinéma pour enfin voir le film. Avec sa lucidité et son intégrité habituelles, il déclare :

— Peter a dans la peau une sorte de génie atteint de réelle folie. Je ne pense pas l'avoir.

Mais, après toutes ces déceptions cinématographiques, le théâtre ne l'oublie pas : il est engagé pour jouer à New York au Théâtre Morosco, *Time Remembered*, une adaptation de la pièce *Léocadia* de Jean Anouilh.

Richard interprète le prince Albert, face à Susan Strasberg dans le rôle de la modiste. New York, comme toujours, le lave de ses déceptions en lui faisant un accueil enthousiaste. Richard est seul dans la « Big Apple » car Sybil s'occupe en Suisse de Kate. Il tombe évidemment amoureux de Susan Strasberg, qui n'a que dix-neuf ans. Lui en aura bientôt trente-trois.

Susan est la fille de Lee Strasberg, fameux fondateur et directeur de l'Actor's Studio, et de sa femme, Paula Strasberg. Celle-ci est la coach de Marilyn Monroe, de ce fait, elle la suit partout en délaissant sa fille. Susan Strasberg a bouleversé Broadway deux ans auparavant dans *Le Journal d'Anne Frank*. Elle est douce, jeune innocente, folle amoureuse de Richard, et pense qu'il va l'épouser.

En fait, les choses vont trop loin et il semble que Richard appelle la seule personne à pouvoir le tirer du pétrin où il s'est mis : Sybil ! Il lui demande de venir à New York avec Kate. Ce qu'elle fait avec joie, croyant naïvement que son mari a envie de la revoir. L'arrivée de Sybil ne sépare pas totalement les amants mais refroidit l'atmosphère.

Pendant ce séjour à New York, la télévision fait appel à Richard pour tourner une nouvelle version des *Hauts de Hurlevent*. Là encore, il suit la route de Laurence Olivier, qui a incarné Heathcliff face à Merle Oberon. Le personnage de Cathy est joué par Yvonne Furnaux et le réalisateur est Daniel Petrie. Après une longue carrière à la télé, celui-ci continuera brillamment au cinéma. De l'avis de tous, Richard est magnifique dans cette version.

À une soirée donnée à bord d'un bateau sur l'Hudson pour Laurence Olivier, Richard rencontre John Osborne, l'auteur dramatique anglais le plus en vue à Londres en ce temps-là. Richard et Osborne sont aussitôt fascinés l'un par l'autre. Richard lui envie son talent d'écrivain. Osborne admire l'insolence princière de Richard. L'écrivain lui propose de jouer Jimmy Porter, son héros dans une adaptation de sa pièce *Look Back in Angus (Les Corps sauvages)*. Richard n'hésite pas une seconde. Il ordonne à ses conseillers suisses de refuser un contrat de quatre cents cinquante mille dollars sur trois films avec la Warner pour tourner ce long métrage « d'art et d'essai » pour un prix très modeste de cinquante mille dollars. Est-ce vraiment l'honnêteté intellectuelle ou la présence de Claire Bloom dans le film qui lui fait prendre cette décision, ou les deux ?

Quoi qu'il en soit, le tournage des *Corps sauvages* à Londres, sur une mise en scène du talentueux Tony Richardson, qui sera au faîte de la gloire en 1963 pour *Tom Jones*, se passe pour le mieux. Les succès au cinéma ressemblent beaucoup aux règles du casino : il n'y en a pas ! Richard est magnifique dans le rôle de Jimmy Porter, avec cet humour noir décapant, mais le film est encore un échec commercial : trop lugubre, trop sordide, trop déprimant. À nouveau, c'est Richard qui prend tout.

L'année 1959 va lui apporter une grande joie, la naissance de sa seconde fille, Jessica. Comme l'aînée, c'est un magnifique bébé avec qui il joue. Cependant, l'enfant paraît très vite différente de l'autre, si joyeuse et vive. Jessica reste immobile, se balançant les yeux vides devant le poste de télévision.

— Mais qu'est-ce qu'elle a ? s'exclame Richard.

Sybil conduit Jessica à Genève chez un grand pédiatre. Après des examens approfondis, le verdict tombe, terrible : autisme. Schizophrénie inguérissable. À cette époque, cette maladie mentale est totalement inconnue. Certains médecins, complètement dépassés, accuseront même les parents, la mère surtout, d'avoir « complexé » leurs enfants, alors qu'il n'en est rien.

Richard se replie sur lui-même, terrifié. A-t-il en lui un sang vicié qui a contaminé la petite ? Celle-ci devra vivre dans un établissement spécialisé pour lequel Richard paiera toute sa vie avec un terrible sentiment de culpabilité. L'enfant si jolie et si perturbée restera le cauchemar de Richard. Il se pose et se posera toujours des questions sur lui-même, sur sa santé. Il souffre de terribles maux de tête, peut-être déjà l'alcool, mais il s'interroge : n'est-ce point de l'épilepsie ? Et son arthrite du dos, des bras, des épaules, d'où vient-elle ? Personne n'ose lui dire ou lui redire : « de la boisson, évidemment ! » Non, « les médecins sont des ânes » déclare Richard, et l'alcool est le seul « médicament » qui lui fasse du bien.

Pendant l'année 1959, Richard tourne deux films : *Bramble Bush (Le Buisson ardent)*, de Daniel Petrie qu'il retrouve avec plaisir, puisqu'il a gardé un bon souvenir des *Hauts de Hurlevent*. Le film est certes courageux, mais traite d'un sujet très délicat, l'euthanasie. Petrie dira : « Richard Burton est l'un des plus grands acteurs qui soit ». Il admire son professionnalisme. Sur le plateau, jamais de caprices de star, il est un acteur ponctuel, il se montre agréable avec ses camarades et il obéit au réalisateur. Ce portrait est bien différent de celui qui sera colporté dans le métier. Mais nous pourrons nous rendre compte de la véracité des faits à Budapest pendant le tournage de *Barbe Bleue*.

Finalement, « l'exil » en Suisse lui porte chance. Richard enchaîne avec un autre film, *Ice Palace (Les Aventuriers)*, une adaptation d'un roman d'Edna Forber, tournée en Alaska par moins vingt degrés. Le réalisateur est Vincent Sherman. Évidemment, pour se réchauffer, Richard boit beaucoup. Cependant, Vincent Sherman, en parlant de Richard, le compare au « King » lui-même : Clark Gable ! Comme la superstar, Richard ne fait jamais de chichis, ne se plaint pas du froid, il accepte sans murmurer toutes les duretés du tournage. Cependant, toujours lucide, il avoue à son partenaire, l'acteur Jim Backus, dont la « voix » typique est celle de Mister Magoo : « Nous sommes venus jusqu'ici nous geler les couilles pour tourner une merde ! »

Il a raison, le film ne marchera pas. Et pourtant, même Marlon Brando ne cesse de dire que Richard Burton est, juste « après lui », le plus grand acteur du monde !

La voix ! Richard possède une voix unique. C'est pourquoi on lui demande de faire le commentaire d'une longue série de vingt-six épisodes, *The Valiant Years*, inspirée des souvenirs de guerre de Winston Churchill. Le producteur de cette série, Moss Hart, sait-il que Churchill est, dans les salons de Hollywood, la tête de turc de Richard ? Quoi qu'il en soit, après avoir hésité et demandé le conseil de Laurence Olivier qui lui « ordonne » d'accepter le défi, Richard signe le contrat. Il dira que pour mieux imiter le vieux lion, il s'est inspiré de la voix typiquement anglaise et très haute de l'ineffable Peter Sellers (le héros de *La Panthère rose*) en laissant tomber les « h » et en changeant les « r » en « w » !! Étrange omelette qui donne un immense succès jusqu'en Amérique. Pour ce très long commentaire, Richard a touché cent mille dollars, toujours les bienvenus à « pays de Galles ».

Rentré en Suisse, il lit, écrit, attend… mais pas pendant longtemps. Un script, envoyé par le metteur en scène, producteur, auteur dramatique, Moss Hart, arrive en 1960 à Céligny. Ce n'est pas un film, mais une comédie musicale de Lerner and Loewe, *Camelot.*

Les deux auteurs compositeurs ont déjà triomphé à New York avec *My Fair Lady*. Comme à son habitude, Richard se prépare avec l'aide de Philip Burton, qui vient s'installer en Suisse pour le faire répéter. Il ne s'agit plus seulement de jouer mais aussi de chanter dans le rôle du roi Arthur, entouré des chevaliers de la Table Ronde, et surtout en face de la grande actrice et chanteuse Julie Andrews dans le rôle de la reine Guenièvre.

Richard arrive pour la première représentation de *Camelot* en connaissant parfaitement le rôle et surtout les chansons de la comédie musicale. Cependant, dès le début, *Camelot* est frappé d'une sorte de malédiction. Tout le monde tombe malade. Moss Hart, le metteur en scène, puis Fritz Loewe, enfin Alan Jay Lerner. Puis Hart, guéri pour deux jours, fait un infarctus. Il repart à l'hôpital. Julie Andrews a une extinction de voix. Le spectacle est-il mort avant d'exister ?

Comme Jean Cocteau, Richard attribue tous ces malheurs à la légende théâtrale bien connue voulant que Merlin l'enchanteur, mécontent qu'on parle encore de Camelot et du Graal, continue, de son cercle magique, d'envoyer des maléfices pour empêcher de monter la pièce ! En bon Gallois assez superstitieux n'ayant quand même peur de rien, Richard brave le magicien et sauve la situation désespérée, en appelant Philip Burton au secours. C'est donc son père adoptif qui va continuer vaille que vaille les répétitions jusqu'au retour des malades.

Julie Andrews, après avoir retrouvé sa voix, admire le courage de Richard : il est partout, encourage les acteurs par des « Ne vous inquiétez pas, mes cocos, on s'en sortira … Merlin n'aura pas notre peau ! » Elle soutient même Richard. Philip Burton garde son calme dans la tempête. La première, au Majestic Théatre de New York, est certes un succès d'estime du côté de la critique, mais certains spectateurs s'ennuient et partent durant l'entracte. La location ne démarre pas. Va-t-il falloir arrêter le spectacle ?

Heureusement, un extrait de *Camelot* passe à l' *Ed Sullivan Show* et Richard y donne une longue interview. Le lendemain, quand Burton passe devant le théâtre, une queue s'allonge devant les caisses, faisant le tour du pâté de maisons. *Camelot* est lancé. Quelques soirs plus tard, le nouveau jeune président, Jack Kennedy, et la First Lady, Jackie, assistent au spectacle. À la fin, enthousiastes, ils viennent féliciter Richard Burton et Julie Andrews dans les coulisses. Le président est emballé. Il révèle à la presse avoir toujours aimé la légende des chevaliers de la Table Ronde, du Graal, et dit bien haut son enthousiasme pour *Camelot.* Richard est même invité par le président et Jackie à la Maison-Blanche.

Merlin l'enchanteur a été battu par le Gallois. Tout le monde veut voir Richard, grand triomphateur, dans *Camelot.* À trente-cinq ans, il fait son come-back. Hollywood, qui l'a souvent méprisé, est prêt à lui ouvrir de nouveau les bras.

La vie à New York est belle. Richard et Sybil séjournent dans le magnifique appartement que Lauren Bacall leur a prêté. Il ne manque que Bogey, disparu le 14 janvier 1957 à deux heures dix du matin, au terme de terribles souffrances après une opération d'une tumeur de l'œsophage. Le cancer des fumeurs. Il y a peu de plans au cinéma où Bogart ne grille pas une cigarette. Le rire, la voix, l'extrême gentillesse, les conseils précieux d'Humphrey Bogart sont pour Richard autant de trésors qu'il n'oubliera jamais. Le « gars » qui l'appelait *Kid*, l'homme du *Trésor de la*

Sierra Madre, de *Key Largo*, d'*African Queen* et de *Plus dure sera la chute*, son dernier film au titre prémonitoire (il donnera la moitié de son salaire à la recherche contre le cancer), gardera toujours une place à part dans le cœur de Richard.

Richard reçoit pour *Camelot* un Tony Award, qui le consacre meilleur acteur de comédie musicale. En descendant de scène avec son prix, il a cette phrase typique de mineur gallois :

— Je crois que j'ai fait mes « dix bennes de charbon » aujourd'hui ! Ça méritait récompense !

Celle-ci, encore plus grande, va arriver en 1961, à New York, où il joue toujours *Camelot.*

— Allo, Rich ! Ici, Walter Wanger, j'aimerais déjeuner avec vous car j'ai une idée « vous concernant » !

Rendez-vous est pris chez Sardi's, le restaurant des artistes, pour le lendemain. Richard connaît ce producteur très sérieux, travaillant pour la 20th Century Fox. En bon Américain ne tournant pas autour du pot, Wanger propose à Richard de jouer le rôle d'Antoine dans *Cléopâtre.*

Comme tout un chacun, Richard connaît, aussi bien par la presse que par ses relations à Londres, tous les déboires, désastres, catastrophes du film : les maladies d'Elizabeth Taylor, le budget en berne (la perte, sans même tourner, de plus de cinq millions de dollars), les changements de metteur en scène, d'acteurs, etc. Wanger balaie tous ces soucis d'un geste qui renverse le champagne :

— Mais maintenant, tout va bien, très bien. On va tourner à Rome. Le budget a été renfloué, Elizabeth Taylor est totalement guérie, Rex Harrison sera un magnifique César, et vous, Richard, si vous l'acceptez, Marc Antoine. Le metteur en scène choisi est le grand Joseph Mankiewicz. Il est en train de réécrire le script. De plus, nous vous donnerons, Richard, deux cent cinquante mille dollars plus les frais de séjour, une villa pour votre famille *via Appia*, deux voitures avec chauffeur et une participation aux bénéfices.

Cette proposition, on le comprend, est irrésistible pour Richard. Cependant, il hésite un peu. Bien sûr, il a toujours espéré jouer Marc Antoine. Mais celui de Shakespeare. Avec ce film à grand spectacle, il peut se hisser au royaume des très grands du cinéma mondial, ou tout perdre. Un « détail » toutefois risque de faire capoter sa participation à *Cléopâtre* : Richard n'a pas terminé son contrat de *Camelot.* Il lui reste encore trois mois de représentations à New York. Walter Wanger ne se décourage pas. Avec l'accord de Richard, il obtient de Moss Hart, Lerner et Loewe, la liberté du roi Arthur contre un dédit de cinquante mille dollars qui leur seront versés par la Fox. En fait, Hart, Lerner et Loewe sont très reconnaissants à Richard d'avoir, par son énergie et son courage, sauvé les répétitions de *Camelot.* « Sans Richard, nous allions à la débâcle », assure Lerner.

Pour la réception d'adieu, Moss Hart se lève et porte un toast à Richard Burton :

— Un grand acteur comme vous est une exception dans la vie, Rich ! Vous avez une personnalité hors normes sur scène comme dans la vie… Ne gâchez jamais vos dons merveilleux !

L'acteur gallois William Squire, recommandé par Richard, arrive pour le remplacer dans *Camelot.* Richard exulte. Il croit entendre la voix inimitable de Bogey lui conseiller :

— Prends le fric et tire-toi chez le grand Will, *Kid* !

Richard prit le fric, mais ne se « tira pas » à Statford-upon-Avon. Le destin en avait choisi autrement.

Chapitre 5

Elle et lui

Le monde fou, fou, fou, de Cléopâtre

Sonnez trompettes ! Elle arrive ! Elle est là !

Elle apparaît enfin, sous les flashes des photographes. Drapée dans la gloire de son contrat à un million de dollars, symbole miroitant de son talent, qu'elle est la seule au monde à avoir obtenu de Hollywood, Elizabeth Taylor débarque à Rome au début de l'automne 1961, accompagnée de son mari, le crooner Eddie Fisher, et suivie comme d'habitude de ses quatre enfants, Michael et Christopher Wilding, Liza Todd, et la petite dernière, Maria Fisher, qu'Elizabeth a adoptée avec Eddie. Trois nurses, deux secrétaires, deux coiffeurs, un maquilleur, son médecin personnel, le dévoué Dr Kennamer, toujours présent lors des catastrophes, et deux infirmières, prêtes à la moindre alerte de santé, cinq chiens, quatre chats et des cages de canaris complètent le cortège. Elizabeth tient à son rang de star et veut montrer à la presse que son arrivée en Italie est celle d'une reine de l'écran. Elle y réussit parfaitement et répond de bonne grâce aux questions des journalistes, car elle a reçu au début de l'année l'oscar de la meilleure actrice pour un film qu'elle méprise, *Butterfield 8 (La Vénus au vison)*. Dans l'intimité, elle enrage contre le personnage de Gloria qui lui a valu ce triomphe, « une call-girl couchant avec tous les hommes ! », peste Elizabeth. Elle aurait voulu recevoir la statuette dorée pour son interprétation dans *Geant* ou dans *L'Arbre de vie*, avec le cher Monty. Elle est même persuadée que l'Académie lui a remis cet oscar uniquement parce qu'elle a failli mourir à Londres.

À vingt-neuf ans, elle a totalement recouvré la santé, sa beauté n'a jamais été si lumineuse. Un journaliste prophétique murmure pour ses collègues en la regardant monter dans sa Rolls :

— L'automne va être chaud… mais le printemps à Cinecitta sera brûlant !

Mariée depuis maintenant trois ans avec Eddie Fisher, Elizabeth est remontée sur son piédestal d'actrice préférée des Américains. Oubliées les attaques fielleuses telles que « La voleuse de maris », « la briseuse de ménages ». Debbie Reynolds, qui a bien fulminé, s'est calmée et Elizabeth semble très heureuse avec Eddie Fisher.

À peine arrivée, Elizabeth va s'enfermer avec « sa suite » dans la villa « Papa », *via Appia*. Une somptueuse demeure en marbre rose, de quatorze pièces avec piscine, sauna, court de tennis, pinède où les enfants jouent et les chiens s'ébattent. Deux femmes de chambre, deux valets et deux cuisinières s'occupent de l'intendance. La Fox a bien fait les choses. Sa vedette est satisfaite.

Aussitôt, Elizabeth donne de grands dîners pour les pontes du cinéma américain et italien. Elle invite son metteur en scène et ami Joseph Mankiewicz, avec qui elle a tourné *Soudain l'été dernier*. Elle a même proposé son nom comme remplaçant de Rouben Mamoulian pour le tournage qui va être, pense Elizabeth, « le plus grand film de toute l'histoire du cinéma ».

Après la star féminine arrivent peu à peu les éléphants, tigres, serpents et dromadaires installés dans des ménageries sous la garde de dresseurs et soigneurs. Colonnades, cirques romains et palais d'Alexandrie se montent dans les ateliers de Cinecitta. Chacun retient son souffle, le tournage va bientôt commencer.

Pour le moment, Elizabeth, très consciencieuse, fait au studio ses essais de maquillage avec le plus grand visagiste italien, Alberto de Rossi. Celui-ci invente pour la star aux yeux violets de véritables dessins sur ses paupières et il allonge au khôl son regard par de longs traits sur les côtés qu'il baptise « les yeux de Cléopâtre ».

Ainsi parée de paillettes mauves et dorées, Elizabeth sort de sa loge, rencontre ses deux nouveaux partenaires qui viennent d'arriver à Rome, dont Rex Harrison, qu'elle connaît bien. Avec ce futur César, elle est fort aimable. En revanche, pour l'autre anglais de la distribution, Richard Burton, celui qui sera Marc Antoine, Elizabeth est assez froide. Sa réputation de don juan l'agace. On prétend qu'elle aurait dit en riant à ses « suivantes » lorsqu'elles essayaient leurs costumes dans les loges :

— Les filles, je vous préviens, je serai la seule de ses partenaires que ce Burton n'aura pas !

De son côté, probablement vexé par cet accueil glacial, Burton lancera le soir à ses amis Emlyn Williams et Stanley Baker, venus à son invitation passer un séjour à Rome, qui lui conseillent de se méfier des avances de « la » Taylor, cette « mangeuse d'hommes » :

— Rassurez-vous, les gars, je mettrai mon armure pour me défendre de Miss Nichons ! Si elle croit me séduire, elle se trompe bien !

Et tous de s'esclaffer ! Richard ne sait pas qu'il a eu pour Elizabeth le même genre de réplique assez mufle et macho que Monty, quand il avait été obligé d'aller chercher « Bessie-Mae » pour une Première. Cette réplique ne ressemble absolument pas à Richard, qui a toujours eu beaucoup de respect pour les autres acteurs et actrices.

Étrange… prémonition du danger ? Réelle antipathie ? À moins que cette phrase fût seulement lancée pour calmer les inquiétudes de Sybil, sa femme, qui avait de nombreuses raisons de se méfier des partenaires de son mari.

Richard Burton se souvient très bien avoir aperçu Elizabeth à une soirée où il l'avait trouvée très belle, mais il n'a jamais vu un de ses films et il ne la respecte absolument pas comme interprète.

Roddy Mc Dowall jouait dans *Camelot*, il va être Octave, le rival d'Antoine dans *Cléopâtre,* grâce à Elizabeth mais aussi Richard. Sans le savoir, ils l'ont recommandé tous les deux. Roddy prévient Burton :

— Attends de voir Liz quand la caméra tourne. Ça déménage !

Richard hausse les épaules, il n'y croit pas.

Très exactement à partir de ce moment va se dérouler, sous les yeux du monde entier, un scénario à multiples rebondissements, à l'intérieur même du script du film. Il est du reste étonnant qu'aucun auteur dramatique ne se soit inspiré de la rencontre aussi explosive que compliquée de ces deux « monstres sacrés ».

Évidemment, le titre de la pièce était déjà pris par Pirandelllo : *Chacun sa vérité*. Richard est donc arrivé à Rome avec son épouse Sybil, ses deux filles dont la cadette si étrange leur donne beaucoup de souci, son coach, ami et père adoptif, Philip Burton, qui va le conseiller pour interpréter le personnage ambigu d'Antoine, ses plus fidèles amis, Emlyn Williams, Stanley Baker, Ron Berkeley, son maquilleur, Ifor, son frère et la femme de celui-ci, Gwen, enfin Roddy Mc Dowall, qui va vivre lui aussi dans la villa Burton. On se tasse, on rit, on parle gallois, on raconte des histoires, l'ambiance est excellente. Richard ne voit que de loin Elizabeth. Il essaie au studio ses costumes, sa coiffure romaine, apprend à se servir du lourd glaive de patricien, s'habitue aux toges des sénateurs et « jupettes » des guerriers. Bref, la vie s'écoule lentement. Il doit attendre que les séquences de Cléopâtre et César soient terminées pour entrer en scène.

Heureusement, Darryl Zanuck le demande pour tourner dans *Le Jour le plus long.* Richard s'absente quelques jours pour aller en France interpréter le rôle émouvant d'un pilote de la RAF pleurant son ami disparu au combat. Au retour, il apprend par les commérages qu'Elizabeth s'est enquise de lui au studio. Apparement, cela ne lui fait ni chaud ni froid. Pour Richard, l'attente du tournage est longue, trop longue. Bien sûr, il est payé à ne rien faire, prêt pour la convocation, mais sur le plateau, il y a des retards et Richard s'angoisse. Pire, il se ronge : sera-t-il à la hauteur du rôle ?

Pour distraire son mari, Sybil Burton commet une grave erreur. Elle invite Elizabeth Taylor et Eddie Fisher à dîner le soir du Nouvel An !

La soirée est charmante. Elizabeth parle beaucoup avec Richard. Comme toujours, il est très brillant, érudit, récite de sa belle voix grave des tirades entières de Shakespeare, raconte fort bien des blagues ou gaffes d'acteurs sur scène et achève par son triomphe : l'imitation de Winston Churchill. Elizabeth est fascinée. Elle rit aux larmes, plaisante avec Richard, le félicite, quant aux fidèles compagnons du héros, ne se méfiant plus de la femme fatale, ils tombent tous sous le charme d'Elizabeth Taylor, simple, directe et délicieuse. Évidemment, avec politesse, Elizabeth rend l'invitation, et les Burton se rendent quelques jours plus tard dans la superbe villa « Papa ».

Avant le repas, quittant tout le monde dans le salon, Richard va seul dans la bibliothèque. Il regarde, caresse et ouvre sur les étagères les beaux livres richement reliés qu'Eddie a offerts à sa femme, avec toutes les photos, légendes et scénarios des films qu'elle a tournés. Il s'agit d'un travail considérable, consacré à la gloire d'Elizabeth Taylor, tout accumuler a dû coûter une fortune .

Richard feuillette les pages et regarde les photos attentivement avant de féliciter Eddie.

— Vous lui avez fait le plus merveilleux des cadeaux.

Eddie Fisher est aux anges. Pas pour longtemps.

Début janvier 1962, Elizabeth tourne la fameuse scène de Cléopâtre nue dans son bain de lait. Les paparazzis, aux abois, sont repoussés par les gros bras du studio, mais ils reviennent par les passerelles et réussissent à prendre quelques clichés de la reine dénudée.

Richard a fait le pari de se déguiser en suivante égyptienne pour assister au tournage. Il semble qu'après avoir entraperçu la nudité nacrée d'Elizabeth, son regard sur elle a changé. Mais personne, ni à Cinecitta, ni parmi les journalistes présents, ne parle de quoi que ce soit entre Elizabeth et Richard. La « bombe » va éclater le 22 janvier 1962.

Elizabeth et Richard tournent la première scène d'amour entre Cléopâtre et Antoine. Ils sont tellement enflammés, palpitants et géniaux que tout le plateau, réalisateur, cameramen, techniciens, machinistes, attachés de presse, figurants, stupéfaits, comprennent brusquement que ce couple de stars tourne la réalité ! Leur passion ne peut se cacher. Elle est palpable, vivante, brûlante. Elle le sera du reste à l'écran.

Et les potins de plateau commencent. Les langues vont bon train. Chacun a « sa » version. Certains prétendent que Richard et Elizabeth se sont déjà connus et aimés à Hollywood, d'autres affirment que

« cela » s'est passé deux soirs plus tôt, le 20 janvier, à l'arrière de la voiture de Richard. Des mieux renseignés sont certains que « la chose » a eu lieu entre Noël et le jour de l'An, dans un cabanon de la villa Papa, où Elizabeth aurait violé Richard ! Tous les fantasmes que ce couple magnifique fait naître sont relatés avec force détails et imagination débridée.

En fait, Elizabeth et Richard ne veulent dès le début rien dire. On ne saura jamais le jour ou la nuit de leur première étreinte. Ce sera leur secret : ce choc auquel ni l'un ni l'autre ne s'attendait, quand ils se sont retrouvés quelque part dans Rome ou ailleurs, même si ce fut comme deux jeunes gens amoureux à l'arrière d'une voiture.

Mais toute la jungle romaine relate avec gourmandise ce nouveau « scandale ».

— Pas un mot… Démentez ce « non événement »… Il ne s'agit que de bonne camaraderie entre Elizabeth et Richard…, ordonnent les producteurs aux malheureux attachés de presse, Jack Brodsky et Nathan Weiss, essayant de raconter bobards sur bobards aux journalistes qui assaillent tous les matins leur bureau.

Elizabeth, plus tard, acceptera de soulever un peu le voile. Elle admettra s'être éprise de Richard la dernière semaine de janvier 1962, donc les dates se recoupent, cependant elle ne parle pas de la fameuse scène d'amour entre Cléopâtre et Antoine, ayant révélé leur passion sur le plateau, mais d'une autre petite scène, coupée au montage, où Richard serait arrivé, traqueur, avec une mauvaise mine et en ayant totalement oublié son texte. C'est peut-être vrai car cette brusque vulnérabilité, semblable à celle de Monty, aurait pu attendrir Elizabeth. Très douce, soudain maternelle, elle l'aurait aidé à s'en sortir. Richard, plus tard, a totalement rejeté cette version. Au contraire, d'après lui, il serait arrivé exaspéré d'avoir attendu trois mois pour tourner, gonflé à bloc et aurait « emballé » Elizabeth par sa puissance dans la scène !

Chacun sa vérité.

Le réalisateur Joseph Mankiewicz, celui qui a l'œil de la caméra et voit tout à travers l'objectif, a déclaré qu'il subodorait déjà « avant », en décembre 1961, ce qui allait se passer. Cependant, au fur et à mesure que le film avance, il devient de plus en plus évident qu'il va s'avérer impossible de cacher la liaison « scandaleuse » du couple.

Mankiewicz, comme les producteurs, est terrorisé que « l'affaire » rejaillisse sur les futures entrées du film. Ils se souviennent tous de ce qu'ont coûté les amours d'Ingrid Bergman, alors qu'elle quittait son mari suédois pour s'enfuir avec Roberto Rossellini. Elizabeth vient juste de sortir du boycott de son mariage avec Eddie Fisher (le mari de sa « meilleure copine » Debbie Reynolds) et voici qu'elle recommence avec un homme marié, père de deux enfants !

Comment calmer Elizabeth et Richard, qui n'essaient même pas de cacher leur liaison à la presse ? Ils sont perpétuellement suivis ou entourés d'une foule de paparazzis déchaînés. Les photos du couple amoureux font le tour du monde.

Les producteurs exigent de Joseph Mankiewicz qu'il fasse cesser le vacarme. Le réalisateur aura cette phrase mémorable :

— Quand on se trouve dans une cage avec deux tigres, on se garde bien de laisser paraître qu'on est terrorisé !

À la maison des Burton, l'ambiance change chaque jour. Sybil veut croire qu'Elizabeth n'est qu'une passade comme les autres. Son mari va lui revenir. Il l'a juré : il ne la quittera jamais. Emlyn Williams, Stanley Baker et Ifor, le frère aîné, raisonnent Richard : la « Taylor » ne vaut pas Sybil. Il va faire une grosse bêtise. Richard, furieux, leur claque la porte au nez. Emlyn, Stanley, Ifor et Gwen, sa femme, quittent Rome. Philip Burton, le père adoptif, tente de raisonner à son tour Richard. Il estime être le grand-père des deux petites-filles qu'il adore. Tout ce bruit n'est pas bon pour les enfants. Pour la première fois, Richard se rebelle contre son pygmalion. Il ordonne à Philip Burton de se mêler de ce qui le regarde. Philip

Burton, outré, part et c'est lui cette fois-ci qui claque la porte. Ils resteront fâchés jusqu'en avril 1964.

Au studio, en-dehors du tournage, Elizabeth, le corps juste entouré d'une serviette de bain, vient dans ce que les acteurs et amis appellent tous le « bar Burton ». Dans tous les théâtres et studios de cinéma, Richard ouvre pour ses camarades un bar bien rempli dans sa propre loge. (Nous en ferons l'expérience à Budapest plus tard). Chacun vient y boire, blaguer et discuter. Elizabeth, en petite tenue, y est la reine.

Chaque fois qu'elle sort en Rolls du studio avec Richard à ses côtés, les paparazzis attaquent, font des clichés qui se vendent très chers. Partout où le couple se rend, trattorias, hôtels, ruines romaines, palazzos, couturiers, bijoutiers, il est débusqué, assailli et contraint de courir, main dans la main, se mettre à l'abri. C'est un jeu de cache-cache pas totalement innocent. Chacun y trouve son compte. Richard a séduit la plus grande vedette du monde et la terre entière est avertie de tous leurs faits et gestes. Au faîte de la gloire, Elizabeth représente toujours la femme éternelle, « diabolique », dira le Vatican qui, par un communiqué absolument exceptionnel de l'hebdomadaire de la cité papale, l'*Osservatore della Domenica*, condamne « la femme adultère » !

De Richard, pas un mot ! Quelle injustice ! Comme si Elizabeth avait été seule dans cette liaison. Le texte du reste est sidérant : « Votre "vagabondage érotique" sans halte, ni escale, où vos conjoints ont été liquidés par rien d'autre qu'un "amour" plus grand tuant l'amour plus petit... Si votre mariage est mort, il faut bien dire que vous l'avez assassiné... Vos enfants ont besoin d'une mère sérieuse et... » Cela continue sur le même ton. Quand Elizabeth, outrée, montre l'article à Richard en lui déclarant :

— Regarde ce que le pape a fait écrire sur moi !

Richard, qui est né protestant, exactement presbytérien, répond, pince sans-rire :

— Le pape n'a jamais été inscrit sur ma liste d'invités !

Elle éclate de rire et lui tombe dans les bras. Elizabeth raffole de sa drôlerie, de ses répliques décapantes, de son esprit caustique, mordant, de son charme auquel personne du reste ne résiste.

Elle retrouve en lui beaucoup de Mike Todd, qu'elle n'a au fond jamais oublié. La démesure, la générosité, la force, le courage et l'audace. Elizabeth est vraiment follement amoureuse, lui aussi, mais ... il est allé trop loin. Sybil avait dû accepter Jean Simmons, Claire Bloom, Susan Strasberg et les autres car les liaisons étaient restées « relativement » discrètes. Là, les proportions atteignent des sommets ! Personne au monde n'ignore les deux époux trompés : Eddie et Sybil.

Eddie Fisher a voulu être patient. Il a offert à Elizabeth un collier d'émeraudes pour l'anniversaire de ses trente ans. Elle l'a à peine regardé. Avec dignité, Sybil quitte la place et rentre avec ses enfants en Suisse. Elle laisse son mari seul « réfléchir à ce qu'il veut faire ».

C'est un coup terrible. Quand Richard apprend au studio le départ de Sybil, « il est devenu tout pâle », déclarèrent les attachés de presse Brodsky et Weiss. En fait, tous les participants du film vivaient la passion tourmentée en direct et passaient leur temps à la commenter. Richard soudain entraîna Elizabeth dans sa loge et là, d'une phrase, il lui planta un poignard dans le cœur :

— Le jeu est terminé, car cela va trop loin… Je ne divorcerai jamais de Sybil !

Pour Elizabeth, cette annonce est insupportable. Obsédée par Richard, amoureuse à en mourir, elle ne peut accepter ce verdict humiliant.

Une fois rentrée à la villa Papa, Elizabeth avale une poignée de somnifères. Transportée d'urgence à l'hôpital, où on lui fait un lavage d'estomac, Elizabeth se réconcilie apparemment avec Eddie, brave type, accouru à son chevet. Sur l'ordre des producteurs, les deux attachés de presse parlent d'une « intoxication alimentaire » de la star, à laquelle personne ne croit.

Richard est affolé de la tournure des événements, d'autant plus que Sybil fait aussi, en Suisse, exactement comme Elizabeth, une tentative de suicide avec des somnifères.

Richard se rend à Céligny pour voir sa femme et tenter de la calmer. Il est lui-même totalement perturbé. De loin, toute la famille Jenkins, avec la sœur aînée Cis en tête, défendent bec et ongles Sybil. Richard, au bout du rouleau, revient à Rome pour terminer ce « bon Dieu de film ! »

Il n'est pas le seul à être anéanti, le pauvre Joseph Mankiewicz, lui, est atteint d'une éruption nerveuse, une sorte d'eczéma le démangeant horriblement. Ses mains sont dans un état épouvantable et il doit porter des gants blancs tout le temps. Mankiewicz, à bout de nerfs, a l'impression qu'il n'arrivera jamais, au milieu des paparazzis, suicides et autres drames, à la fin de son film. Mais Richard, revenu sur le tournage, retrouve Elizabeth pour d'autres scènes très importantes. Il ne résiste qu'une semaine à leur séparation et les choses reprennent exactement comme avant. Avec ceci en plus : les deux conjoints, en partant, ont laissé le champ totalement libre. Sybil est donc à Céligny avec les enfants. Eddie Fisher, dans la villa Ariel, qu'il a offerte à Elizabeth, à Gstaad, en Suisse.

Soudain, Richard, ne voulant plus se cacher, déclare à Elisabeth :

— Les paparazzis veulent des photos de nous ! Eh bien, donnons-leur et ils nous ficheront enfin la paix !

Voilà Richard et Elizabeth allant dîner chez Alfredo du Transtevere, le fameux restaurant romain des plus célèbres pastas, où le patron, Alfredo en personne, offre des couverts en or à la plus belle femme de la salle. Inutile de chercher à qui il les remet ce soir-là.

Elizabeth est aux anges. Richard, le lendemain, lui offre à son tour un très beau diamant de chez Bulgari. Elle est folle de joie. Ce sera le premier « caillou » d'une longue série.

Les amants se rendent alors à Ischia pour tourner les scènes du célèbre combat naval, quand Cléopâtre abandonne la flotte d'Antoine. Pour donner le change, Richard et Elizabeth prennent deux suites, communicantes, dans l'hôtel. Personne n'est dupe. Un producteur italien indélicat, dont nous tairons évidemment le nom, les invite sur son yacht pour déjeuner le dimanche. Quel naïf ! Ces deux bêtes de cinéma, Richard et Elizabeth, découvrent aussitôt des caméras, cachées, destinées à les filmer pour probablement revendre le court-métrage.

Il ne fait pas bon s'attaquer à un Gallois furieux. Le gars de Pontrhydyfen sait toujours jouer des poings. Il casse la figure de cet escroc qui est bien obligé de ne pas porter plainte.

Elizabeth applaudit encore plus, amoureuse à en mourir de son héros. Tout cette publicité et ces photos scandalisent les ligues de vertu américaines. Ed

Sullivan lui-même critique l'attitude d'Elizabeth et Richard dans son fameux show à la télévision. Emlyn Williams et Stanley Baker, envoyés en émissaires par Sybil, reviennent à Rome pour tenter de ramener Richard à la raison. Il leur répond en gallois d'une seule phrase qui les cloue sur place :

— *Dwi am brodi'r enchth ma !*

Ce qui signifie : « je crois que je vais épouser cette fille ! »

Les deux amis repartent bredouilles et consternés. Il semble bien qu'à partir de cet instant, Richard et Elizabeth soient devenus de plus en plus hypnotisés l'un par l'autre. C'est la fameuse cristallisation des sentiments. Le monde entier est contre eux, alors ils ne deviennent plus qu'un.

Ils ont certainement une passion sensuelle l'un pour l'autre, mais Elizabeth représente plutôt pour Richard la sirène ou la princesse, *a priori* impossible à atteindre. Tandis que pour elle, il est le seul homme fort, à part Mike, qu'elle ait jamais rencontré. « On est dans un asile de fous ! » déclare l'attaché de presse Brodsky, au bord lui aussi de la dépression.

Elizabeth tourne la fameuse scène de l'entrée de Cléopâtre, véritable icône, assise sur son trône d'or, avec son « fils » Cesarion à son côté (un enfant figurant), devant trois mille autres figurants italiens à qui Mankiewicz a ordonné de crier : « Viva Cléopâtre ! ». Ils hurlent, déchaînés, d'une seule voix :

« Liz ! Liz ! » Il faudra évidemment tout doubler en studio.

Richard assiste au spectacle irréel, fabuleux, incroyable, mais la véritable fin du film arrive pour lui. Il a terminé toutes ses scènes et va quitter le tournage. Soudain, Elizabeth, probablement inspirée par son personnage, sincère et grandiose, déclare à son amant qu'elle fait le serment de le quitter pour toujours. Épuisée, elle laisse la place à Sybil et ne peut ou ne veut plus lutter. Qu'il retourne auprès de sa femme et de ses enfants.

Malgré ces bonnes intentions, avant de se quitter « à jamais », ils passent tout de même un long week-end à Portofino, chez Rex Harrison et sa nouvelle femme, Rachel Roberts. Ceux-ci semblent avoir été les seuls à rester calmes au milieu de cette tempête médiatique. Le dernier jour, Richard et Elizabeth se disent adieu, comme Tristan et Iseult. Richard rentre à « pays de Galles » à Céligny. Elizabeth se retire à Gstaad. Elle appelle Eddie Fisher, qui est reparti chanter à Las Vegas. Désespérée, elle attend, attend encore et encore un signe, un geste. Rien. Richard n'appelle pas. Elizabeth songe une nouvelle fois à mourir. Lui-même se ronge à Céligny. En fait, on ne sait pas exactement lequel a appelé l'autre. Lui ? Elle ? Chacun sa vérité. Elle, en tout cas, est sûre que c'est lui. Lui est certain que c'est elle ! Ifor, sombre, dira : « Les deux à la même minute, en même temps ! »

Finalement, de « pays de Galles » à Céligny au chalet « Ariel » de Gstaad, il n'y a que cent quarante kilomètres. Ce n'est pas si loin. En coupant la route en deux, cela ne fait que soixante-dix kilomètres chacun. Affamés l'un de l'autre, ils se retrouvent à mi-chemin dans des auberges. Ils ont tenté de bien se comporter, de revenir à la maison, de ne pas faire souffrir les autres, mais comme un torrent furieux, ils ne peuvent plus réfréner leur passion. Obsédés l'un par l'autre, ils prennent l'habitude de vivre dans le mensonge et la trahison.

Que va-t-il se passer ? Qui va dénouer le nœud gordien auquel ils se sont eux-mêmes enchaînés ? Ils se sentent incapables de prendre une décision. Qui va les aider à sortir de ce sombre tunnel dont ils ne voient pas le bout ? Un vieil ami. Celui qui les accompagne depuis longtemps… celui pour qui ils sont faits… celui qui les fait vibrer.

Le cinéma !

Ce que femme veut

— Allo… chère Elisabeth… ici Anatole De Grunwald !

— Hmm… hmm…

À demi réveillée, Elizabeth baille. Elle connaît le producteur. Que veut-il ? Ne peut-on la laisser tranquille ?

— Chère amie, je prépare le film *V.I.P.'s*… Une exquise comédie dramatique dans un aéroport, avec dans des seconds rôles une distribution prestigieuse, Louis Jourdan, Elsa Martinelli, Orson Welles, Rod Taylor, Maggie Smith… Vous voyez le genre ? La classe !

Elizabeth bâille de plus en plus. Cette énumération l'exaspère.

— Hmm… et alors ? fait-elle, vraiment désagréable.

Grunwald, producteur à la MGM, ne se décourage pas.

— Il nous manque les deux vedettes du film… J'ai pensé à vous, bien sûr, chère Elizabeth, dans le rôle principal de Frances Andros, et Richard Burton dans celui de « son mari », Paul Andros, mais évidemment, si cela ne vous convient pas, j'appellerai Sophia Loren qui est prête à…

Elizabeth se redresse, soudain parfaitement réveillée. Les mots « son mari » ont fait tilt.

— Que Sophia reste à Rome ! C'est moi qui serai la partenaire de Richard Burton ! lance-t-elle.

— C'est exactement ce que je souhaite… Naturellement, vous gardez votre prix d'un million de dollars (il sait que le chiffre ne se négocie pas). Quant à Richard, nous lui proposerons cinq cent mille dollars. Pouvons-nous nous retrouver à Londres dans quelques jours pour régler les détails et signer les contrats avec vos avocats ?

Elizabeth est déjà debout, prête à jeter toutes ses toilettes dans ses sacs, valises et malles Vuitton. Grunwald est un malin, pas du tout choqué par la liaison qui fait tant de bruit. Il estime au contraire que ces nouveaux amants vont devenir et rester pour longtemps le couple le plus en vue de la planète. Il veut profiter du retentissement du film *Cléopâtre* pour lancer *V.I.P.'s* avec les deux stars à nouveau réunis.

Elizabeth, qui se morfond dans son chalet de Gstaad en attendant les rendez-vous secrets avec Richard, bondit sur l'occasion. Elle a un peu de mal à faire partager son opinion par Richard : ce film est une véritable aubaine, exactement le sujet qu'il leur faut à ce moment précis de leur carrière. Elizabeth est consciente de livrer une vraie bataille de femme contre Sybil. Celle qui gagnera sera soit la plus patiente, soit la plus hardie, donc la plus présente !

Tourner avec Richard apportera à Elizabeth de grands avantages, à commencer par celui de voir son amant tous les jours sur le plateau.

Lors de leurs rencontres secrètes, Elizabeth lui lit le scénario de *V.I.P.'s*. Bien sûr, l'histoire n'est pas géniale, mais elle est assez moderne, se passe dans un aéroport où un vol est retardé pour cause de brouillard. Cela change la vie des deux héros : le couple Andros. Il est probable que Richard ne demande qu'à croire Elizabeth. *V.I.P.'s* sera sûrement un grand succès. En fait, Richard ne cherche qu'un prétexte pour fuir l'ambiance si lourde de Céligny. Le travail va donc être leur alibi.

— En voiture ! crie le chef de gare.

Ils prennent le train comme deux voleurs à Genève, pour se rendre au rendez-vous londonien. Arrivés à Waterloo Station, déjouant les journalistes avec des ruses de Sioux, ils s'engouffrent chacun dans une limousine pour se rendre au Dorchester, le palace de Londres. Deux suites, communicantes bien sûr, les y attendent. Ils sont ravis que le tour soit joué.

On est surpris aujourd'hui au XIXe siècle, que dans les années soixante la société fut si prude. Pourtant, cela était ainsi. On ne parlait jamais en public de « faire l'amour », cela se cachait. Nous sommes encore à une époque de « moralité traditionnelle ». Madame de Gaulle refusait de recevoir à l'Élysée les divorcés. Même le général était obligé d'ordonner à ses conseillers de cacher à sa femme les divorces d'André Malraux !

Bien avant Mai 68, Elizabeth et Richard ont certainement été, par leur attitude provocante, les artisans d'une totale liberté, faisant sauter tous les barrages de la pudibonderie bourgeoise.

Bien sûr, ils font quelques petits efforts pour ne pas trop choquer, mais en réalité, ils ne se cachent pas vraiment, étalant même leur amour débridé. Dans des interviews, ils avouent tranquillement à des journalistes effarés leur passion sexuelle ! Le mot sexe est, à part Henry Miller dans *Sexus, Plexus, Nexus*, totalement banni du langage. Du reste, l'œuvre géniale de Miller sera interdite aux États-Unis jusqu'en 1960. Étonnant, car aujourd'hui, des deux côtés de l'Atlantique, on ne parle plus que de sexe au cinéma, au théâtre et dans les romans.

Richard n'a pas encore dit « oui » pour tourner *V.I.P.'s*, mais « peut-être ». Au Dorchester, il finit par se rendre totalement aux raisons professionnelles de Grunwald et Elizabeth. Il faut avouer qu'augmenter son cachet de moitié, grimpé d'un seul coup au demi-million de dollars, n'est pas pour lui déplaire.

Richard a ainsi l'impression de talonner les prix d'Elizabeth et de se hausser jusqu'à son statut de star.

Plus ils vivent ensemble au Dorchester, plus leur union se solidifie. Pourtant, tout les sépare : il est toujours exact, elle n'est jamais à l'heure. Il est très ordonné, elle est totalement désordonnée. Il est un véritable intellectuel, lisant poètes et grands écrivains, elle se contente de prendre connaissance des scénarios sur lesquels son avis est cependant toujours très sûr. Il ne s'intéresse pas aux vêtements qu'il porte. Elle met des heures à choisir dans son immense garderobe la toilette qu'elle va mettre le matin, l'après-midi et le soir.

Pendant cette période étrange où ils vivent « cachés », mais au su et vu de tous dans leur palais, Richard boit beaucoup. Dès le matin, il commence avec des Bloody Mary, puis continue avec force vodkas et bières. Pour le public qui apprend ces « détails » par les valets bavards du Dorchester en contact avec les journalistes, Richard devient une sorte de héros indestructible, plus fort que l'alcool, plus fort que tout.

Elizabeth a compris que si Richard boit un verre, elle doit en absorber un aussi et ainsi de suite toute la journée. Il est assez incroyable qu'elle ait si bien tenu le coup pendant des années. Au cours du tournage de *V.I.P.'s* à Londres, ils vivent donc une double vie. Surtout Richard, car il est toujours un homme marié.

Elizabeth n'est pas encore divorcée, mais Eddie Fisher a eu le bon goût, comprenant qu'il était inutile de lutter, de s'effacer rapidement. Sa carrière bat de l'aile. La vente de ses disques est en baisse car le public lui en veut toujours d'avoir quitté Debbie pour Elizabeth, surtout pour un tel résultat. Pauvre Eddie, le mariage avec Elizabeth lui coûte bien cher.

En proie à un grand sentiment de culpabilité, Richard va régulièrement voir ses deux filles et sa femme dans leur maison d'Hamstead, où l'ambiance est plutôt froide. Ifor, le frère aîné adoré, fait la tête à son cadet et Sybil n'adresse pas la parole à son mari. Ensuite, après avoir joué avec les petites filles, bien que Jessica soit de plus en plus étrange, Richard repart, soit pour tourner au studio *V.I.P.'s*, soit au Dorchester retrouver Elizabeth. Elle l'attend, toujours angoissée qu'il ne revienne pas et choisisse de rester avec sa femme. Elizabeth découvre ce qu'est la vie de « seconde », même si elle sait au fond être la première dans le corps et le cœur de Richard.

Le soir, ils se sentent jeunes et heureux. Elle a trente ans, lui trente-six. Il lui fait connaître « son » vrai Londres, celui des acteurs, metteurs en scène de théâtre, auteurs dramatiques, tous trinquent dans les pubs et discutent dans ce fameux quartier artistique du West End. C'est dans une de ces petites boîtes enfumées que Richard présente à Elizabeth son fidèle ami Richard Hardy, mais celui-ci est aussi l'ami de Sybil. Il renâcle à venir saluer « la rivale ». Très froid au début, comme le seront Stanley Baker, Emlyn Williams et les autres, Hardy tombe sous le charme d'Elizabeth qui lui susurre, irrésistible, après le dîner : « Ne me détestez pas, Tim ! » et elle l'embrasse, séduisant à jamais Tim Hardy.

Elizabeth a parfaitement compris qu'elle a un long chemin à faire pour garder Richard. Elle veut qu'il l'épouse. Elle le veut ! Elle le veut ! Plus il hésite ou résiste au mot divorce, plus elle met tout en œuvre pour faire céder la forteresse.

Officiellement, Elizabeth occupe au Dorchester la suite « Harlequin ». Richard l'appartement « Terrace ». En fait, elle règne sur les deux appartements. De plus, elle a loué tout un couloir de chambres, où elle a installé ses quatre enfants avec les nurses, dactylos, secrétaires, coiffeuses, docteur, nouveau précepteur pour les enfants, qui en ont bien besoin. Toute cette clique est dirigée par Dick Hanley, un homme très compétent et organisé, même dans la tempête. Le connaissant depuis ses débuts à la MGM et plus tard avec Mike Todd, Elizabeth a totalement confiance en lui. C'est Dick qui part toujours devant pour préparer l'arrivée de la star et sa suite.

Richard, qui est un homme aux goûts très simples, doit s'habituer à ce train de vie fastueux. Elizabeth se plaint pourtant d'être fauchée ! Dans les grands restaurants qu'ils fréquentent tous les deux, Richard, dédaignant souvent les plats raffinés, commande juste au maître d'hôtel, très snob, une assiette de frites. Probablement le plat resté le plus luxueux pour le gosse du pays de Galles.

Peu à peu, Richard s'arme de courage pour parler séparation avec Sybil. En fait, il préfère au début demander à ses avocats suisses de verser un million de dollars sur le compte en banque de sa femme. Finalement, comme entrée en matière, ce n'est pas si mal. Sybil se calme un peu. Elle est toujours sûre qu'il ne la quittera jamais et qu'il ne veut qu'une séparation provisoire.

Fatiguée, pensant que l'éloignement sera la meilleure solution, et surtout ne supportant plus cette vie coupée en deux, Sybil abandonne la place. Elle part avec ses deux filles à New York, où elle a beaucoup d'amis. Elle y achète un boite de nuit, l'appelle Arthur's et ce lieu devient très à la mode.

V.I.P.'s terminé sort, comme l'avait prévu Anatole de Grunwald, à peu près en même temps que *Cléopâtre.*

Elizabeth et Richard attendent avec impatience les critiques du film « le plus cher du monde ». Ils ont tous deux été fort impressionnés par la force et le talent de Mankiewicz. Elizabeth compte bien sur un second oscar. Cependant, le couple est vaguement inquiet : Darryl Zanuck n'étant pas d'accord avec Mankiewicz sur sa vision du personnage de Cléopâtre, a purement et simplement chassé le metteur en scène du montage.

Richard absent, Elizabeth voit seule une projection quelques jours avant la sortie du film. Elle avouera qu'elle est sortie de la salle en larmes, trouvant, malgré les très belles images, le film « vidé de sa substance ». Elizabeth a l'impression que tout ce que Richard et elle ont fait de bien dans le film, a été jeté dans la poubelle de la salle de montage. Il faut dire qu'il y avait des heures et des heures de rushes, scènes très longues à couper ou à garder, des gros plans de toutes sortes : évidemment, il fallait choisir. Les monteurs, estime Elizabeth, y sont allés à la serpe.

Richard la console, lui dit que ce n'est qu'une mauvaise impression. Mais trois jours plus tard, les critiques sont abominables pour elle :

« Miss Taylor est surpayée et sous-douée. » « Elizabeth Taylor n'a nulle émotion, nulle modulation avec une voix qui évoque celle d'une harengère. » « Miss Taylor, c'est la monotonie en jupe fendue. »

Est-ce de l'actrice dont on parle, ou de la femme adultère ? Il semble qu'il y ait eu une sorte de cabale pour punir « celle par qui le scandale arrive. »

Richard prend aussi une volée de bois vert, mais certains critiques le portent quand même aux nues. Elizabeth, en larmes, ne quitte pas le Dorchester pendant plusieurs jours et refuse les interviews. Malgré le film *V.I.P.s* qui est un grand succès public, Elizabeth est très secouée par le « désastre », selon elle, de *Cléopâtre*. Le film rapportera quand même de l'argent aux producteurs ainsi qu'à Elizabeth et Richard, rémunérés au pourcentage.

Pour Richard, tout va bien. Il est engagé pour jouer le rôle-titre du film *Becket*, face à Peter O'Toole en

Henri II Plantagenêt. Richard avait beaucoup hésité à accepter ce personnage atteignant la sainteté dans l'adaptation de la pièce de Jean Anouilh. C'est Elizabeth qui l'a convaincu d'interpréter ce caractère aussi magnifique que difficile. Il sera du reste cité aux oscars sans pour autant recevoir la statuette dorée.

Lorsqu'il voit Elizabeth dans cet état d'abattement, Richard prend une décision, « la » décision : il déclare en secret à son entourage :

— Puisque c'est comme ça, je vais l'épouser ! Pas de si, pas de mais… Ma décision est prise et rien ni personne ne m'en empêchera !

Becket enfin terminé, Richard emmène Elizabeth dans un pub du West End devant une bière pour la demander en mariage. De bonheur, elle s'en évanouit presque, car elle n'y croyait plus vraiment. Oubliée l'immense déception de *Cléopâtre*, Elizabeth promet à Richard d'être une épouse parfaite. Évidemment, il faut pour cela que Sybil accepte le divorce. Pour le moment, elle se fait encore tirer l'oreille, on peut la comprendre. Elizabeth tient parole. Elle décide de mettre sa propre carrière en sommeil pour se consacrer entièrement à l'homme qu'elle aime. C'est ce qu'elle fait, loyalement. Va-t-elle tenir le coup ?

Richard frappe très fort. Sans prévenir, il emmène Elizabeth au pays de Galles, dans la famille Jenkins.

Au début, la rencontre de la star et des mineurs gallois ne manque pas d'exotisme. Ceux-ci sont assez distants, pour ne pas dire très froids. Ils aiment beaucoup Sybil. Mais comment résister à Elizabeth, déployant tous ses charmes, et à leur Richard, qui a l'air si heureux avec elle ? De petit frère, Richard est devenu le chef de famille. Cadeaux et chèques pleuvent sur tous les Jenkins. Elizabeth déclare, malgré le manque de confort des maisons Jenkins, qu'elle adore le pays. Les toilettes sont encore au fond du jardin. Richard, plus tard, remédiera à cet inconvénient.

Elizabeth, la nuit, doit se contenter d'un pot de chambre sous le lit. Elle en est ravie. Tout lui plaît. Tout est beau, merveilleux ! Étonnante Elizabeth.

Elle offre des montagnes de robes, caftans, tailleurs, capes en brocart, satin, broderies, lamé, aux dames Jenkins qui se baladent dans la petite ville de Ponthrydyfen, vêtues comme des princesses. Peu à peu, ils adorent tous Elizabeth, sans cependant oublier Sybil, mais comment refuser à Richard celle qu'il veut épouser contre vents et marées ?

Richard apparaît dans une scène du film *What's New Pussycat ?* dont Peter O'Toole est la vedette. Ils se sont vraiment très bien entendus pendant *Becket*, surtout question boissons!

Dans cette scène très brève de *What's New Pussycat ?* Burton demande à Peter O'Toole :

— Est-ce que vous ne m'avez pas déjà vu quelque part ?

— Saluez pour moi… hum… comment… s'appelle-t-elle, déjà ? répond O'Toole.

Clin d'œil à Elizabeth qui fera s'esclaffer tous les spectateurs dans les salles. Elizabeth tient parole. Elle ne s'occupe plus pour le moment de sa carrière, mais exclusivement de celle de Richard. Elle l'aide à choisir les scénarios. Tous deux, étroitement unis, commencent à ne plus faire qu'un. Ils ne sont jamais l'un sans l'autre.

Toujours sur le conseil d'Elizabeth, Richard signe pour un film de John Huston, *The Night of the Iguana (La Nuit de l'iguane)*, un sujet encore et toujours tiré d'une pièce de Tennessee Williams. Le tournage doit avoir lieu au Mexique.

Elizabeth, devenue plus sage, écoute Dick Hanley : la joyeuse bande doit être réduite. Les deux garçons, Michael et Christopher Wilding partent donc pour un pensionnat en Californie. Ils sont ravis à l'idée de faire du sport là-bas. Maria, la petite fille adoptée, reste à Londres pour des opérations de la hanche, gardée par sa nurse Karen qui l'adore. Seule Liza Todd, la fille chérie de Mike, part avec Elizabeth et Richard. À son âge, ce n'est pas grave de manquer l'école, pense Elizabeth. Elle espère que son divorce avec Eddie Fisher sera bientôt prononcé. Sybil, elle, n'a toujours pas signé les papiers, cela agace Elizabeth.

— Hourra ! Les voilà !

Elizabeth et Richard ne s'attendaient certes pas à un tel accueil. Une foule immense, survoltée, hurlant « Liz ! Liz ! Ricardo ! » les attend à l'aéroport de Mexico. La population envahit le tarmac. L'hystérie est à son comble. Les amants hésitent même à descendre. Finalement, ils se lancent courageusement au milieu de la foule qui les presse, veut les toucher comme des saints, arrache des morceaux de tissu de leurs vêtements. Elizabeth avouera qu'elle a vraiment craint de finir totalement déshabillée.

La *guardia* civile arrive pour les dégager car cela devient très dangereux. Richard joue des poings, protégeant Elizabeth à qui ses admiratrices mexicaines arrachent maintenant les cheveux, en souvenir !

Ayant enfin gagné un salon de l'aéroport un peu plus calme, Richard déclare entre ses dents pour Elizabeth :

— C'est la première fois que nous mettons les pieds au Mexique, ce sera la dernière !

Cette opinion va rapidement changer.

À Rome, ils avaient déjà eu l'expérience des émeutes que déclenche leur présence. Elizabeth avait confié à notre ami, le grand coiffeur Alexandre de Paris, qui avait inventé toutes les perruques dans *Cléopâtre,* qu'elle faisait souvent le cauchemar de se retrouver toute nue au milieu d'une foule déchaînée.

Le Mexique ne sera qu'une suite d'adulation de foules. Le public estime que les stars lui appartiennent. Le peuple veut donc toucher ce qu'il adore comme une icône. C'est le rude tribut de la gloire. Il faut du muscle et ne pas avoir peur. Cela va continuer pour eux encore longtemps.

Heureusement, tout va changer sur le lieu du tournage à Puerto Vallarta, un petit village de modestes pêcheurs à cinq cents kilomètres au nord d'Acapulco. Richard et Elizabeth aimeront tellement cet endroit qu'ils vont acheter la Casa Kimberley, une maison de six chambres et, miracle paraît-il au Mexique en ce temps-là, avec six salles de bains ! C'est la production qui les a logés là. Le couple aime tant Puerto Vallarta, où au début personne ne fait attention à eux, qu'ils reviendront souvent, agrandissant la Villa Kimberley avec une autre maison à côté et un pont pour relier les deux demeures, construit sur le modèle du pont des Soupirs à Venise. Ce n'est que le début d'une longue série, Richard et Elizabeth vont acheter des maisons et des maisons. Ils en feront un véritable hobby. Bien sûr, leur présence à Puerto Vallarta va totalement changer ce pauvre village perdu. Bientôt, il deviendra une sorte de Saint-Tropez de la jet set, mais Richard et Elizabeth continueront d'y venir et de l'aimer.

Dans *La Nuit de l'iguane*, Richard joue un prêtre déchu, tiraillé entre trois femmes au bord de la crise de nerfs et visiblement en manque d'hommes : Deborah Kerr, Ava Gardner et Sue Lyon, qui vient d'être *Lolita*. Ces belles créatures ne sont pas pour rassurer Elizabeth. Cependant, elle est très proche d'Ava Gardner. Toutes deux sont des « vieilles amies » de la MGM. Elles se chahutent, rient ensemble comme de bonnes camarades. En fait, Elizabeth ne craint pas trop Ava pour Richard, ni même Deborah, réputée pour sa sagesse, mais cette diablesse de Sue Lyon. Il lui faut occuper le territoire. Se parant tous les jours de merveilleuses toilettes colorées, Elizabeth apporte son déjeuner à Richard sur le plateau. Il se laisse dorloter comme un coq en pâte. Veillant sur lui comme son enfant, Elizabeth a l'œil à tout et assiste au tournage, sagement assise derrière la caméra. Dans ce film, Richard est à la fois désespéré, dur, émouvant face à ces créatures compliquées. C'est du pur Tennessee Williams, tourmenté et magnifique.

Pendant ce tournage du bout du monde, la présence d'Elizabeth et Richard n'attire pas moins de deux cents journalistes venus de partout. Ils restent de deux à huit jours pour finir des reportages, très peu portent sur le film, la plupart s'attarde surtout sur « LE » couple.

La presse fait le bonheur des Mexicains, et voit tomber une manne de *pesos*. Il semble que c'est à Puerto Vallarta, que Richard a vraiment découvert à quel point il avait besoin d'Elizabeth. Elle le dorlote et il s'abandonne totalement. Avec sa grande générosité, il déclare publiquement que si son jeu s'améliore, c'est grâce aux conseils que lui donne sa compagne. Désormais, il l'admire comme être humain, bien sûr, mais aussi comme actrice. Il a compris son professionnalisme face à la caméra sur le plateau de *Cléopâtre*.

Roddy Mc Dowall ne mentait pas. « Ça déménage ! » Ce réel talent de comédienne que possède Elizabeth inspire le respect à Richard. Il sait à quel point ce métier peut être ingrat et difficile. Vers la fin du tournage au Mexique arrive de New York une proposition du producteur Alexander Cohen.

— Cher Richard, voulez-vous jouer *Hamlet* à Broadway, sous la direction de John Gielgud ?

Richard hésite. Même avec Gielgud, le spécialiste de Shakespeare, le défi est de taille, surtout à Broadway, avec un public qui apprécie plus les comédies musicales que le grand Will. Richard réserve sa réponse.

Au retour, fin 1963, Richard reçoit une lettre de Sybil. Elle demande le divorce pour « cruauté mentale » : le grand prétexte des avocats américains.

— C'est mon plus beau cadeau de Nouvel An ! s'exclame Elizabeth, qui court se commander aussitôt une sublime robe de mariée.

Pour ajouter à son bonheur, Eddie Fisher, lui aussi, baisse pavillon. Il abandonne à Elizabeth la garde de Maria et le chalet Ariel à Gstaad. Elizabeth a gagné sur toute la ligne. Richard accepte finalement en janvier 1964 de commencer les répétitions de *Hamlet* à New York. Mais Richard avait raison de se poser des questions. Un représentant de l'Ohio au Congrès, Michael A. Feighan, réclame dans le *Washington Post* que « l'État américain retire son visa à Monsieur Richard Burton, acteur britannique, n'ayant plus aucune de nos valeurs morales, ni de bonnes mœurs, ciment de notre société, en voulant être le cinquième mari d'une femme dont les amours ne sont que scandales ». La troupe est très inquiète : si l'État retire son visa à Richard, il va falloir abandonner le projet.

Cependant, les temps ont brusquement changé depuis Ingrid Bergman et Rossellini. Aux yeux du public, surtout des jeunes, Richard devient une sorte de hors-la-loi et cela le rend encore plus populaire.

Elizabeth assiste à toutes les répétitions. Le grand John Gielgud l'adore et lui montre le plus profond respect.

Tout pourrait aller pour le mieux car tous les soirs Elizabeth invite la troupe à dîner et Richard aime se retrouver avec les acteurs, raconter des histoires de théâtre, cela le détend. Mais il y a un problème. Richard soudain ne trouve plus « son » Hamlet. Tout le monde s'inquiète. Richard, si brillant, devient très tendu sur scène. Comme un sportif mal entraîné, il a perdu la forme. Son Hamlet devient ennuyeux et il le sait. Gielgud ne sait plus comment lui faire retrouver la forme. Richard est-il seulement fatigué des films enchaînés les uns après les autres ?

En dehors du travail, Burton a de graves soucis personnels. À New York, il va souvent voir Sybil et ses deux filles. Pour l'aînée, Kate, vive et brillante, tout va très bien, mais la cadette, Jessica, se porte de plus en plus mal. Torturé par ce drame, Richard réussit à faire entrer l'enfant à la clinique de la Fondation Devereux, un des rares endroits au monde traitant les patients atteints d'autisme.

Bien sûr, Richard paye tous les frais pour un temps très long car il ne fallait pas espérer une guérison, mais une amélioration. Cependant, là, à la Fondation, Jessica paraissait plus détendue, presque heureuse. Plus tard, Richard fera un commentaire, bien sûr gratuit, dans un film sur la clinique Devereux. Dans les années quatre-vingt, Jessica vivait paraît-il toujours dans cet endroit. On peut comprendre qu'en 1964, à

New York, Richard ait eu autre chose en tête que *Hamlet.*

Elizabeth, décidée à sauver Richard, n'y va pas par quatre chemins. Elle décroche le téléphone pour appeler son père adoptif, Philip Burton, qui est parti, fâché avec Richard depuis Rome, et ne l'a plus revu.

— Allo, c'est Elizabeth… Non, ne raccrochez pas, Philip… Richard a besoin de vous… Vous êtes le seul à pouvoir l'aider avec *Hamlet*… Je vous en supplie, venez… venez…

Comment refuser ? Plus tard, Philip Burton dira : « J'allais bientôt découvrir les qualités humaines d'Elizabeth, son intelligence et son talent à la hauteur de sa beauté. » Mais, avant de rejoindre Richard, Philip Burton demande par loyauté envers Sybil si elle est d'accord. Celle-ci, en grande dame, déclare :

— Bien sûr, Philip, il faut aller aider Richard.

Soulagé, Philip Burton rencontre Richard dans sa loge à Toronto, où ont lieu les répétitions, et… tous deux oubliant le passé, se retrouvent comme s'ils ne s'étaient jamais quittés.

Il est évident que pour un profane, cela peut sembler étrange que Richard, déjà grande star, ait eu besoin des conseils de Philip Burton. Un acteur a toujours des doutes. Philip Burton était le seul guide capable de rassurer Richard.

Avec la bénédiction de Gielgud, Philip entreprend de sécuriser Richard. La pièce se jouait en costume moderne. C'était peut-être un des aspects vestimentaires qui le désorientait. Peu à peu, il reprend confiance en lui, grâce à Philip, et à Elizabeth qui l'a fait venir.

Au milieu de tout ce travail, le mariage civil des Burton a lieu le dimanche 15 mars 1964 à l'ambassade du Mexique à Montréal. Pourquoi ce lieu ? Parce qu'une fois de plus, comme pour Mike Todd, les lois matrimoniales mexicaines sont plus souples que les américaines.

Elizabeth et Richard sont très émus. Dans sa belle robe de mousseline jaune très décolletée, et couverte des bijoux que Richard lui a offerts, Elizabeth resplendit. Elle affirme :

— Ce mariage est pour la vie !

Certaines mauvaises langues affirment qu'elle a déjà répété cela quatre fois. Même ce jour tant attendu, elle arrive en retard. Les invités s'impatientent. Philosophe, Richard laisse tomber :

— Elle sera en retard même pour le jugement dernier !

Elizabeth voulait un mariage religieux, juif de préférence puisqu'elle s'est convertie. Malheureusement, tous les rabbins ont refusé. Avec beaucoup de difficultés, Richard a fini par trouver un pasteur unitarien, le révérend Léonard Mason, prêt par « charité » à unir ce couple de divorcés ayant encouru la colère du Seigneur.

La cérémonie a lieu cette fois-ci au dernier étage de l'hôtel Ritz-Carlton, où l'on hisse le compréhensif pasteur. Il est fort probable qu'un don exceptionnel de Richard pour sa paroisse a fait taire ses dernières réticences. Une réception, offerte par le producteur de la pièce, Alexander Cohen, a lieu ensuite au même étage et toute la troupe, venue au mariage, repart pour Toronto où doit se dérouler la Première.

C'est un total triomphe pour Richard. Au dernier salut, il fait entrer sa femme, très émue, sur scène. Sous un tonnerre d'applaudissements, il déclame les paroles d'Hamlet pour Ophélie dans la scène du couvent :

— Nous n'aurons plus d'autre mariage, je le jure !

Elizabeth et Richard sont acclamés par une *standing ovation*. Elle déclare à l'oreille de Richard : « J'adore être applaudie ». Il éclate de rire en la serrant dans ses bras. Leur vie privée et celles de leurs personnages vont de plus en plus se confondre désormais.

À l'aéroport Logan de la ville de Boston, pourtant réputée si froide, où continue la pièce, c'est exactement comme à Mexico, du délire. Les fans brisent les barrages de police pour courir vers l'avion. La robe d'Elizabeth est entièrement déchirée et Richard « perd » sa veste, arrachée par un pickpocket.

Installée ensuite à New York, au théâtre Lunt-Fontanne, la troupe joue *Hamlet* cent trente-six fois, un record à Broadway pour Shakespeare.

Les queues s'allongent pour voir arriver dans leur limousine Richard et Elizabeth. La police est obligée de barrer les rues car, après le spectacle, des hordes de fans s'agglutinent pour apercevoir le couple « princier » ressortir du théâtre.

C'est au milieu de toute cette agitation que débarque la famille Jenkins, invitée par Elizabeth à venir à New York voir leur frère. Ils sont quarante à loger dans les meilleurs hôtels. Richard est fou de joie. Elizabeth lui a fait une merveilleuse surprise. Tous les soirs, les Jenkins applaudissent Richard. Les soupers n'en finissent pas et se terminent par des chansons galloises. Elizabeth, dans la journée, promène Cis et ses sœurs, elle les habille dans les plus luxueuses boutiques de la Cinquième avenue.

Après cinq jours et nuits de festivités, quand les Gallois repartent vers leur pays, Elizabeth sait qu'elle est enfin totalement acceptée par la famille Jenkins. Devant les demandes de location, *Hamlet* pourrait encore être joué pendant longtemps. Mais, totalement surdoué, Richard commence à s'ennuyer avec le prince danois. Parfois, il prévient ses camarades que ce soir, Hamlet sera homosexuel, pour une autre fois, qu'il est débile, bègue ou bien, avec une facilité déconcertante, il lance une tirade en allemand !

Incroyable, le public, électrisé bien que n'y comprenant rien, l'acclame. Il peut tout faire, tout dire, même oser son grand succès, celui qui faisait tant rire Bogey, « cracher son texte à l'envers ! »

Grâce à deux représentations publiques de la pièce *Hamlet*, filmée par le réalisateur Bill Colleman, un long-métrage voit le jour. Il aura un grand retentissement, vu et revu par les nombreux amateurs et professionnels de Shakespeare, interprété par un Richard Burton totalement fascinant.

À la fin de ce marathon de succès, Elizabeth et Richard hésitent : rester à New York ? Partir, oui, mais pour où ? Comme des baladins de luxe, ils ne savent pas très bien où aller. Londres ? Hollywood ? La villa Ariel à Gstaad ?

L'incertitude est de courte durée. Un scénario envoyé par la MGM arrive juste à point. Madame Burton s'est assez reposée.

Le cinéma la réclame.

L'aigle à deux têtes

— Si nous tournons encore ensemble, on nous prendra pour Laurel et Hardy ! s'exclame Richard.

— Pourquoi ? Tu as quelque chose contre Laurel et Hardy ? répond tranquillement Elizabeth.

La MGM vient donc de proposer le film *The Sandpiper (Le Chevalier des sables)* à celle qui, malgré les scandales ou peut-être maintenant à cause de ceux-ci, est sa vedette la plus « bankable » (rentable).

Ce scénario de Dalton Trumbo, scénariste génial victime dans les « Fifties » de la chasse aux sorcières de l'ignoble Mc Carthy, raconte l'histoire d'un ministre de Dieu amoureux de deux femmes. L'une est son épouse soumise et douce, jouée par la blonde Eva Marie Saint. L'autre, du nom de Laura, brune, libérée, artiste peignant à demi nue dans le vent et sous le soleil brûlant d'une plage sauvage, est interprétée par Elizabeth. *Le Chevalier des sables* est le film d'une passion interdite approuvée finalement par le monde entier. Car Richard a tout de suite compris en lisant le script que le début, tout au moins, est inspiré de la lutte Sybil – Elizabeth. Cela lui déplaît d'être manipulé par Hollywood. Mais les conditions sont évidemment royales. Elizabeth reçoit son prix désormais habituel, un million de dollars, plus un bonus de cent mille dollars et le rôle du pasteur

« sombrant dans la luxure » est proposé à Richard. Il recevra sept cent cinquante mille dollars pour ce film, plus des pourcentages princiers en cas de bénéfices.

En fait, Richard dira à son ami Stanley Baker :

— Malgré tout le talent de Dalton Trumbo et celui de Vincente Minnelli (le metteur en scène), je n'aurais pas tourné ce film « alimentaire » trop semblable à ceux que j'ai dû accepter au début de ma carrière, mais c'est le tour d'Elizabeth, tu sais. Elle a fait beaucoup pour moi et ne peut continuer à me suivre partout, tu comprends ça ?

Oui, Stanley Baker comprenait, comme vont tenter de le faire tous les amis du couple de plus en plus éberlués de cette carrière à deux têtes.

Richard et Elizabeth espèrent beaucoup des inventions de Vincente Minnelli. Sur le tournage, aussi bien Elizabeth que Richard sont au comble du bonheur. Ils commencent le film dans la merveilleuse région de Carmel sur le Pacifique, à Big Sur en Californie. La beauté de cette côte sauvage convient très bien au décor du film et exacerbe leur passion. Elisabeth et Richard sont heureux, amoureux et cela se sent sur l'écran. Tous deux admirent Vincente Minnelli, le grand réalisateur de *Un Américain à Paris*, qu'ils considèrent comme un excellent directeur d'acteurs.

Pourtant, il y a parfois des accrochages entre Minnelli et Richard, qui trouvait toujours le scénario plat et réclamait plus de vigueur dans le texte.

— Non, impossible, il n'y a rien à changer. Il ne fallait pas accepter ce film, Richard !

Exaspéré par les refus du metteur en scène de déplacer un mot, Richard, qui n'a jamais peur de rien ni de personne, lui lâche à brûle-pourpoint devant des journalistes :

— Oui, on sait ! Pour du fric, les Burton marcheraient sur les mains !

Ce trait d'humour gallois fut mal interprété et déformé.

Enfin, le tournage extérieur quitte Big Sur pour finir par les décors intérieurs à … Paris, aux Studios de Boulogne sur Seine. Pourquoi Paris ? En fait, Aaron Frosh, l'avocat de Richard, avait fait remarquer à son client qu'il fallait maintenant quitter dare-dare les États-Unis pour des raisons fiscales, sinon le Trésor américain allait ponctionner tout le magot.

Retourner à Paris n'est pas pour déplaire aux Burton qui adorent la ville. Elizabeth emmène avec elle ses quatre enfants, nurse, secrétaires, coiffeurs, etc… mais aussi Brook Williams, le fils d'Emlyn, Bob Wilson, l'habilleur de Richard, Afro-Américain, très sympathique et dévoué, et aussi le frère aîné Ifor

Jenkins, revenu en bonnes grâces et suivant désormais Richard comme son ombre.

Tout ce beau monde descend dans l'hôtel préféré d'Elizabeth : Le Lancaster, 7 rue de Berri dans le VIIIème arrondissement, près des Champs-Élysées. C'est dans ce hall somptueux que Rex Harrison prétendra avoir compté les valises de son amie Liz, au nombre de cent !

Richard et Elizabeth prennent l'habitude de flâner dans ce Paris qu'ils aiment et où personne n'a l'air de les considérer comme des monstres de foire. Déjà en avance sur leur temps, les Français ne paraissent pas le moins du monde choqués par leur union, ce qui fera dire à Elizabeth :

— Les Frenchies et l'amour, c'est le même pays !

Le film terminé, Richard et Elizabeth partent se reposer dans le chalet Ariel à Gstaad. Là, ils inscrivent les deux garçons Wilding pour la rentrée dans un très bon pensionnat suisse, puis ils attendent avec une certaine impatience la sortie du *Chevalier des sables.* Richard pense que cela va être un « bide » retentissant. Elizabeth a bon espoir.

Et elle a raison. Le film est un triomphe. Il rapportera plus de quatorze millions de dollars, dont un million quatre de royalties sur les ventes, en plus des cachets pour Elizabeth et Richard.

Un producteur « avisé » de la MGM avait prévenu Minnelli. « Mon pauvre vieux, tu es fou, moi je n'engagerais pas les Burton pour le quart de la somme. Dis-moi, qui veut voir un mari passionné par son épouse légitime ? »

Le public, fasciné, fait mentir le producteur et se rue pour voir les Burton s'aimer, s'embrasser, se rouler sur le sable. Elizabeth est presque en tenue d'Eve sur la plage. Les spectateurs, enthousiastes, acclament le couple qui ose ainsi crier son amour à la face du monde. La romance scandaleuse des Burton devient plus forte qu'eux. Elle les dépasse. Très professionnel, Richard dira :

— Bon, d'accord, « ils » voulaient nous voir, mais attention, on ne recommence pas un truc comme ça deux fois !

Parfois, la réalité dépasse la fiction. De plus, Richard s'est trompé : *Le Chevalier des sables* reste un film magnifique, romantique et très émouvant.

C'est vraiment à partir de cette date, septembre 1964, devant ce tel afflux d'argent qu'ils n'attendaient pas du tout, dû au *Chevalier des sables*, qu'Elizabeth et Richard vont « s'organiser » : elle monte une société, *Interplanet Productions*. Lui, fait de même, avec *Atlantic Programme Limited.* Évidemment, ce sont les avocats qui s'en occupent, mais aussi bien Richard qu'Elizabeth surveillent attentivement les comptes. Ils ont bien raison. Tant de stars à Hollywood se sont fait dépecer par des agents véreux.

En fait, à partir de cette année-là, Elizabeth et Richard n'auront rien d'autre à faire qu'exercer normalement leur métier d'acteurs, tandis que les producteurs vont se battre pour leur faire accepter des ponts d'or avec participations de plus en plus royales. Comme Humphrey Bogart aurait dit à Richard : « Ça y est, *kid*, la pompe à fric s'est mise en marche ! »

En quelques années, les Burton vont devenir multimilliardaires. Ils feront partie des cinq ou six plus importantes fortunes au monde. Bientôt, ils vont s'acheter une compagnie d'aviation avec jets privés, un yacht, une chaîne de TV au pays de Galles. Il est étonnant qu'ils ne se soient pas portés acquéreurs pour l'Old Vic Theater. Richard a l'air de s'éloigner de Shakespeare, du moins pour le moment.

Elizabeth lutte de toutes ses forces pour faire passer les fréquents accès de mélancolie de son mari. Il avouera que « le chien noir de son enfance le poursuit souvent ».

À Gstaad, la meilleure nouvelle lui arrive. Il rêve toujours d'être écrivain et continue d'admirer les vrais auteurs. Un livre pour enfants, qu'il a écrit sous le titre *Un Conte de Noël*, est publié à Londres. La joie et la fierté de Richard est attendrissante. Il offre et dédicace « son » roman à tous ses amis et sa famille. Elizabeth lui montre son admiration. Richard est un réel écrivain. Son livre est frais, exquis et très humain. Dommage qu'il n'ait pas pu vraiment continuer à écrire au milieu de l'activité folle de leur vie, mis à part ses carnets intimes, rédigés en pensant certainement faire « plus tard » une vraie biographie.

Leur secrétaire particulier, Raymond Vignole, que nous avons connu à Budapest, un homme aussi discret, sympathique que charmant, nous dira :

— Les gens exagèrent tout au sujet des Burton. Voyez, quand nous sommes à Gstaad dans le chalet qu'ils aiment, loin du bruit et de la fureur du monde, ils sont tous deux un couple comme les autres. Ils sont calmes, amoureux, vivent tranquillement l'un avec l'autre, ne sont plus en représentation ni obligés de jouer les personnages excentriques que l'on attend d'eux. Dormant souvent tard le matin, elle me laisse des petits mots adorables : « Baby, pense à me réveiller à onze heures. Bises. Elizabeth. » Lui se lève plus tôt et va promener leur pékinois, Enzo. Ils font le tour du village, toujours par le même chemin, dans le même sens, et les gens saluent discrètement Richard qui répond de même. Il revient et prend une tasse de thé avec Elizabeth. Ils commencent alors à lire la presse, surtout avec la sortie d'un de leurs films. S'il y a un article désagréable ou une photo affreuse, je les fais prestement disparaître avant qu'ils ne les voient, sinon la journée est gâchée, surtout pour Elizabeth. Richard est plus philosophe.

Le Nouvel An 1965 apporte une très bonne nouvelle pour Richard. Il a été choisi à l'unanimité par la Paramount, le réalisateur Martin Ritt et l'auteur du roman, John le Carré, pour interpréter Alec Leamas, l'agent double manipulé dans *L'Espion qui venait du froid (The Spy Who Came in from the Cold)*. Un cachet, le sien désormais, de sept cent cinquante mille dollars lui est alloué, plus ce qui fait partie maintenant des contrats des Burton, un solide pourcentage sur les recettes.

Richard, né si pauvre, ne cache pas sa joie de devenir si riche. Il ne gardera jamais cet argent pour lui : cette fortune lui brûlera les doigts, il la distribuera généreusement à tout son entourage. Nombreux sont les amis acteurs ou écrivains qui le sollicitent pour un « prêt ». Il sera toujours là, ne réclamant jamais son dû. Emlyn Williams, qui lui avait emprunté mille livres pour se racheter une voiture, la sienne étant irréparable, vint un an après rendre la somme à Richard. Très surpris, il lui dit en le serrant dans ses bras :

— Tu es bien le seul !

Richard doit se rendre à Londres le 7 janvier pour rencontrer Martin Ritt, le réalisateur, et l'actrice principale du film. Elizabeth veut absolument l'accompagner, mais la nuit précédant le départ, elle se cogne dans les portes ouvertes d'un placard et au matin, elle a deux coquards sur les yeux. Impossible de partir avec Richard, sinon tous les journaux écriront : « Du rififi chez les Burton. Richard bat sa femme. »

Elle le regarde partir, très inquiète, car l'actrice choisie pour interpréter le personnage féminin de Nan Perry n'est autre que Claire Bloom ! Elizabeth sait parfaitement que Richard a été très amoureux d'elle. Leur liaison a même mis Sybil en danger.

Elizabeth enrage donc de ne pouvoir participer au déjeuner avec Martin Ritt, Claire Bloom et Richard, pour mettre aussitôt par sa présence les choses au point. Richard avouera ensuite à Elizabeth :

— Elle (Claire Bloom) était un peu tendue, mais plutôt sympa… Tout ça, c'est du passé.

Pas si sympa, Claire Bloom déclarera, assez aigrie, à Martin Ritt et au scénariste Paul Dehn :

— « Il » boit toujours beaucoup, il est toujours aussi vantard et ressasse les mêmes histoires que quand il avait vingt-trois ans et qu'il était avec moi ! Il était évident à l'époque qu'il deviendrait une grande star, ce qui n'est pas la même chose que grand acteur ! » Et toc !

Quelqu'un faisant partie de la distribution parmi Martin Ritt, Paul Dehn ou l'ami Tim Hardy rapporta le propos de Claire Bloom à Burton. Il se contenta de laisser tomber, assez méprisant :

— « Hell has no fury like a woman scorned.»

Dans ce genre de situation embarrassante, Richard avait l'avantage de pouvoir lancer un vers fameux, non pas de « l'ami » William Shakespeare, signifiant « Il n'est aux enfers de furie semblable à une femme bafouée », mais de William Congreve, un autre auteur anglais qui l'écrivit en 1697.

Évidemment, tout homme ne peut lancer ce genre de phrase avec autant de classe. Les grands poètes ont rendu de fiers services à Richard Burton et vice versa.

Le tournage a lieu d'abord aux studios d'Ardmore, près de Dublin. Elizabeth a retrouvé ses beaux yeux, elle est toujours présente sur le plateau. Cela agace beaucoup Martin Ritt, qui regrette la mauvaise ambiance sur le tournage en raison de l'affrontement latent Claire Bloom – Elizabeth Taylor. Ritt prend ouvertement le parti de Claire Bloom, mais il n'ose chasser Elizabeth du plateau. Il prétend, entre ses dents, que Miss Taylor est véritablement un agent du KGB. Elle sait tout, espionne tout et elle ne se gêne pas pour plaindre tout haut la pauvre Claire Bloom d'être obligée de porter des faux cils, car Elizabeth, avec ses magnifiques yeux violets, frangés de longs cils noirs et fournis, n'en a jamais besoin.

Le lendemain du mariage célébré à Montréal, 16 mars 1964.
Elle déclare que c'est pour toujours.

Les alliances, 1964.

Le fameux diamant Krupp, 1968.

Boucles d'oreilles en émeraude et diamant de chez Bulgari, 1963.

Un diamant gros comme le Ritz : le diamant « Burton/Taylor », 1969.

Qui a peur de Virginia Woolf ?, Mike Nichols, 1966.

Peut-être trop de scènes dramatiques pour eux dans ce film.

Cléopâtre, Joseph L. Mankiewicz, 1963. Au premier baiser, ils se sont enflammés.

Beaucoup de scènes comiques dans *La Mégère apprivoisée*, Franco Zeffirelli, 1966.

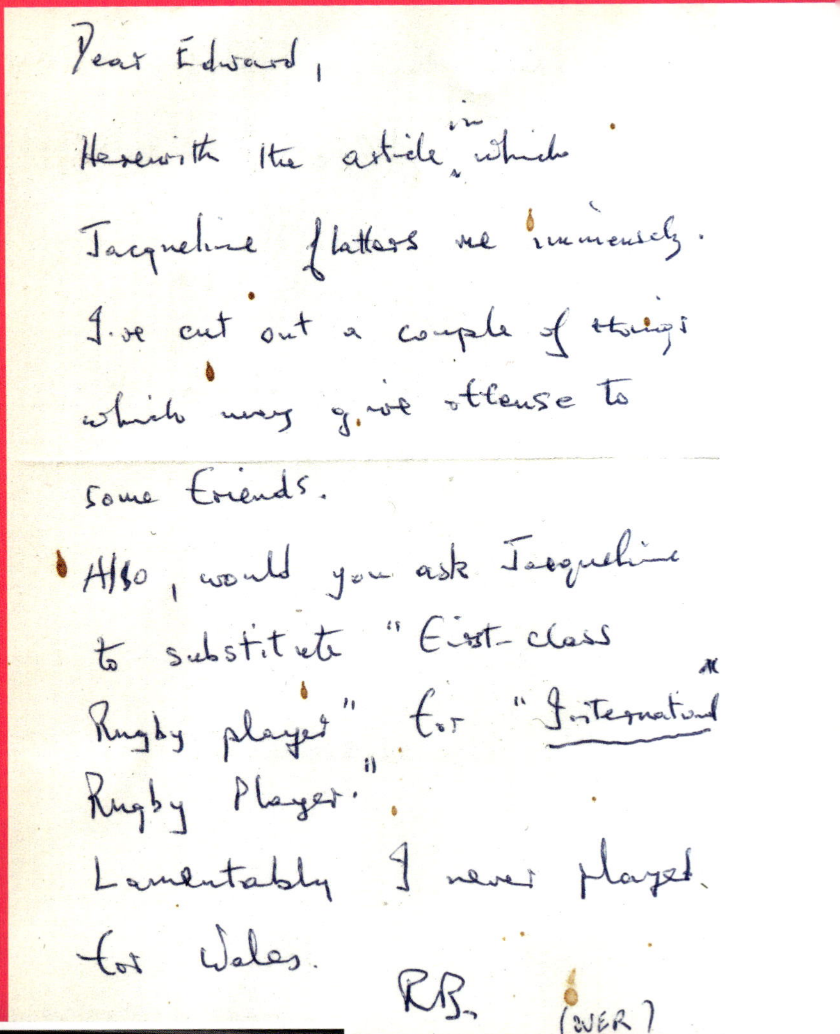
Dear Edward,

Herewith the article in which Jacqueline flatters me immensely.

I've cut out a couple of things which may give offense to some friends.

Also, would you ask Jacqueline to substitute "First-class Rugby player" for "International* Rugby Player."

Lamentably I never played for Wales.

R.B.

(OVER)

Nous avons précieusement gardé cette lettre si affectueuse de Richard.

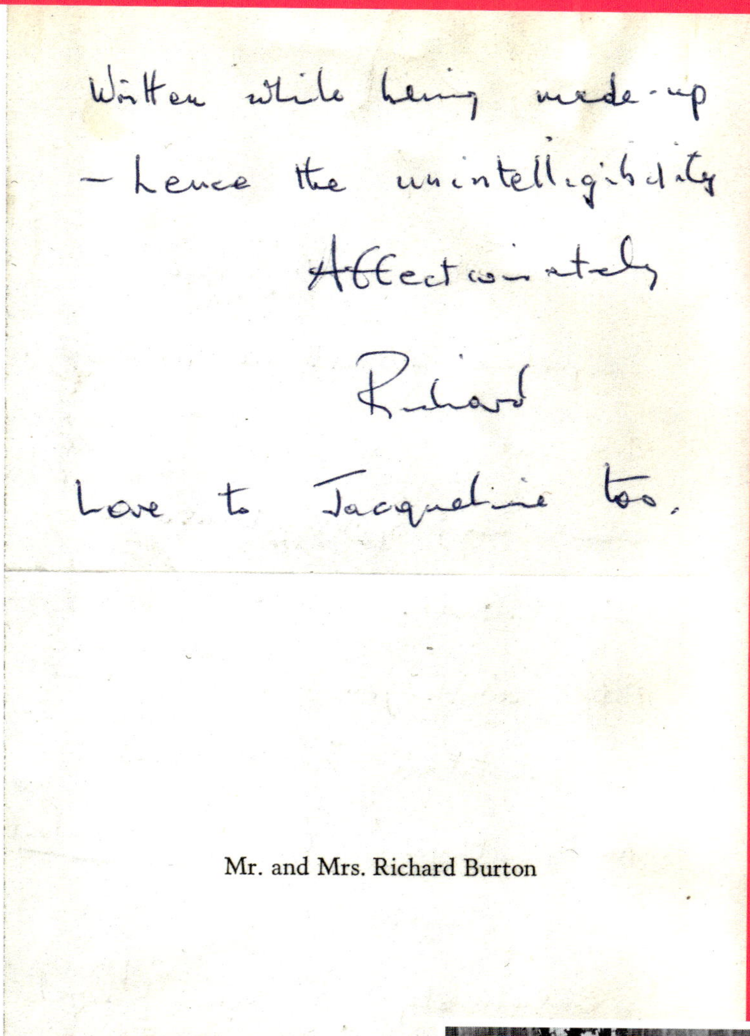
Written while being made-up
— hence the unintelligibility
Affectionately
Richard
Love to Jacqueline too.

Mr. and Mrs. Richard Burton

Elizabeth me félicite pour ma tenue et moi pour ses diamants.

À bord du bateau de croisière, le Michelangelo, 1965.

Richard est de plus en plus guindé à l'égard de Claire sous le regard inquisiteur de sa femme. John le Carré décrit Richard par ces mots :

— Le connaître vraiment était chose impossible. II y avait chez lui quelque chose d'inapprochable. Son sens de la réalité était supérieur à tout ce qu'on lui prêtait. Je souhaitais pour le rôle de Leamas soit Trevor Howard ou James Mason, mais je me trompais. L'interprétation de Burton a été brillante. Il portait toute la lassitude de Leamas. Il « était » Leamas.

Quel beau compliment !

À la fin du film, Elizabeth est hospitalisée, malade, fiévreuse. Richard reste à côté d'elle et tous deux rêvent d'avoir un enfant ensemble, mais après l'opération d'Elizabeth, c'est impossible. Ils rentrent se reposer à Gstaad. Richard en a grand besoin. Ce rôle d'agent double fatigué, derrière le rideau de fer, l'a épuisé, vidé de sa substance. Il y a tout donné.

La presse, cette fois-ci, acclame Richard. Le *Daily Express* écrit, sous la plume du grand critique Léonard Mosley : « Leamas rachète Richard Burton de tous les mauvais rôles et mauvais films qu'il a pu commettre sur les écrans. Si cela ne lui vaut pas un oscar, c'est que Hollywood aura perdu tout discernement et tout sens de la justice. »

Richard sera en effet sélectionné pour un oscar, du meilleur acteur masculin, dans *L'Espion qui venait du froid*. Il aura pour rivaux : Laurence Olivier dans *Othello,* Rod Steiger pour *The Pawnbroker (Le Prêteur sur gages)*, Oscar Werner (présent dans *L'Espion qui venait du froid*), pour le film *Shipof Fools (La Nef des fous)*. Mais c'est Lee Marvin qui les battra tous pour son rôle de voyou ivrogne, jouant du revolver, dans *Cat Ballou.*

Richard accepte très sportivement cette nouvelle défaite aux oscars. Toujours caustique, il lança quand même à Elizabeth :

— Que penses-tu que Hollywood veuille me dire par-là ? Que Lee Marvin est un meilleur ivrogne que moi ?

— Ça alors ! s'exclame Richard en ouvrant une lettre officielle venant des États-Unis.

Il découvre que sa femme Sybil s'est remariée avec Jordan, le chef du group pop The Wild Ones, travaillant dans la boîte Arthur's. Le marié a onze ans de moins que son épouse. Elizabeth apprend avec stupéfaction que Sybil renonce avec une grande classe à sa pension alimentaire. La différence d'âge entre son ex-femme et son nouveau mari agace, ou même tracasse Richard. Elizabeth le rassure :

— À notre époque, cela n'a plus d'importance, affirme-t-elle péremptoire.

De plus, Elizabeth, toujours fine mouche, lui fait remarquer que Sybil va avoir envie de suivre les tournées musicales de son jeune mari. De ce fait, elle a l'intuition que Sybil, apaisée, permettra certainement à Kate de venir voir son père beaucoup plus souvent. Richard adore sa fille et souffre d'être loin d'elle.

Elizabeth a raison sur toute la ligne. Le temps faisant son œuvre, et Sybil ayant retrouvé le bonheur, elle laissera Kate aller voir son père chaque fois qu'elle le désirera. Une grande intimité et compréhension naîtra entre eux, bien avant que Kate choisisse elle aussi de devenir actrice.

Mais un nouveau projet de Warner Brothers arrive début 1966 par la poste. Il est adressé à Miss Elizabeth Taylor. Le titre, *Who's afraid of Virginia Woolf (Qui a peur de Virginia Woolf ?)* la hérisse aussitôt, car elle a vu la pièce de théâtre d'Edward Albee et l'a aussitôt détestée.

Richard lui conseille de lire quand même le scénario d'Ernest Lehman, qui est aussi le producteur du film, car il considère Albee comme l'un des plus talentueux nouveaux dramaturges.

Elizabeth s'exécute, mais elle a un véritable rejet pour cette histoire de Martha, une femme grosse, vulgaire et grossière, fille du doyen de l'université et femme de George, un professeur d'histoire assez falot qu'elle torture littéralement. Martha et George rentrent d'une soirée assez éméchée en fredonnant la comptine « Qui a peur de Virginia Woolf ? » sur l'air du grand méchant loup. Mais Martha, à la demande de son père, le sévère doyen, a invité un jeune couple, Nick, professeur de biologie, joué par Gilles Segal, et Honey, jouée par Sandy Denis, pour venir boire un dernier verre dans leur maison. Le jeune couple trouve leurs hôtes ivres et en pleine dispute. Ce qui aurait pu être une soirée sympathique tourne au cauchemar, avec règlement de comptes violents entre Martha et George devenant contagieux et se reportant sur les innocents Nick et Honey. Plus la nuit avance, plus les deux couples boivent et plus les insultes, menaces et vengeances pleuvent. Tout ce que chacun a accumulé de rancune et de haine, remonte à la surface.

À trente-quatre ans, Elizabeth est toujours la plus ravissante des femmes. Élégante, fine, sa beauté demeure lumineuse. Comment jouer cette virago de cinquante ans, hurlante, ricanante, mordante, bouffie d'alcool et de graisse, poursuivant son mari de ses sarcasmes et de son mépris ?

Non, c'est décidé, elle va refuser ce rôle qui ne lui convient pas. Richard lit à son tour le script. Ébloui par le style d'Albee et le sujet décapant, il tente de convaincre Elizabeth :

— Voyant Burt ! (Il adore lui donner des surnoms, tels que Fred, Sam. Elle s'amuse et, moqueuse, l'appelle Agatha). Il suffit de lire les premières lignes pour savoir que c'est un sujet grandiose, fantastique, unique. Quelle belle opportunité pour toi de jouer un contre-emploi ! C'est le métier même de tout bon acteur, du reste c'est ce que je viens de faire dans *L'Espion* et cela ne m'a pas si mal réussi ! Non, crois-moi, ne laisse pas une autre actrice jouer ce rôle, tu le regretterais.

Elizabeth a toujours réponse à tout. Elle regarde froidement Richard :

— Parfait… Si tu aimes tant ce script, pourquoi ne joues-tu pas George, le mari raté, si lâche, de cette horrible Martha ?

— Mais on ne me l'a pas proposé ! rétorque Richard.

Elizabeth hausse les épaules.

— À d'autres ! Je connais la tactique des studios et des producteurs. Tu ne l'as pas comprise ? Pour nous séduire, ils envoient un script à l'un d'entre nous avec l'espoir que nous ferons une proposition à deux… Oui je sais, Laurel et Hardy pour la quatrième fois, mais si tu crois vraiment à ce sujet, alors on fonce !

Et ils ont foncé à deux, main dans la main. Elizabeth touche son million habituel plus le bonus de cent mille dollars. Richard ses sept cent cinquante mille dollars, plus les à-côtés, et comme Elizabeth, un beau pourcentage. Il faut simplement admirer leur honnêteté professionnelle quand, à la fin du film, il y eut un dépassement catastrophique de trente-cinq jours de retard. C'était énorme pour la production. Elizabeth et Richard, par contrat, auraient pu réclamer un million de dollars supplémentaires. Ils empêchèrent leurs avocats de le faire pour sauver le film qui se tournait dans le Massachusetts. Ils avaient tous deux imposé leur réalisateur, Mike Nichols, un grand homme de théâtre, metteur en scène et réalisateur de télévision, car ils avaient remarqué son talent sur le petit écran et c'est ainsi qu'avec *Virginia Woolf*, Mike Nichols continua, grâce à eux, sa brillante carrière au cinéma. Toute leur vie, Elizabeth et Richard ont ainsi découvert des talents pour les propulser en haut du métier, en prenant eux-mêmes des risques.

Le sujet de *Virginia Woolf* avait déjà fait scandale au théâtre, cela continua au cinéma, plus violemment. On était complètement pour, ou totalement contre. Et encore, heureusement, après une grande discussion avec Jack Warner, Mike Nichols, Ernest Lehman, Elizabeth et Richard, tous décidèrent de couper un certain nombre de mots tels que « Goddam » (nom de Dieu), « Bastard » (salaud), « Bugger » (pédé), « Son of a bitch » (fils de pute), « couille droite » et « scrotum ». Les spectateurs, pudibonds, n'ont jamais su à quoi ils avaient échappé !

Professionnellement, pour Elizabeth et Richard, ce fut un triomphe total. Richard réitérait sa performance de *L'Espion*. Il était en droit d'espérer un oscar pour sa performance de mari battu ! Ce ne fut pas lui qui obtint la statuette, mais Elizabeth, qui fut « nominée » pour son second oscar. Elle avait toutes les chances de le recevoir.

Le film en obtiendra cinq. Elizabeth hésitait à se rendre à la cérémonie des oscars. Irait-elle chercher seule sa statuette dorée ? Richard refusait d'y aller, estimant, probablement à juste raison, que Hollywood le boudait. Bonne épouse, Elizabeth se décommanda. Jack Warner était furieux.

— Liz, vous sciez la branche sur laquelle vous êtes assise ! lança-t-il, vindicatif.

Elle tint bon et resta auprès de Richard, assez vexé d'être battu par un vieux rival, Paul Scofield, qui reçu l'oscar pour son interprétation de Thomas More dans *A Man For All Seasons (Un Homme pour l'éternité)*.

Beau joueur, il lui envoya un télégramme de félicitations qui toucha beaucoup Scofield. Cependant, il y eut de beaux lots de consolation. Richard reçut le prix très envié de la « British Film Academy » et l'Italie leur attribua à tous les deux les « Masques d'argent », récompense réservée aux meilleurs acteurs de films étrangers.

En fait, *Virginia Woolf*, qui choquait nombre de puritains, se révéla, pour Elizabeth et Richard, leur plus grand triomphe. Ce fut probablement le moment où ils atteignirent en même temps le summum de leur carrière et l'apogée de leur talent.

Ils prétendirent après que « l'engueulade monstrueuse » de trois mois devant les caméras de Nichols n'avait pas rejailli sur leur couple. Qu'ils savaient faire la différence entre les personnages et leur vie privée. Pour tous leurs amis, et leur entourage le plus proche, ceux-ci déclarèrent qu'ils avaient senti un changement dans leur couple après ce film, d'autant plus qu'ils allaient bientôt continuer avec une autre gigantesque scène de ménage, dans un grand classique.

Juste après *Virginia Woolf*, début 1966, Richard souhaita tenir une promesse faite au professeur Nevill Coghill de Oxford, celui-là même qui avait déclaré, après l'audition du jeune Richard, « C'est un génie ». Le professeur Coghill cherchait de l'argent pour construire un vrai théâtre à Oxford. Il s'est tourné vers Richard, son ancien élève, et celui-ci lui répond au-delà de ses espérances. Non seulement il offre cent mille dollars, mais de plus, il accepte avec Elizabeth de jouer dans *La Tragique histoire du docteur Faust*, de Christopher Marlowe (le dramaturge élisabéthain rival de Shakespeare), pièce montée par les étudiants. Accepter de jouer avec des jeunes amateurs est un pari follement dangereux et incroyable pour des stars telles que Richard et Elizabeth. Mais Richard tenait à rendre au professeur Nevill Coghill tout le bien qu'il lui avait fait.

Après *Virginia Woolf,* Richard est fatigué. Il n'a pas eu le temps de prendre le moindre repos. Pour Elizabeth, c'est plus facile, car son rôle d'Hélène de Troie est muet. Tandis que Docteur Faust a de très nombreuses et longues tirades à la Marlowe.

Richard travaille comme un fou durant dix jours. Il s'occupe de tout, des costumes, du jeu des autres acteurs, de la mise en scène. Devant cinquante photographes, des caméras de télévision et cent journalistes, Richard rend hommage au professeur Coghill, qui a offert sa vie à Oxford et a fait tant de bien aux jeunes étudiants, à commencer par lui-même. Il est fort applaudi.

Le lendemain a lieu la Première devant une salle bondée, mais il est évident que la troupe et Richard lui-même ne sont prêts qu'à moitié. La presse épingle vertement Richard en écrivant : « Le théâtre universitaire avec Richard Burton est au plus bas ! » C'est vraiment dur.

Heureusement, dans le « *Western Mail* », un jeune journaliste acclame Richard en écrivant que « Faust est la meilleure interprétation de sa carrière ». Elizabeth reçoit tous les éloges pour sa Belle Hélène. Elle est somptueuse avec une robe bleue brodée de diamants et dans ses cheveux la tiare de Mike Todd. Elle est très applaudie. « C'est la première fois que je monte sur les planches comme actrice et j'adore ! », déclare-t-elle.

Dès le lendemain, Richard refait travailler toute la troupe. Il peaufine son texte, le répète plusieurs fois et pendant les dix jours que dure le spectacle, la salle ne désemplit jamais. Les nerfs solides, Richard mène le bateau jusqu'à la dernière représentation. Il a gagné son pari et peut remettre tout l'argent des recettes à son professeur qui pourra avoir son théâtre. Ceci est un exemple frappant de la générosité de ce couple qui au fond avait tout à perdre et rien à gagner hormis des coups bas, en allant ainsi s'exposer à Oxford.

Combien de stars, aujourd'hui, mettraient leur réputation en péril en jouant avec des amateurs, pour permettre à un vieux professeur de réaliser son rêve ? Selon nous, elles donneraient plutôt de l'argent, mais ne monteraient pas sur scène, surtout pour une pièce de Christopher Marlowe, probablement encore plus dure à interpréter que Shakespeare. Bien que de nombreux « spécialistes fanatiques » aient prétendu que Marlowe, espion-voyou-et-génie, était « le nègre » de Shakespeare et que Shakespeare, acteur et auteur, était celui de Marlowe. Allez savoir !

Après ces deux semaines sur les nerfs, Elizabeth et Richard ont juste le temps d'aller se reposer quelques jours sur la Côte d'Azur, puis direction Rome où les attend Franco Zeffirelli pour tourner *The Taming of the Shrew (La Mégère apprivoisée)* de... justement William Shakespeare !

La dolce vita

— Ici, nous devons prendre des précautions ! décide Richard.

Elizabeth l'approuve. Tous deux se souviennent des courses folles la nuit pour échapper aux paparazzis romains.

Outre leur garde rapprochée composée de Bob Wilson, Gaston leur chauffeur français, Raymond Vignole, Ron Berkeley, Gianni Bozzachi, Claudie Bozzachi, etc. Richard engage de ses propres deniers huit gardes du corps supplémentaires et une véritable police privée de six gros bras. En fait, ils s'étaient bien juré tous les deux de ne plus jamais remettre les pieds dans la Ville Sainte. Elizabeth ne se souvenait que trop des insultes du Vatican et de tous les articles injurieux.

— Il faut croire qu'on avait bu un coup de trop et que cela nous avait fait perdre la boule pour accepter d'y retourner ! déclare Richard en riant.

En fait, toute la décision s'est passée à Dublin pendant le tournage de *L'Espion.* Franco Zeffirelli portait depuis longtemps l'idée de faire un remake de *La Mégère*, jouée en 1929 par Douglas Fairbanks et Mary Pickford. Franco Zeffirelli est à l'époque un comédien, décorateur, metteur en scène de théâtre et d'opéras, mais il n'a jamais fait de cinéma. Après avoir pensé à Sophia Loren et Marcello Mastroianni, l'idée du couple Burton s'impose à lui.

Après avoir obtenu un rendez-vous le 6 février 1965 avec Richard, Zeffirelli, sur le chemin de l'hôtel, s'inquiète et se demande comment va se passer la rencontre avec ce couple Burton dont on parle tant. Il s'étonne de voir dans Dublin (où richard tourne *L'Espion*) des gens chantant, dansant et ripaillant. La ville est couverte de drapeaux irlandais et le peuple est en liesse. Un quidam informe Franco que tous ces Irlandais fêtent en chantant et dansant depuis une semaine la mort de leur vieil ennemi Winston Churchill ! En fier Italien très pieux, Franco Zeffirelli est choqué. Il se rend à ce rendez-vous dont il n'attend rien de bon, et espère rentrer le plus vite possible en Italie, là où les gens respectent la mort, même d'un ennemi.

Quand Franco pénètre dans la suite des Burton, une scène incroyable s'y déroule. Elizabeth, en petite tenue, court après un singe qui casse tout sur son passage. La bonne a le visage sanguinolent, griffé par l'animal qui piaille, gémit, crie, s'accroche aux rideaux, renverse les lampes, casse les vases. Elizabeth hurle au secours pour que Richard vienne l'aider à maîtriser cette malheureuse bête.

Il lit, tranquillement assis dans un fauteuil, mais se lève comme si de rien n'était pour accueillir fort civilement Franco Zeffirelli, tandis que Liz hurle à son mari :

— Richard ! Au secours ! Viens m'aider !

Richard fait tranquillement signe à son visiteur de prendre place pour parler du projet. Franco essaie de donner son point de vue sur *La Mégère apprivoisée*, tandis que Liz hurle :

— Richard, arrête de parler de ton maudit Shakespeare et ramène-toi !

Très calmement, il répond :

— Veux-tu cesser avec ce macaque et venir discuter avec cet homme qui est un magnifique metteur en scène de théâtre ? Tu pourrais au moins te montrer aimable à son égard…

— Je me moque de ce qu'il pense de moi… Je veux qu'on m'aide avec ce singe !

Franco déclare, dans ses mémoires fort amusants, que la querelle entre Liz et Richard se poursuit à l'instar de celle de Katharina et de Petruchio dans *La Mégère apprivoisée.* Zeffirelli suit toute la scène bouche bée. Il ne lui manque que la caméra. Franco « voit » déjà le couple s'affronter dans leurs rôles. Il est sûr de l'accord de Richard, mais comprend qu'il faut convaincre Elizabeth. C'est elle qui se tourne, rouge et décoiffée, vers Zeffirelli.

— Pourriez-vous m'aider ? Sachez que je ne pourrais jamais m'entendre avec quelqu'un qui n'aime pas les animaux ! susurre-t-elle en lui lançant un regard irrésistible.

Franco suit Liz dans la salle de bains où s'est réfugié le petit singe. Il se rend compte que le malheureux est en fait terrorisé. Prenant une serviette éponge, Franco réussit à saisir l'animal, il le caresse, le berce, le calme et le rend, soudain très docile, à sa maîtresse… Au sourire que Liz lui lance, Franco comprend que le projet va aboutir.

Franco Zeffirelli écrira plus tard qu'il existait un point commun entre toutes ses premières rencontres avec des gens célèbres : Luchino Visconti, Coco Chanel, Anna Magnani. Chaque fois qu'il fit leur connaissance, c'était au moment où ils se livraient à un accès de rage mélodramatique. Elizabeth et Richard faisaient partie de ces monstres sacrés, indisciplinés, fougueux comme des chevaux sauvages. Et Zeffirelli rentre à Rome, sûr que le projet va se réaliser. Les préparations des décors et costumes élisabéthains, si importants pour la beauté du film, commencent rapidement.

Fait exceptionnel, Elizabeth et Richard ne prennent aucun cachet. Ils seront au pourcentage. C'est sur cette base que le film peut se faire, car nombre de producteurs rechignent à s'engager sur « un script » de Shakespeare ! Il faut dire que Zeffirelli et ses scénaristes, Paul Dehn et Suco Cecchi d'Amico, ont beaucoup adapté et coupé de grands pans de la pièce, trop longue pour l'écran. Richard lui-même collabore à la mise en scène. Il boit moins et ce travail lui plaît. Alexandre, le coiffeur, arrive avec toutes sortes de perruques de style Renaissance pour Elizabeth et l'ambiance amicale est excellente. Pas d'énervement. Pourtant, tout le monde connaît l'histoire de *La Mégère.* Il s'agit encore de gigantesques scènes de ménage. Le « pitch » est celui-ci :

Baptista, riche seigneur de Padoue, a deux filles. La cadette, Bianca, est douce et obéissante, tandis que l'aînée, Katharina, est une véritable furie qui terrorise tout le monde. Tous les prétendants veulent épouser Bianca, aucun n'ose approcher Katharina.

Seul Petruchio, gentilhomme de Vérone, feint de trouver Katharina charmante. Plus elle le repousse, plus il fait sa cour, se bat avec elle, et réussit à la mener au mariage. Mais, ramenée dans son château délabré, exprès, Petruchio soumet sa femme à toutes les humiliations. Il l'affame et la prive de sommeil. Il l'empêche de se vêtir avec élégance et l'oblige à répéter les choses les plus absurdes, par exemple que « le rayonnement du soleil n'est autre que le clair de lune ».

Au banquet réunissant les couples Petruchio et Katharina, sa sœur Bianca et son mari Lucentio, les maris font un pari sur la docilité de leurs épouses. C'est Petruchio qui le gagne, car *La Mégère apprivoisée* fait un discours assez ironique sur l'obéissance que toute femme doit à son mari. Petruchio est ravi, mais on peut penser, surtout joué avec finesse par Elizabeth, que sous prétexte de douceur, ce sera de fait l'épouse qui portera la culotte.

Il n'y aura aucun accrochage avec le metteur en scène sur ce tournage. L'ambiance est vraiment délicieuse. Les disputes n'ont lieu que devant la caméra et là, les Burton se déchaînent, s'étripent, s'injurient, se battent avec passion et allégresse.

La paix entre les deux vedettes et les paparazzis est bien signée. En dehors du tournage, Elizabeth et Richard peuvent se laisser aller à la *dolce vita*. Ils adorent maintenant cette Italie qu'ils ont détestée pendant *Cléopâtre*. Le soir, ils vont dîner dans de simples trattorias et tante Lide, la propre parente de Franco Zeffirelli, leur fait des pastas magnifiques. Ils osent se promener sans crainte, main dans la main, dans Rome la nuit, *piazza* d'Espagne.

Elizabeth dira plus tard :

— Pour nous, ce fut notre vrai voyage de noces.

Avant de partir pour Rome, Elizabeth avait reçu la proposition de tourner le rôle de Léonora, une nymphomane, dans *Reflets dans un œil d'or*, une adaptation du roman de Carson Mc Cullers. Aussitôt, Elizabeth pense à son ami Montgomery Clift pour jouer l'officier homosexuel refoulé. Monty, qui n'a guère travaillé depuis cinq ans, est au creux de la vague. Fou de joie, il remercie sa Bessie Mae et accepte avec joie. En revanche, le producteur de la Warner Bros, Ray Stark, avise Elizabeth que les assurances n'acceptent plus de courir le « risque Monty ». Obstinée, Elizabeth s'engage alors à déposer son cachet d'un million de dollars en garantie, sinon, déclare-t-elle à la Warner, ils se passeront de sa présence pour *Léonora*. Et les producteurs acceptent !

Folle de joie, Elizabeth appelle Monty pour lui dire, triomphante :

— « Ils » sont à notre botte, baby !

Monty, reconnaissant, murmure :

— Bessie Mae, tu es la seule qui ne m'ait jamais laissé tomber.

Le tournage de *Reflets dans un œil d'or*, sous la direction de John Huston, doit commencer dès que

La Mégère sera terminée. C'est-à-dire en septembre 1966.

Le 22 juillet, le téléphone sonne en pleine nuit chez les Burton. Richard décroche. C'est Roddy Mc Dowall, bouleversé. Il annonce la mort brutale de Monty d'une crise cardiaque. Il n'avait que quarante-cinq ans. Richard, consterné, doit annoncer la nouvelle de cette fin si brutale à sa femme. Elizabeth s'effondre en larmes.

— Je n'arrive pas à y croire, je l'aimais tant, c'était mon frère, déclare Elizabeth, les yeux cachés par des lunettes noires, le lendemain, aux journalistes.

Impossible d'abandonner *La Mégère.* Richard et Elizabeth ne peuvent se rendre à New York aux obsèques de Monty. Deux énormes bouquets de chrysanthèmes blancs tentent de les remplacer, avec ces mots : « Repose en paix, pauvre âme tourmentée. Elizabeth et Richard ».

Richard connaissait peu Monty tout en admirant son talent. C'est un grand chagrin pour Elizabeth. Elle annonce aussitôt qu'elle va faire un don d'un million de dollars pour la Fondation Montgomery Clift, administrée par des savants pour la recherche sur les maladies du cœur.

Elizabeth et Richard seront toujours très généreux. Pendant le tournage de *Becket*, la femme d'un technicien vint voir son mari, accompagnée de son petit garçon, lequel avait un pied bot. Très émus par l'enfant, Richard et Elizabeth payèrent aussitôt, et très discrètement, l'opération du petit infirme. Il remarchera tout à fait normalement.

À Budapest, Claudie Bozzachi nous racontera que sa sœur, complètement fauchée et en instance de divorce, ne pouvait se faire opérer d'un ennui féminin fort grave. Là encore, Elizabeth trouva et paya le chirurgien et la clinique de luxe, où fut hospitalisée la sœur. Dès le lendemain de l'opération, Elizabeth fit envoyer à la convalescente un énorme bouquet de muguet (on était en hiver) dans sa chambre. Toute la clinique était aux petits soins pour la protégée d'Elizabeth. Chirurgiens, docteurs, infirmiers et directeurs venaient frapper à la porte « juste pour apercevoir le somptueux bouquet d'Elizabeth Taylor ».

La liste des bienfaits ne tiendrait pas sur cent pages. Simplement en comptant toute la famille Jenkins, passée de la pauvreté (la famille n'avait même pas autrefois les dix livres nécessaires pour l'enterrement de la maman de Richard), à l'opulence. Tous, absolument tous, au nombre d'une cinquantaine, avec les enfants, neveux et les petits-enfants des frères et sœurs de Richard, devinrent grâce à lui éduqués et possesseurs de maisons et d'un métier.

La vie continue à Rome, le film se termine dans la joie, et il faut entamer la post-synchronisation. Mais il n'en est pas terminé des tournages dans la Ville

Éternelle. Richard, toujours pour faire plaisir à son professeur Nevill Coghill, fait une version filmée de *La Tragique histoire du docteur Faust*, avec Elizabeth encore dans le rôle d'Hélène de Troie, et les élèves d'Oxford dans les autres rôles. Richard en assure avec Coghill la mise en scène, toujours pour une bonne cause, celle d'Oxford, ce sera la plus grand four financé et coproduit par Richard avec Columbia Pictures. Certains journalistes l'appelleront « La tragique histoire de Richard Burton ».

Mais tout s'oublie vite car un grand drame bouleverse toute l'Italie. Florence, la ville des Médicis, est totalement inondée par l'Arno. La rivière sort de ses digues. Les rues deviennent des fleuves. Cinquante personnes sont noyées, des centaines de voitures emportées par les flots. Les monuments admirables de Michel-Ange, les collections, sont souillés car l'eau boueuse monte jusqu'au troisième étage des musées. Un million de manuscrits sont enfouis dans la vase. Quand Elizabeth voit les images à la télévision, elle sanglote. Richard demande à Franco en quoi ils peuvent être utiles. Les Burton veulent aider à reconstruire la ville. Outre des dons d'argent, ils cherchent à faire mieux. Franco décide de tourner un documentaire sur la tragédie. Il demande à Richard de commenter les images. Ce qu'il fait, bien sûr bénévolement, en anglais et aussi en italien. Liz fait répéter son mari. Elle l'encourage en allant le voir et lui apporter à manger, peut-être aussi à boire, dans le studio d'enregistrement. Avec un travail formidable de jour et de nuit, Richard maîtrise l'accent italien. Ce film sort sur les écrans. Il fera le tour du monde, rapportera vingt-cinq millions de dollars pour la ville, la réhabilitation des trésors florentins et aussi pour les habitants qui ont tout perdu.

La Première de *La Mégère apprivoisée*, à Londres, a lieu en présence de la reine d'Angleterre, qui rit beaucoup des disputes de Katharina et Petruchio. Pour ses invités personnels, Richard a réuni les quarante personnes de sa famille et une centaine d'amis. Il les loge tous au Dorchester.

Accompagnée de son époux, Lord Snowdon, la princesse Margaret félicite beaucoup Richard et Elizabeth. Tous les vieux copains sont là : Stanley Baker, Emlyn Williams, Tim Hardy, William Squire.

Le lendemain matin, Elizabeth et Richard attendent les critiques. Dans l'ensemble, elles sont très bonnes. Seul, le *Daily Mirror* écrit en première page et en gros titre : « *La Mégère apprivoisée* : une journée chez les Burton ». Finalement, cette pique fait rire le couple. Après tout, ils s'en fichent. Si on veut les confondre tout le temps avec leurs rôles, à quoi bon protester ?

Pour se consoler, ils s'achètent un yacht de quarante-neuf mètres qu'ils baptisent *Kalizma*, d'après le nom de leurs trois filles, Kate, celle de Richard, Liza et Maria, celles d'Elizabeth.

Elizabeth est ravie. Elle va pouvoir venir à Londres avec tous ses animaux, sans faire la terrible quarantaine anglaise. Ses toutous chéris resteront dans le yacht amarré à un quai de la Tamise. Elizabeth et Richard ont acheté ce magnifique bâtiment quatre-vingt-dix mille livres, mais ils en dépenseront autant pour l'aménager. Puisqu'on ne peut les descendre à terre, les chiens, font pipi partout. Il faudra changer toutes les semaines les moquettes du bâtiment !

Et le *Kalizma* part pour de courtes vacances avec ses propriétaires à Portofino en Italie, où Elizabeth et Richard vont pouvoir prendre enfin un peu de détente.

Dans le port de Portofino, une solide Galloise du nom de Gladys, ancienne camarade d'école de Richard qu'elle a bien sûr perdu de vue, fait un tour organisé en Italie. Dans le car, elle avoue aux autres touristes qu'elle a bien connu Richard Burton dans son enfance. Et voilà que le guide italien emmène tout son groupe dans le port de Portofino.

Alors qu'ils aperçoivent le *Kalizma* dont tout le monde parle, les touristes supplient Gladys d'aller tenter de rencontrer son ancien copain de classe, pendant qu'ils restent dans le car. Elle proteste, hésite, et puis, poussée par tous, elle descend s'approcher du bastingage, gardé par un Sicilien barbu et portant un fusil en bandoulière.

— Puis-je parler à M. Richard Burton, s'il vous plaît ? demande timidement Gladys.

— Qui êtes-vous ? demande le barbu, méfiant.

Assez tremblante, elle donne son nom. Le garde, méprisant bien sûr, ne bouge pas et fait signe aussi à tous les touristes restés dans le car de déguerpir.

À cet instant, une voix, « la » voix totalement inimitable de Richard vient du pont intérieur et lance en gallois :

— C'est vraiment toi, Gladys !

Il apparaît, suivi d'Elizabeth. Tous les touristes restent pétrifiés derrière les vitres du car. Richard prend Gladys dans ses bras et l'embrasse.

— Tu restes avec nous pour déjeuner, déclare Richard avec un coup d'œil pour Elizabeth qui acquiesce.

— Merci, Rich, mais c'est impossible. Je ne peux lâcher tout le groupe.

Richard jette un regard vers le car et ses occupants.

— Allons, qu'ils viennent déjeuner eux aussi ! T'es d'accord, Fred ? lance-t-il à Elizabeth.

Amusée, elle hoche la tête. Avec caviar et champagne coulant à flots, les cinquante-trois touristes plus Gladys et le guide resteront quatre heures à bord. Sans doute les plus belles de leur existence, à rire et à discuter en compagnie de Richard et Elizabeth, aussi simples que détendus.

C'était le genre de surprises de la vie que les Burton adoraient autant l'un que l'autre.

Comme des baladins

— Ramène-toi, Fred !

— Minute, Agatha !

— On part dare-dare, ma poule !

— Oh ! Ça va, dad !

— Allez ! Ou j'y vais tout seul, Burt ! Laisse courir, fillette !

Les départs sont toujours épiques. Elizabeth et Richard ne cessent dans la vie de se chamailler en inventant des surnoms. Richard chahute Elizabeth avec des « Fred », « Burt », « Sam ». Elizabeth se moque de lui en l'appelant « Agatha », « dad » ou « gran pa » et « fillette ».

Alors, il répond avec des « ma poule ! », mais Elizabeth sait que pour lui, ce mot est très doux : en gallois, sortir avec sa poule, c'est se promener avec sa fiancée.

Dans les années 1643, Molière voyageait avec son « Illustre Théâtre », en chariot tiré par des boeufs. Désormais, en 1967, Elizabeth et Richard mènent la vie des « gens du voyage », mais de superluxe, dans leur propre jet, yacht, ou Rolls Royce gris métallisé.

Leur vie trépidante se passe entre Paris, Rome, Las Vegas, Beverly Hills, Londres, Gstaad ou Puerto Vallarta au Mexique, et bientôt l'Afrique.

Ils ne cessent de se déplacer à travers le monde, aussi bien pour le travail que pour le plaisir, malgré la fatigue, les méfaits du jet-lag, les décalages horaires épuisants. Ils ne sont jamais seuls mais suivis de leur entourage habituel : la ménagerie de chiens et chats, les enfants, amis, secrétaires, coiffeurs, maquilleurs. Même Sara Taylor, évincée un moment, est revenue en grâces auprès de sa fille. À sa grande joie, elle fait souvent partie du voyage. Quant aux malles, valises et sacs, Richard, à l'inverse de Rex Harrison, ne les compte plus. En revanche, il s'énerve parfois contre Elizabeth et sa suite, car lui pourrait se déplacer avec juste un sac de voyage, affirme-t-il. Il peste contre leur existence de cinglés, mais Elizabeth est inflexible. Elle ne veut rien changer à son train de vie. C'est « sa » vie.

Ils se séparent très momentanément pour un film : Elizabeth revient à Rome pour tourner *Reflexions in a Golden Eye (Reflets dans un oeil d'or)*. Malheureusement sans Monty, mais avec un autre « fauve » le remplaçant : Marlon Brando. C'est une production de la Warner Brothers et Seven Arts. Le metteur en scène est John Huston.

L'action se passe dans un fort militaire en temps de paix. Léonora Penderton (Elizabeth) est négligée par son mari, officier et homosexuel (Marlon Brando). Pour se consoler et apaiser ses sens, elle a une aventure avec un collègue de son époux défaillant (Brian Keith). Mais le mari n'a d'yeux que pour un jeune soldat au superbe physique (Robert Forster). Celui-ci ignore totalement les avances de l'officier car il est fou amoureux de sa femme Léonora. L'histoire se termine dramatiquement par les hurlements stridents de Léonora découvrant un cadavre dans sa chambre. Lequel ?

Ce scénario peut faire penser à la tragédie de Racine : Andromaque aime Hector, son mari mort, mais Pyrrhus le vainqueur aime Andromaque, tandis qu'Oreste aime Hermione, mais celle-ci aime Pyrrhus ! C'est un peu compliqué, comme *Reflets dans un oeil d'or.* Elizabeth a l'habitude de tourner avec John Huston. Elle prépare toujours beaucoup ses rôles et en général, la première prise est toujours la bonne. En revanche, Marlon Brando fignole, reprend ses scènes un grand nombre de fois et ne fait jamais la même chose. C'est très déstabilisant pour Elizabeth. Huston, qui admire Brando, laisse faire. Elizabeth est bien obligée, aussi, mais cela l'agace profondément.

Dans une scène qu'ils tournent tous deux à cheval, Marlon Brando montre une telle frayeur des équidés qu'Elizabeth, très bonne cavalière, se demande si

Marlon n'exagère pas sa peur pour mieux pénétrer dans son personnage.

Étrange et superbe Marlon Brando. Il arrive le premier sur le plateau. Il est très sobre et ponctuel, mais ne fait aucune réflexion à Elizabeth, toujours en retard. Mieux, leur étrange attelage paraît s'entendre.

Richard, venu rejoindre sa femme, prend l'habitude d'arriver tôt le matin comme Marlon Brando sur le plateau pour le regarder travailler. Des journalistes, mis au courant, écrivent que Richard Burton est jaloux de Marlon Brando. Il craint que le beau Marlon ne lui pique Elizabeth.

Il semble qu'il n'en est rien. Richard admire profondément Marlon. Il écrira même ces mots sur lui : « Il (Marlon) possède une réelle profondeur. Ce n'est pas par accident qu'il est un acteur aussi impressionnant. Il joue bien sûr la comédie en faisant semblant de paraître moins précis qu'il ne l'est réellement. J'ai pourtant remarqué que rien ne lui échappait et qu'il savait toujours où il allait avec son personnage. »

Finalement, Richard et Marlon vont très bien se comprendre. Au début, Elizabeth est désarçonnée par le style Brando, mais elle deviendra ensuite très amie avec lui.

Le résultat du film est mitigé. Les spectateurs adorent ou détestent. Les critiques trouvent Elizabeth fort sensuelle. L'actrice ne prend pas cette appréciation pour un compliment. Pourtant, jamais Elizabeth ne reniera ce film étrange, beau, froid, brûlant et irréel. Ni raté, ni totalement réussi.

Mais, « Laurel et Hardy » se retrouvent avec bonheur afin de tourner leur septième film ensemble. Pour mémoire, ils ont déjà été réunis dans bien sûr *Cléopâtre*, ensuite *V.I.P.'s*, *Le Chevalier des sables*, *Qui a peur de Virginia Woolf*, *La Mégère apprivoisée*, *La Tragique histoire du docteur Faust* (film à oublier). Voici maintenant *The Comedians (Les Comédiens).*

Le titre leur va très bien. L'histoire est censée se passer en Haïti sur fond de magie et de vaudou, avec la corruption grouillant sous la misère, et les bâtons menaçants des Tontons Macoutes de « Papa Doc ». Richard incarne Brown, un homme à la dérive, chrétien déchu tenant un hôtel délabré, Le Trianon, entretenant une liaison avec Martha Pineda (Elizabeth), épouse d'un ambassadeur latino-américain. Leurs partenaires sont de grande classe : Peter Ustinov, Alec Guinness, « la cathédrale en personne », et l'insubmersible Lilian Gish, que nous avons souvent rencontrée à New York dans les années quatre-vingt, chez notre ami, le grand impresario Milton Goldman. Lilian, véritable survivante de l'époque du muet, avait alors près de quatre-vingt dix ans et se portait comme un charme. Elle nous a beaucoup parlé de ce film censé se passer à Haïti, mais tourné en fait au Dahomey, devenu en 1957 le Bénin.

Il fallait reconstituer l'ambiance de terreur dans un paysage de rêve, maintenu par une police maudite, cousine de la Gestapo, avec les tortures, les barrages sur les routes et les rebelles luttant dans les collines.

Lilian dira que, malgré la chaleur humide, les moustiques et les dures conditions du tournage, jamais Elizabeth ni Richard, souffrant pourtant désormais tout le temps d'une arthrite chronique, ne se plaignirent.

Richard est parfait dans son rôle de solitaire cynique voulant ignorer les cruautés du régime dictatorial de Papa Doc. Dans ce film, Elizabeth n'a finalement qu'un second rôle. Pour la première fois, son cachet est inférieur à celui de son mari. Il touche sept cent cinquante mille dollars. Elle, « seulement » cinq cent mille.

Mais la critique remarquera sa performance, écrivant : « Elizabeth est à la fois souriante et blessée, elle a l'intuition et l'instinct des grands fauves de théâtre. »

Richard aussi. Il est magnifique quand cet égoïste, qu'il interprète, rejoint la cause des rebelles et devient un révolutionnaire idéaliste.

Lilian Gish nous dira : « Le climat était atroce, chaud, et avec une humidité de cent pour cent ! On dégoulinait de sueur. Les maquilleurs avaient du travail. Ils ne cessaient de nous éponger. Elizabeth et Richard buvaient énormément, mais pas seulement du thé ! Ce qu'ils ingurgitaient tous les deux d'alcool m'effrayait, mais ils étaient toujours ponctuels, même Elizabeth, et connaissaient leur texte. Ils étaient bons dès la première prise, la présence d'Alec (Guinness) et de Peter (Ustinov) y était peut-être pour quelque chose. Elizabeth et Richard les admiraient autant qu'ils les aimaient. Moi, j'ai osé dire avec précaution à Richard que son arthrite venait « peut-être » d'un « peu » trop d'alcool. Il s'est contenté de m'embrasser sur le nez en m'appelant « Divine Lilian », et il alla aussitôt prendre une double dose de whisky. Mais je garde un très bon souvenir de ce couple glamour. Ils étaient si beaux et amoureux. Personne ne pouvait résister à leur charme. Un matin, sous un parasol, Elizabeth, candide, m'a dit en regardant Richard tourner : « Moi, je ne suis finalement qu'une poupée. Richard, lui, est un immense acteur ! »

Je suis restée pantoise d'entendre la plus célèbre actrice du cinéma être si humble ou si éprise. L'avantage du Dahomey pour Elizabeth et Richard, c'est que personne, parmi la population noire, ne les connaît. Ils sont juste des Blancs parmi les Blancs, avec « ceux de la caméra ». Alec Guinness doit tourner une séquence très longue de quatre minutes face à Burton hors champ qui est censé l'écouter. Alec dira : « De ma vie, jamais un acteur ne m'a aussi bien soutenu par son seul regard. » Quel beau compliment ! Le même genre d'aventure arrivera à Edward Meeks (coauteur de ce livre), à Budapest, dans *Barbe Bleue.* Richard venait toujours soutenir un camarade en gros plan, remplacer un assistant ou une feuille blanche pour aider la direction du regard. À notre connaissance, il était une des rares vedettes à se donner cette peine.

Pendant le tournage, Elizabeth remporte le prix des critiques new-yorkais pour *Virginia Woolf.* Marlon Brando se repose dans le chalet Ariel de Gstaad qu'elle lui a prêté. Elle lui télégraphie pour lui demander de bien vouloir aller chercher sur scène le prix à sa place quand il rentrera à New York, en l'excusant bien sûr de ne pas pouvoir y aller elle-même.

Toujours imprévisible, Marlon Brando s'y rend, mais reproche aux critiques de ne pas l'avoir donné aussi à Richard Burton qui était sublime dans le rôle de George. Enfin, comme Brando ne fait jamais rien comme personne, il reprend l'avion pour venir lui-même au Dahomey remettre le prix entre les mains d'Elizabeth. Et il reste quelques jours en Afrique à regarder tourner ses amis.

— Quel sacré type ! déclare Richard, très ému par ce geste et aussi ses reproches à la critique new-yorkaise.

Malgré la chaleur, les moustiques, les lézards et les scorpions effrayant à juste raison Elizabeth, tous deux reprennent leur jet en direction de l'Europe. Ils déclarèrent qu'ils ont toujours gardé la nostalgie du Dahomey et de cet océan mystérieux face à leur maison cachée dans les dunes.

Désormais, les Burton font partie de la jet-set. Ils dînent avec les Rothschild, le duc et la duchesse de Windsor, Onassis et la Callas, puis bientôt Onassis et Jackie Kennedy, les princes Rainier et Grace de Monaco. Richard est un grand admirateur du talent de Grace Kelly et de sa classe comme princesse régnante. Il parle avec fierté de leur yacht et déclare que le *Kalizma* déplace deux cent quatre-vingt mille tonneaux et possède trois moteurs. Il y a sept cabines à bord avec des couchettes doubles. Le yacht peut accueillir quatorze passagers, quant à l'équipage, il est de neuf personnes. Cuisinier, femme de chambre, stewart, cinq marins plus évidemment un capitaine britannique. Richard espère naïvement que le bateau leur fera faire des économies de chambres d'hôtel ! En fait d'économies, Richard achète pour Liz le fameux diamant Krupp de 33,19 carats, gros comme... non pas le Ritz, mais une très grosse noix. Pour avoir une idée de la taille exacte de la pierre, nous pourrions dire, pour l'avoir comme tous les invités, admirée à Budapest sur l'annulaire d'Elizabeth, qu'elle mesurait à peu près trois centimètres de longueur sur un et demi de largeur. Elizabeth avoue que c'est lourd à porter ! Richard a « enlevé » le diamant aux enchères. Il reconnaît l'avoir payé très cher, mais ajoute : « Rien n'est trop beau pour Elizabeth ! » Elle est ravie de posséder maintenant cette pierre ayant appartenu à Véra Krupp, la femme du roi des canons nazis. Maligne, elle déclare aux envieux ou personnes choquées par le diamant jetant mille feux :

— Moi, je trouve parfait qu'une « brave Juive » comme moi porte le diam du baron, un vrai salaud hitlérien !

Sur les quais de la Tamise, les fans s'agglutinent pour tenter d'apercevoir les stars dans le *Kalizma*. Mais ceux-ci, en studio, font des essais pour le prochain film qu'ils vont encore tourner ensemble. Il s'agit de *Boom !*, une production d'Universal Pictures, dont le réalisateur est Joseph Losey. C'est l'adaptation de *The Milk Train Doesn't Stop Here Anymore*, encore signé Tennessee Williams. Elizabeth est vraiment une habituée des personnages torturés et « torturants » du plus célèbre dramaturge américain. Le *Kalizma* lève l'ancre, direction la Sardaigne, où a lieu le tournage de *Boom !*.

Comme d'habitude avec Tennessee Williams, l'histoire n'est pas banale : une belle milliardaire, Flora

Gadorth, veuve de cinq maris richissimes auxquels elle a survécu, vit seule dans une île où elle impose sa loi et sa justice. Cette femme très malade est en train de mourir. Mais un « non-invité » se présente. Il s'appelle Chris Flanders, on le surnomme « l'ange de la mort », car cet homme très beau et fascinant a un passé mystérieux : il a été le compagnon de femmes très riches qui sont toutes mortes. Flora va-t-elle subir le même sort ? En fait, il s'agit d'un duel entre la maîtresse de l'île et le visiteur si inquiétant. Tout le monde sur le plateau pense que cela va faire *Boom !* pendant le tournage. Mais pas comme on peut le croire, entre les deux vedettes. Le courant ne passe pas avec Joseph Losey qui a du mal à se faire apprécier d'Elizabeth et Richard.

Il semble que ce grand metteur en scène fut souvent maladroit. Mécontent de la façon dont Elizabeth interprète Flora, il lui dit :

— Mais vous ne comprenez pas ! Cette scène avec l'ange de la mort doit être drôle.

— Je ne vois pas du tout ce qu'il y a de drôle là-dedans !

— C'est en fait l'histoire de votre vie, Liz, vous devriez le comprendre. Flora a eu comme vous cinq maris !

Elizabeth, glacée, rétorque :

— Je ne trouve pas, moi, que l'histoire de ma vie soit drôle, elle est plutôt difficile, dangereuse et pathétique !

Pendant le tournage, Richard est lui aussi incompris de Losey. Cependant, il devra avouer que Richard est capable de tout jouer. Le moindre de ses regards dans *Boom !* est magnétique, royal et dangereux. Il est vraiment l'ange de la mort.

Le film sera pourtant un total échec. Personne n'y comprendra rien. Est-ce de la faute de Losey, Taylor, Burton, Tennessee, ou bien de l'immense auteur dramatique, Noël Coward, jouant bizarrement la Sorcière de Capri ?

Il est parfois difficile de comprendre les réactions des gens de cinéma. Elizabeth et Losey, qui viennent de s'affronter dans *Boom !*, signent de nouveau un film ensemble, *Secret Ceremony (Cérémonie secrète)*, avec pour autres acteurs Mia Farrow et Robert Mitchum.

Elizabeth aime bien Mia Farrow. Elle n'éprouve aucune jalousie car Richard la trouve trop maigre et manquant de cheveux. La pauvre Mia apprend que son mari Frank Sinatra demande le divorce. Très gentiment, Elizabeth et Richard la prennent sous leur aile. Ils la consolent. Elizabeth appelle même Frank en Californie pour lui passer un savon. D'Elizabeth, Sinatra accepte tout, mais divorce quand même.

L'été 1968 va être très difficile à vivre pour le couple Burton. Richard commence de son côté un nouveau film, *La Chambre obscure*, dont le réalisateur est Tony Richardson. Celui-ci est outré de voir arriver un jour sur le plateau Richard ivre mort. La plupart des réalisateurs connaissent Richard et savent qu'il peut dessoûler très vite. Mais Tony Richardson est de la vieille école. Fou de rage, il renvoie Richard du film. Il s'agit d'un grand affront que Richard a du mal à digérer. Sans Elizabeth, qui travaille, il boit de plus en plus.

Heureusement, il part tourner avec Clint Eastwood *Where the Eagles Dare (Quand les aigles attaquent)*, une production d'Elliott Kastner, réalisée par Brian G. Hutton.

À la tête d'un commando, Richard et Clint doivent délivrer un général américain prisonnier d'une forteresse nazie. Le tournage est dur, mais Richard s'entend très bien avec Clint et l'air des forêts bavaroises lui redonne de la force. Il boit moins. Cependant, pendant le mois de juillet, Elizabeth, en pleine hémorragie, doit arrêter le tournage de *Cérémonie secrète* pour subir une hystérectomie. Richard accourt à son chevet puis doit repartir en Bavière terminer *Les Aigles*.

Ce film à peine terminé, Ifor, le frère aîné de Richard, a un accident à Gstaad. Il tombe une nuit dans un fossé et se brise la nuque. Richard apprend qu'Ifor restera cloué dans un fauteuil roulant toute sa vie. Il est terrassé par le chagrin et la culpabilité, car c'est lui qui a demandé à Ifor d'aller lui chercher quelque chose de nuit, dans le jardin, où il y a avait des travaux.

En novembre, le père d'Elizabeth, Francis Taylor, meurt d'une nouvelle attaque cardiaque. Elle est désespérée, elle a l'impression d'avoir négligé ce père qu'elle aimait pourtant. Pour finir l'année, Nicky Hilton, son premier mari, décède. Il y a longtemps qu'elle ne lui en veut plus, mais c'est son premier amour qui part soudain.

Pour faire plaisir à Elizabeth et surtout lui changer ses idées noires, Richard lui offre « La Peregrina », une perle unique au monde montée sur un collier de rubis.

Plus tard, Richard dira :

— Liz m'aura coûté quarante millions de dollars, mais un homme amoureux ne fait pas les comptes.

Bientôt, il lui mettra autour du cou le fameux diamant Cartier. Celui que Shah Jahan, souverain mongol, offrit en Inde, avec ces mots gravés : « À ma reine bien-aimée ». C'est Shah Jahan qui avait fait bâtir le Taj Mahal comme tombeau pour son épouse. Richard déclara qu'il aurait voulu l'acheter pour Liz, mais que le monument blanc immaculé n'était pas à vendre.

Les folies continuent. Il semble que soudain, les scandales, humiliations, échecs, maladies, accidents et l'alcoolisme impossible à guérir de Richard deviennent trop lourds dans leur vie. Cependant, aussi incroyable que cela puisse paraître malgré tous ces drames, Richard triomphe au box-office avec *Quand les aigles attaquent.*

C'est un film de guerre un peu à la James Bond. Mais Richard et Clint sont des surhommes. Bravant tous les dangers, ils réussissent au péril de leur vie, lors de nombreuses scènes au-dessus du vide, à délivrer le prisonnier si important pour gagner la guerre contre Hitler.

À partir de 1969, la carrière de Richard ne cesse de prendre de l'ampleur, malgré son renvoi si vexant de *Chambre obscure.* Celle d'Elizabeth, malheureusement, amorce un déclin qu'elle aura beaucoup de mal à comprendre.

La plus belle grand-mère du monde

— Henry VIII ! répète Richard, rêveur.

Le rôle est plus que tentant. Au cours d'un déjeuner sur le *Kalizma*, amarré au quai de la Tamise, le producteur Hal B. Wallis vient de proposer à Richard d'interpréter le fameux roi Tudor dans un film intitulé *Anne des mille jours.*

— Le scénario de John Hale et Bridget Boland est magnifique. Ils ont très bien adapté la pièce à succès de Maxell Anderson. Le film sera réalisé, si vous n'y voyez pas d'inconvénient, Richard, par Charles Jassott, et la distribution est éclatante. Irène Papas dans le rôle de la reine Katherine, Antony Quayle dans celui du Cardinal Wosley… Bien sûr, c'est une histoire d'amour terrible avec ce roi ogre que vous êtes, Richard, le seul à pouvoir jouer. Rendez-vous compte des scènes de fureur d'Henry bravant le pape qui lui refuse le divorce. Il ose quitter le Saint-Siège romain, claque la porte pour devenir l'unique chef de l'Église anglicane et provoque un schisme afin d'épouser celle qu'il aime plus que tout, Anne Boleyn !

Hall Wallis « vend » très bien le scénario et l'ambiance de cette époque troublée.

Richard ouvre la bouche pour demander qui devrait jouer Anne Boleyn, la grande passion d'Henry, qui va cependant perdre la tête sous la hache du bourreau. Elizabeth, silencieuse jusque-là pendant le repas, lance à brûle-pourpoint :

— Hal, j'ai bien réfléchi. Pourquoi ne jouerais-je pas Anne Boleyn ? Ce serait merveilleux de nous retrouver dans cette situation unique. Richard me faisant décapiter ! Vous voyez les articles en première page !

Un silence de plomb tombe sur la salle à manger, tandis qu'on dessert les assiettes.

Hal Wallis lance un regard angoissé vers Richard, puis il se lance :

— Elizabeth… heu, bien sûr… mais pardonnez-moi… vous n'êtes plus exactement le personnage d'*Une Place au soleil.* Anne Boleyn est jeune, très jeune… Vingt, vingt-cinq ans, pas plus ! Elle est mince, très mince, c'est une liane. Ce… ce serait un mauvais service à vous rendre, Elizabeth. Vous êtes faite maintenant pour des grands rôles, beaucoup plus forts, puissants, comme *Virginia Woolf*, où vous pouvez laisser libre cours à votre immense talent dramatique, et… hem… hem… oui, c'est ça…

Baratin ! a envie de lancer Elizabeth. Wallis vient de lui planter un poignard dans le cœur. En 1968, Elizabeth n'a que trente-sept ans. Elle a pris, c'est vrai, quelques kilos de trop, mais son visage est toujours merveilleusement frais, sans aucune ride, avec le teint lumineux. Elle pourrait sûrement, en perdant un peu de poids, jouer Anne Boleyn. Mais tous ces derniers rôles où elle a voulu prouver (et elle a réussi) qu'elle était une véritable actrice, pèsent à présent sur elle. Que ce soit la vulgaire Marta dans *Virginia*, la tonitruante *Mégère apprivoisée* ou Leonora, la nymphomane dans *Un Oeil d'or*. Tous ces personnages l'ont fait changer au regard du public et des professionnels.

Les lèvres blêmes, elle réussit à sourire pour cacher son désarroi. L'alerte est terrible. Hal Wallis vient de la refuser pour un rôle qu'elle convoite. Comble de honte, Richard lui tapote gentiment la main en murmurant :

— Allons Ocean, tu auras autre chose de beaucoup mieux à jouer... Il ne l'appelle « Ocean » que quand cela va mal.

Le steward sert le dessert : une glace aux myrtilles qu'Elizabeth adore d'habitude. Elle y touche à peine, écoutant la suite dans un brouillard glauque, tandis que Wallis, inconscient du mal qu'il vient de faire, reprend :

— Et nous avons pensé, Richard, à Geneviève Bujold pour jouer Anne Boleyn.

Richard trouve l'idée bonne, car par contrat, il a toujours un droit de regard sur la distribution. Les producteurs doivent avoir son accord pour le choix des acteurs.

Elizabeth ne peut s'empêcher de mordre et déchiquetant de ses dents sa serviette. S'il le voulait, Richard pourrait rayer le nom de cette péronnelle, Geneviève Bujold. Cette Canadienne, dont la carrière n'épate pas du tout Elizabeth. Bien sûr, la « dame » québécoise a tourné dans *La Guerre est finie* d'Alain Resnais, *Le Roi de cœur* de Philippe de Broca, *Le Voleur* de Louis Malle, *Entre la mer et l'eau douce,* de Michel Brault, mais rien, strictement rien de comparable avec la carrière aussi internationale que brillantissime d'Elizabeth. Sourire aux lèvres, mais la rage au cœur, Elizabeth raccompagne Hal sur le pont avec Richard. Pour tout achever, après avoir sauté sur le quai, Wallis se retourne pour lancer à Richard :

— Vous ferez un couple superbe avec Bujold, elle sera une Anne Boleyn dont on se souviendra !

Elizabeth a quelque répit. Richard tourne *Candy,* où il joue Méphisto, que nous pourrions décrire comme une fantaisie psychédélique ne manquant pas d'érotisme et réalisé par… l'acteur français Christian Marquand. Les autres comédiens sont Marlon Brando, grand ami de Marquand, James Coburn, Ringo Star, le batteur des Beatles, devenu très proche des Burton, Walter Matthau et Charles Aznavour.

Ce film, une sorte de bâtard en argot du cinéma, sera assez vite oublié. C'est à cette époque qu'Elizabeth, pour tenter de reprendre du terrain, tourne le second long-métrage de Joseph Losey, *Cérémonie secrète*, mais encore une fois, c'est le rôle d'une prostituée vieille et fanée, ce qu'elle n'est absolument pas, ni à la ville, ni au saut du lit.

Tandis que la production prépare *Anne des mille jours*, Richard accepte de jouer dans *Staircase (L'Escalier)*. Pour Richard, il s'agit au début d'une farce. On lui demande d'interpréter un coiffeur homosexuel se disputant avec son vieux compagnon (Rex Harrison). Mais, finalement, après avoir bien ri avec Rex, qui lui dit « Je le fais si tu le fais », Richard se rend compte qu'il s'agit en fait d'un sujet très important sur la souffrance engendrée par la solitude et le rejet total des gens bien pensants à l'égard des « êtres différents d'eux ».

D'un commun accord, ils donneront un coup de pied aux traditions de morale cruelle et dénonceront le système affreux de la ségrégation bannissant les homosexuels en ce temps-là. Richard et Rex, hétéros notoires, sont magnifiques, émouvants, drôles et sérieux dans leurs rôles. Pourtant, malgré leur talent, les critiques, comme le public, auront du mal à comprendre le vrai but du film. Ils penseront tous qu'il s'agissait d'une parodie de l'homosexualité, alors que Richard et Rex déclareront sérieusement qu'ils l'ont jouée comme une très grande histoire d'amour.

Le tournage d'*Anne des mille jours* approche. Après s'être littéralement torturée depuis le refus d'Hal Wallis, Elizabeth accepte en février 1969 de tourner *The Only Game in Town (Las Vegas, un couple)* et le metteur en scène est un « vieux de la vieille », George Stevens. Il appartient au passé glorieux d'*Une Place au soleil* et de *Geant*. Ils se sont bien querellés, avec Elizabeth, mais c'est du passé et tous deux sont finalement très heureux de se retrouver. Un nouveau venu fait une entrée remarquable dans le cinéma, le jeune et beau Warren Beatty, auréolé d'un immense succès : *Bonnie and Clyde.*

Elizabeth sympathise aussitôt avec lui. Ils deviennent même si amis que Richard est jaloux, ce qui n'est pas pour déplaire à Elizabeth. Elle joue, dans *Las Vegas*, Fran Walker, une femme d'un certain âge (c'est tout ce qu'on lui propose, comme si trente-sept ans était un âge canonique. Tout a bien changé, heureusement). Elle est la maîtresse d'un homme puissant, mais rencontre un jeune pianiste (Warren), dont elle tombe très amoureuse. Richard Burton vient souvent voir Elizabeth à Las Vegas. Elle souffre beaucoup d'une sciatique qui l'oblige à porter un corset. Burton la soutient de son mieux, mais il doit reprendre son jet particulier pour finir *L'Escalier* à Londres. Il s'inquiète vraiment pour Elizabeth et pour la faire rire, l'appelle *old snapshot* (littéralement « vieille photo »). Avec son sens de l'humour, cette expression amuse beaucoup Elizabeth, malgré ses vertèbres en capilotade. Elle a peur de passer désormais sa vie sur une chaise roulante. Tout le monde sait que la sciatique peut provenir de différentes causes, comme, en premier lieu, porter une trop lourde charge. Cela semble difficilement envisageable puisqu'Elizabeth a toujours une cour à son service. La sciatique peut aussi survenir lors d'un choc ou d'une grave contrariété morale. Or, elle fait une fixation sur *Anne des mille jours*, qui va donc être le prochain film de Richard. La déprime envahit Elizabeth. Elle est sûre que Richard va la tromper avec cette Bujold, qu'elle ne connaît toujours pas. Le fait que la comédienne soit plus jeune qu'elle la torture, de même que son dos et son foie. Elle prend un de leurs jets pour partir en cure de désintoxication à la clinique de Rancho Mirage en Californie, l'endroit miracle où l'on remet sur pied les stars. Après six semaines, elle repart vers la chère Casa Kimberley de Puerto Vallarta. Richard vient l'y rejoindre dans un autre jet de leur écurie volante. Enfin, du Mexique, ils rejoignent ensemble Londres où va se tourner *Anne des mille jours.*

Fidèle au poste, Elizabeth vient très souvent assister au tournage. Richard est aimable avec sa partenaire Geneviève Bujold, mais Elizabeth a du mal à supporter qu'il la surnomme affectueusement Gin. Les paris sont ouverts sur le plateau. Ira ? Ira pas ?

Richard va-t-il séduire Bujold ? Celle-ci, qui est réellement à cette époque fort jeune, très jolie et excellente comédienne, va-t-elle succomber au don juan ?

Depuis presque huit ans, date de leur passion à Rome, Richard n'a pas trompé Elizabeth. Elle le sait. Elle le tient autant par les sens que par l'esprit. Il l'aime. Il l'adore, c'est sûr ! Mais Elizabeth craint d'être tombée de son piédestal en ayant été « refusée » pour le rôle d'Anne Boleyn, pris par la rivale !

Richard a fait engager sur le film ses vieux amis Anthony Quayle et William Squire (celui qui avait repris son rôle dans *Camelot*). D'après eux, Richard dans ce film boit très peu. Il est concentré sur son rôle si impressionnant. Jouer Henry VIII est un vrai challenge pour lui. Bien qu'appréciant la fraîche personnalité et les dons incontestables de Geneviève Bujold, il ne cherche aucunement à la séduire. En fait, Elizabeth se ronge pour rien. Cependant, Geneviève Bujold la déteste, exaspérée de la voir toujours assise derrière la caméra quand son mari tourne. Elle en parle à Charles Jarrott, le metteur en scène, qui lève les bras au ciel.

— Ma pauvre Geneviève ! Demander à Elizabeth de partir du plateau, c'est comme chasser la statue de la Liberté de son socle !

Un camarade de Port Talbot, que Richard n'a pas vu depuis trente ans, Trevor George, devenu directeur d'école au pays de Galles, écrit à Richard pour lui demander s'il ne verrait pas d'inconvénient à ce qu'il puisse montrer les studios de tournage à son groupe de collégiens.

— Un inconvénient ? s'écrie Richard. Mais qu'ils viennent tous !

Avec l'accord du producteur et du metteur en scène, c'est Richard lui-même, accompagné des acteurs, tous en costumes Tudor, qui leur fait faire la visite. Avec patience, il explique aux enfants émerveillés la technique des caméras, des décors et l'art de faire un film. Une photo de groupe a lieu avec Richard dans son costume chamarré d'Henry VIII au milieu des collégiens.

Après le départ de Trevor George et des enfants, Richard, qui avait fait relever par Bob Wilson tous les noms et adresses des visiteurs, leur envoya à chacun une photo dédicacée. Avec ce geste charmant, il se fit adorer de tous. Il était ainsi, le plus souvent capable du meilleur, mais parfois aussi du pire.

Richard avouera un jour :

— Je bois pour noyer ma peur !

De quoi ? Il dira qu'un ennemi subtil est en lui, l'entraînant vers la dépression et, aussi incroyable que cela puisse paraître au commun des mortels : la hantise d'une carrière s'enlisant dans la médiocrité et l'oubli du public le rongeaient.

Multimilliardaire, il avait peur que le chômage lui tombe dessus du jour au lendemain.

Elizabeth, elle, ne craignait en fait que de perdre un jour Richard. Cette femme toujours séduisante, si riche et célèbre, se dépréciait, imaginait dans ses cauchemars la beauté infernale, très jeune et cruelle qui lui enlèverait l'homme de sa vie.

Pendant le tournage d'*Anne des mille jours*, Richard se met brusquement au régime sec. Il est enfin averti que sa réputation de buveur commence à beaucoup gêner les producteurs et lui fait grand tort. Sans aide, sans médecin, il décide de se sevrer lui-même et… il y parvient un certain temps.

De même, il arrête aussi brutalement de fumer, car il grille cent cigarettes par jour. Bien sûr, il est d'une humeur de dogue, mais sa constitution incroyable résiste.

Elizabeth, affolée de sa nervosité et aussi hypocondriaque que l'était son ami Monty, insiste pour que Richard se fasse examiner par un docteur. Sa réponse est digne d'une tirade de Molière.

— Pas question ! J'en ai assez de ces foutus médecins. Il faudrait que je sois sacrément amoché pour faire venir un de ces incapables condescendants, ivrognes *(sic)* et à moitié illettrés. Le seul mal dont j'aimerais qu'ils me débarrassent est le mal au sein qu'ils m'occasionnent.

Donc, il ne consulte jamais et en éprouve une grande fierté, tandis qu'Elizabeth ne cesse d'appeler la faculté à son chevet. Pour Richard, ne pas voir de médecin appartient à la grande tradition virile ouvrière des Gallois. « Tant que tu es debout, tu es en vie, quand tu tombes, tu meurs. »

Depuis plus de quatre ans, il souffre horriblement de bursite, cette inflammation des articulations, mais aussi d'arthrite des os et de fibrocyte. Même en ce temps-là il y a sûrement la possibilité de guérir, ou d'atténuer ses douleurs aux bras, épaules, et dorsales.

Mais il n'est pas question pour lui de passer des examens. De plus, Richard, dans le *Kalizma*, se laisse désormais aller avec Elizabeth à la bonne cuisine du chef. Ils adorent tous les deux la *Zuppa di Vongole*, un potage de palourdes à la crème, des crêpes *al formaggio*, fourrées de fromage, de crème et de *prosciutto*, des gâteaux, toujours crémeux, etc… Le tout arrosé des meilleurs vins et ensuite d'alcools. Il est évident qu'une bonne cure à boire de l'eau à Vichy leur aurait été plus bénéfique.

Elizabeth est en mauvaise santé aussi, tandis que Richard a un autre souci qu'il tente de cacher à tous, sauf à Elizabeth bien sûr et à son ami maquilleur Ron Berkeley. L'état de son épiderme lui rappelle ses dix-sept ans. Richard a des furoncles sur les épaules et le dos, heureusement pas sur le visage comme autrefois. Le traitement que décident Richard et Ron est que le soir, après une douche bien chaude, Ron Berkeley lui frotte les boutons du dos avec de l'alcool à 90°. C'est un remède très douloureux, et assez moyenâgeux.

Pas de médicaments, ni d'antibiotiques (pourtant existants). Un remède de cheval sur un dur à cuire et… cela réussit. Richard décide que ces furoncles sont simplement d'origine nerveuse et qu'il n'a qu'à prendre des fortifiants. Avec un peu plus d'alcool qui, « c'est bien connu », guérit de tout !

Pour *Anne des mille jours*, Richard est nominé une fois de plus pour son rôle d'Henry VIII aux Academy Awards du meilleur rôle masculin. Il n'attend plus grand-chose de Hollywood. Il a raison car l'oscar lui échappe pour la quatrième fois. En revanche, il reçoit le « Golden Globe », une autre distinction du métier. Universal lui annonce que l'accueil de la presse pour *Anne* a été rien moins que sensationnel et même supérieur à celui de *Becket.*

Geneviève Bujold, nominée aux oscars sans le recevoir, déclare, enthousiaste, dans un discours :

— C'est à Richard Burton que je dois la qualité de mon interprétation. Il s'est montré généreux, attentionné, secourable et drôle. Ce tournage a été placé sous le signe d'une grande générosité !

Bien sûr, on peut interpréter cet hommage de diverses manières. Elizabeth n'en vit qu'une :

— La garce ! lança-t-elle en quittant la salle.

L'état d'Elizabeth s'aggrave. Elle est hospitalisée au Cedars-Sinaï de Los Angeles, pour une opération hémorroïdaire. Richard prend une chambre à côté d'Elizabeth et ne la quitte pratiquement pas. Il est sobre depuis cent-quarante jours et résiste. Pour combien de temps encore ?

Elizabeth sort de l'hôpital et, pour se reposer, part avec Richard et Marlon Brando faire une croisière en Méditerranée sur leur yacht. Les distances sont avalées par les Burton comme un simple trajet dans le métro parisien. Californie, sud de la France, douze heures de vol et neuf heures de décalage horaire. Pas étonnant qu'ils soient tous les trois, avec Marlon, fatigués et énervés, car il semble que sur le Kalizma, chaque dîner ressemble à une sorte de défi : « à qui boira le plus ». Un soir, Richard, se moque d'Elizabeth, et désigne une bouteille en déclarant à Marlon :

— Voilà quelqu'un qui ne peut pas vivre sans alcool.

Vexée, Elizabeth répond :

— Je ne souhaite qu'une chose, ne plus t'avoir dans ma vie !

Richard est pétrifié. Marlon éclate de rire. L'année 1969 tire à sa fin. Soudain, beaucoup plus sages, Elizabeth et Richard décident de prendre une année sabbatique. Ils veulent se reposer, prendre du recul vis-à-vis du cinéma et, chose incroyable, ils font leurs comptes ! Leur avocat si dévoué, Aaron Frosh, leur déclare qu'ils peuvent vivre mille ans très facilement comme rentiers.

Après avoir erré de France en Suisse puis au Mexique, les voilà qui atterrissent au Bostwana, dans le sud de l'Afrique. En fait de repos, c'est raté, mais question générosité, c'est gagné. Le couple Burton a appris que le Bostwana, pays très pauvre traversé par le tropique du Capricorne, cher à Henry Miller, manque cruellement d'hôpitaux pour enfants.

Généreux au-delà de tout, Elizabeth et Richard, au lieu de rester à se reposer, atterrissent donc avec un de leurs jets sur l'aéroport de la capitale gaborone pour apporter d'abord de grosses sommes d'argent. Avec des photos d'eux dans le désert, entourés de populations bantoues et bochimans, ils organisent de loin avec des associations, de nombreuses collectes d'argent en Europe et Amérique. L'argent arrive à flots. Elizabeth et Richard se dépensent sans compter. Malgré le risque de contagion, Elizabeth prend les enfants malades dans ses bras. Richard discute avec des architectes pour construire vite le premier hôpital pour enfants. Tous deux renaissent dans cette action pour sauver la jeunesse. Ils sont de nouveau unis et encore plus amoureux.

Pour les remercier de leur aide, le président Khama leur offre un safari avec de bons chasseurs. Elizabeth, horrifiée à l'idée de tuer des animaux, ne désire qu'un safari photo. Des guides chevronnés les emmènent dans un parc d'animaux en liberté. De la jeep, Elizabeth tombe amoureuse d'un éléphanteau qu'elle veut ramener à Puerto Vallanta. Richard a beaucoup de mal à l'en dissuader. Ensuite, c'est un jeune léopard pour lequel Elizabeth se lie avec tant de passion que Richard appelle ce sentiment de la « psychopathie féline ». Pour terminer la visite, les guides les conduisent vers une race de singes noirs très beaux.

— Attention, pas approcher, Mam, eux très méchants !

Elizabeth n'a cure de leurs recommandations. Elle aime les animaux et elle sait qu'ils le savent.

— Ne nous emmenez surtout pas vers les girafes ni les crocodiles. Où les mettrions-nous ? chuchote Richard.

Pendant ce temps, Elizabeth, à la grande terreur des gardes, s'approche du groupe de primates particulièrement sauvages. Elle leur offre des cacahuètes et des fruits qu'elle a emportés. Les guides se cachent les yeux en déclarant à Richard que la dernière fois, un Blanc s'est fait couper un bras par un mâle irascible.

Elizabeth, très tranquillement, installe une rangée de noix, de bonbons et de sucres, devant une baraque destinée aux amateurs de photos. Voilà les singes, soi-disant cruels, qui suivent Elizabeth à l'intérieur du cabanon. Ils montent sur les meubles rudimentaires. Certains s'installent sur les genoux d'Elizabeth. Elle les caresse et les embrasse pour la plus grande terreur des guides.

— Tu t'es trouvé un fiancé ? lance Richard.

— Oui, je l'appelle Othello. Je l'adore !

Richard aura toutes les peines du monde à convaincre Elizabeth qu'il faut laisser Othello à sa vie sauvage où il sera beaucoup plus heureux qu'à

Hollywood, Paris, Londres, Gstaad et… elle finit par se laisser convaincre. Richard a eu chaud. Si chaud qu'en revenant dans la capitale Gaborone, il est terrassé par un terrible accès de malaria pendant sept semaines.

Elizabeth est folle d'inquiétude. Il maigrit à vue d'œil et délire avec quarante degrés de fièvre. La nuit, il parle avec Ifor, car il le voit dans la chambre. Il s'adresse aussi à Jessica, sa petite fille enfermée à jamais dans l'institut Devereux. Elle lui répond, guérie, et l'attend pour qu'il vienne la chercher. Elizabeth essaie de lui mettre des compresses fraîches qui deviennent aussitôt brûlantes.

Les quelques médecins africains n'ont aucun médicament à leur disposition en dehors de l'aspirine qui se révèle inefficace. Une jeune infirmière, Chen Sam, prend les choses en main. Elle est moitié égyptienne, moitié anglaise. Ancienne pharmacienne, elle connaît beaucoup de secrets et d'herbes médicinales. Peu à peu, Chen Sam guérit Richard avec des moyens non-traditionnels. Il en est tellement reconnaissant, ainsi qu'Elizabeth, que tous deux demandent à Chen Sam de les suivre en Angleterre. Elle hésite, mais devant l'insistance du couple, Chen Sam accepte de repartir dans leur jet. Richard décide alors qu'il n'aime pas le nom de Chen Sam et que dorénavant, ils l'appelleront Zen Bhudda.

À l'arrivée sur le tarmac, les Burton sont accueillis, comme d'habitude, par une nuée de photographes et journalistes qui effraient Zen Bhudda. Bientôt, elle s'habituera à cette foire continue, et soignera outre les Burton, leurs enfants, chiens, chats, perroquet, invités, producteurs, réalisateurs de passage, chauffeurs, maquilleurs, secrétaires, agents, avocats, etc. Zen Bhudda a beaucoup de travail pour remettre tout le monde sur pied. Elle conseille plusieurs fois à Richard de moins boire, mais bien sûr il rit, lui pince le nez et ne l'écoute pas. C'est sa façon à lui de répondre « non ».

En octobre 1970, Elizabeth, rétablie, est heureuse de rejoindre les studios londoniens de Shepperton pour jouer *X, Y and Zee (Une Belle tigresse).* C'est l'histoire d'un adultère. Michael Caine, le mari de Zee (Elizabeth) a une aventure avec Suzanne York. Démasqué par son épouse, celle-ci se venge à sa façon. Elizabeth a retrouvé sur ce film son grand maquilleur de *Cléopâtre*, Alberto de Rossi. C'est lui qui dira : « Elizabeth est plus jolie au saut du lit que sur le plateau. Il y a bien peu à ajouter pour mettre en valeur son visage car la nature a déjà merveilleusement valorisé ses yeux et sa bouche ! »

Effectivement, Elizabeth a trente-huit ans. Dans le rôle de Zee, elle est absolument superbe de beauté et admirable de jeu sensuel. Elle enchaîne presque aussitôt son neuvième film avec Richard qui joue le narrateur, *Under Milk Wood*, d'Andrew Sinclair, appelé aussi *The Rank Organisation*, avec Peter O'Toole.

Le tournage est difficile pour Elizabeth. Elle incarne une prostituée galloise et doit travailler son accent avec Richard, ce qui donne de nombreuses disputes.

À la grande fureur de Richard, Michael Wilding, le fils aîné d'Elizabeth, se marie avec Beth, qui a dix-neuf ans, le 6 octobre 1970. Michael a tout d'un beatnik de dix-sept ans à cheveux longs, sans métier et il compte visiblement sur sa mère pour faire vivre le ménage. Cela choque Richard qui considère qu'un homme doit faire bouillir la marmite. Après avoir râlé, Richard offre aux jeunes mariés une maison à Londres de soixante-dix mille livres. Elizabeth fait en leur honneur une grande réception de mariage à Dorchester. Elle leur donne, pauvres chéris, une Jaguar et un gros chèque pour démarrer dans la vie. Elle ne révèle pas le montant mais, comme tout est à un million avec Elizabeth, cela ne semblerait pas étonnant que ce fût le montant que reçût le jeune couple.

Mais le maréchal Tito, maître de la Yougoslavie, attend le couple Burton pour préparer un film sur sa propre vie. Richard doit tenir le rôle du maréchal dans *The Battle of Sutjeska*, pour le moment, il ne s'agit que des premiers contacts.

Richard et Elizabeth sont accueillis en grande pompe avec le faste réservé non pas à des acteurs, mais aux chefs d'État. Suivis de plus de quarante personnes, leur entourage avec l'équipage du jet, le couple Burton réside au palais présidentiel se trouvant sur une île. Richard et Elizabeth nous avouèrent, mi-choqués, mi-amusés, qu'ils n'avaient jamais connu de leur vie un tel luxe, reléguant leur propre notion du luxe dans une catégorie inférieure. Et on peut dire qu'ils s'y connaissaient. Richard ajoutera :

— Quoi que Marx ait dit sur l'égalitarisme des foules, cela ne s'appliquait sûrement pas aux politiciens communistes. Au pays des Soviets, comme a dit George Orwell, « tous les animaux sont égaux, mais il y en a certains qui sont plus égaux que les autres ! »

Le ministre des finances yougoslave ayant déclaré qu'il fallait bien deux ans pour réunir la somme nécessaire au tournage, les Burton, après avoir très poliment remercié les Tito, le maréchal et sa solide épouse

Yovanka, résistante comme lui contre les nazis dans les Balkans, reprennent le chemin des tournages.

Un mois plus tard, les Burton arrivent à Rome où Richard doit jouer le rôle-titre dans *L'Assassinat de Trotsky*, avec Romy Schneider et Alain Delon dans le rôle de l'assassin de Trotsky. Le réalisateur est Joseph Losey. Oubliant les démêlés de *Boom !*, Richard s'entend cette fois-ci très bien avec Losey et reconnaissait son immense talent.

Dans la foulée, pour leur dixième film ensemble, « Laurel et Hardy » tournent ensuite *Hammersmith Is Out (Liberté provisoire)*, réalisé par Peter Ustinov. Richard y est un dangereux malade mental évadé d'un hôpital psychiatrique, qui rencontre sur son chemin chaotique une serveuse de fast-food (Elizabeth). C'est assez incroyable à voir, surtout quand Elizabeth succombe à ses charmes psychotiques.

Elizabeth et Richard se donnent beaucoup de mal pour faire croire à cette histoire d'amour chez les fous. Malgré leur talent, celui de Peter Ustinov et de leur partenaire Beau Bridges, le film sera un échec total.

L'année 1971 est très chargée pour Richard. Outre *Trotski*, où il est admirable, il revient aux films de guerre qui lui réussissent désormais presque toujours.

Il tourne *Raid on Rommel (Le Cinquième commando)*, de Henry Hattaway, censé se passer entre El Alamein et Tobrouk. Il est le capitaine Foster, un officier britannique chargé d'organiser une attaque contre les armées de Rommel tenant encore Tobrouk. Pour ce faire, le capitaine Foster décide d'utiliser les uniformes beiges de l'Afrikakorps, ainsi que les propres armes des Allemands contre eux. Ce qui plaît beaucoup à Richard, c'est que le tournage doit se dérouler pendant un mois dans un désert mexicain non loin de son cher Puerto Vallarta. Elizabeth est rassurée. Il n'y a pas de femmes dans ce film, à part les serveuses de la cantine.

Tous deux sont heureux et calmes de se retrouver à la Casa Kimberley. Mais il faut repartir pour Londres où Richard joue *Villain,* (en français *Salaud*). Il est encore un dangereux psychopathe. Le film est une production de Alan Ladd Junior, fils du célèbre Alan Ladd, et le metteur en scène est Andrew Sinclair.

Salaud va dérouter certains fans de Richard. Le film est très mésestimé et méconnu de nos jours. Il nous semble pourtant qu'il faudrait le revoir, car il est une réflexion éclairée et assez terrible de ce que va devenir « notre époque ». Richard a courageusement abandonné son cachet tant il tenait à ce rôle et ce sujet. Il n'est payé qu'au pourcentage, les bénéfices ne feront que des cacahuètes. Mais Richard déclarera qu'il ne regrette rien et, connaissant son honnêteté, on peut le croire.

Pour le consoler s'il en était besoin, accompagné des deux femmes de sa vie, Elizabeth et Cis sa sœur, sa deuxième maman, Richard reçoit des mains de la reine Elizabeth à Buckingham Palace, le titre de C.B.E. (Commandeur de l'ordre de l'Empire britannique). Il est flatté, bien qu'il eut espéré devenir « Sir », titre qui fait d'un roturier un chevalier ou un baron, comme Laurence Olivier. Mais Richard est mal vu de la reine et du gouvernement car il déclare ses impôts en Suisse et ne paie plus rien en Angleterre.

Elizabeth, elle, est ravie pour son mari. Quant à Cis, c'est la grande réussite de son petit frère chéri.

Le 25 août 1971, un bébé naît à Londres chez les jeunes hippies Wilding. Michael Wilding Junior et sa femme Beth ont eu une fille, Leyla. Des centaines de personnes attendant la grand-mère de trente-neuf ans.

Celle-ci a quitté à toute allure le *Kalizma*, en rade à Monte-Carlo. Elle s'envole avec Richard pour faire connaissance de leur première petite-fille. Descendant de leur jet, en pantalon blanc moulant et tunique de dentelles dorées, bottée et portant des bijoux somptueux, Elizabeth lance aux journalistes et photographes présents à l'aéroport :

— Je suis si excitée ! C'est le bébé que Richard et moi aurions voulu avoir !

— Eh ! Liz, ça fait quoi d'être grand-mère ? crie un photographe.

— Tout le monde disait que cela allait me flanquer un coup de vieux ! Quelle stupidité ! Franchement, les gars, j'ai été plus déprimée par mes trente ans que d'apprendre que j'étais grand-mère ! C'est le plus beau jour de ma vie !

Tous l'applaudissent.

Le lendemain, Elizabeth est en couverture et première page de tous les journaux avec ce titre :

« La plus belle grand-mère du monde ! »

Liz n'est pas encore morte, ni pour l'écran, ni pour la vie !

Quarante carats chez Barbe Bleue

— Allo, Edward Meeks… Dmytryk est à Paris ! Il prépare le film *Bluebeard (Barbe Bleue)* avec Richard Burton dans le rôle-titre et voudrait vous rencontrer. Rappelez-moi vite.

Je trouve ce message de mon agent d'Artmédia sur mon répondeur, en novembre 1971. Très excité par le projet, j'appelle mon excellent camarade Ron

Berkeley, qui est le maquilleur coiffeur, soigneur et grand ami de Richard Burton, pour lui demander si cet appel vient de lui.

Il m'annonce avoir mis mon nom, ainsi que ma photo et biographie sur la liste des acteurs « possibles » pour les rôles à distribuer sur cette production d'Alexander Salkind, réalisée par Edward Dmytryk. C'était vraiment très chic de sa part.

Par contrat, c'est toujours Richard Burton qui accepte ou refuse ses partenaires. Le rendez-vous avec Edward Dmytryk, dans un salon du Crillon, se passe très bien. Je connais le talent de ce metteur en scène, qui a fait entre autres *The Young Lions (Le Bal des maudits)* ou *The Caine Mutiny (Ouragan sur le Caine)*.

Dmytryk n'a tourné qu'avec des « pointures » : Clark Gable, Spencer Tracy, Montgomery Clift, Marlon Brando, Humphrey Bogart, Elizabeth Taylor, Bette Davis, Gene Tierney.

Edward Dmytryk me déclare chercher le personnage de Sergio, Américain, partenaire de danse, chant et « fiancé » dans l'histoire de Joey Heatherton, qui est dans la vie une grande vedette à Las Vegas. J'assure qu'ayant fait assez de comédies musicales, je pourrais, en répétant bien sûr, faire un numéro de danse avec Joey. Elle doit jouer la huitième femme de Barbe Bleue et moi, le fiancé voulant la sauver de l'ogre.

L'idée de tourner aux côtés de Richard Burton ne peut que m'enthousiasmer. J'admire sincèrement le talent de cet acteur si atypique, unique dans son genre, et dont la vie de loin me semble un vrai roman. La bonne nouvelle arrive très rapidement par Artmédia. Je suis choisi et accepté comme rival de Barbe Bleue. C'est plutôt flatteur.

Début janvier 1972, je pars pour Budapest, cette ville envoûtante traversée par le Danube. Jacqueline viendra me rejoindre plus tard car elle doit rester pour finir d'écrire son troisième roman *La Belle de la Louisiane*. Depuis il y en a eu une bonne quarantaine.

Tous les acteurs et techniciens sont logés à l'hôtel Intercontinental, que certains vieux clients continuent d'appeler du nom célèbre sous l'empire austro-hongrois, « Duña hôtel ».

Depuis que j'ai eu à Paris le scénario en main, je l'ai lu et relu. Mon rôle me plaît, j'ai plusieurs scènes avec Richard Burton, qui devrait être à la fois maléfique et sensationnel dans le rôle de Barbe Bleue. Le conte de Perrault a été largement modifié :

Blessé durant la première guerre mondiale, le baron Kurt Von Zepper (Richard Burton) dissimule depuis ses terribles cicatrices sous une superbe mais effrayante barbe bleu nuit. Loin des regards indiscrets, il vit dans un somptueux et sombre château, où une jeune fille découvre avec horreur les cadavres congelés d'autres femmes tuées toutes dans d'horribles circonstances. Cette jeune fille, qui réussit à s'échapper n'est autre que Anne (Joey Heatherton), la fiancée de Sergio le danseur (donc moi, Edward). Désormais, la vie d'Anne est en danger et Sergio la défend contre le baron.

Toutes les autres femmes de Barbe Bleue sont Raquel Welch (Magdalena), Virna Lisi (Elga), Nathalie Delon (Erika), Karin Schubert (Greta), Marilu Tolo, Agostina Belli, Sybil Danning. Matthieu Carrière joue le violoniste et Sanor Szabo, un acteur hongrois, le docteur.

Au début du tournage, je n'ai pas grand-chose à faire, quelques plans de coupe avec Joey. De plus, nous répétons dans un studio notre numéro de danse. J'aperçois Richard Burton qui nous regarde de loin nous agiter. Il s'agit d'un numéro comique et il paraît rire de bon cœur.

Pour le moment, sur le plateau, je ne lui ai pas été présenté, cela se passe d'une façon très décontractée, sans aucune formalité. Ron Berkeley est très occupé à trouver la couleur exacte de la barbe de Richard, bonne pour la lumière.

Pendant une pause, Ron vient me confier comme un secret de grande valeur :

— Tu sais, on est vraiment vernis sur ce film. Richard ne boit pas une goutte d'alcool. Il s'est mis au régime sec.

De fait, il semble que Ron, ou Bob Wilson, l'habilleur de Richard, ne lui apportent avec son repas que de l'eau ou du thé.

Parfois, Elizabeth Taylor arrive sur le plateau. Elle salue tout le monde à la ronde très aimablement mais ne reste pas longtemps. Une habilleuse me chuchote qu'elle vient en fait vérifier s'il y a beaucoup d'actrices sur le plateau. Chaque partenaire de Richard est une adversaire en puissance. Pour le moment, elles attendent à l'hôtel qu'on les appelle. Puis, par le miracle de la science, elles seront « décongelées » et chacune pourra y aller de son charme sur Richard.

Pour le moment, celui-ci, hiératique en attendant de tourner, fait des mots croisés, lit la page des sports ou un livre dans son fauteuil de vedette à son nom. Fidèle à mon habitude, ayant tourné avec de grands acteurs comme Jean Gabin, George C. Scott, Jean Marais, Alain Delon, Paul Meurisse, Robert Mitchum, José Ferrer, je sais rester discret et ne pas aller les déranger par des papotages qui les assomment. Je me contente de les saluer et d'aller répéter un peu plus loin d'eux.

Le troisième jour de tournage, à sept heures du matin, j'attends comme les autres acteurs dans le hall de l'hôtel la voiture devant me conduire aux studios qui se trouvent à environ quinze kilomètres de Budapest. Le chauffeur de la production entre dans le hall pour me demander de venir, quant à cet instant, Richard Burton sort de l'ascenseur et vient vers moi. Je le salue et vais suivre le chauffeur. Il m'arrête en me déclarant :

— D'après ce que m'a dit Ron, tu es américain mais tu vis en France ?

— Oui, ma femme Jacqueline est Française !

— Connais-tu le rugby ?

— Bien sûr, j'ai appris à aimer ce sport en France, avec des amis tels que Denis Lallane, le grand journaliste sportif qui m'écrit en ce moment un rôle dans un feuilleton sur le rugby : *Allez la rafale,* où je vais jouer un demi de mêlée, et puis surtout avec des amis rugbymen comme les frères Boniface !

— Bon sang, tu as vraiment connu les Boniface ? s'exclame Richard Burton.

Je sens que pour lui, c'est beaucoup plus important que si je lui avais dit avoir joué *Jules César* de Shakespeare.

— Oui, Guy est malheureusement disparu dans un terrible accident de voiture, mais il nous reste son frère André Boniface.

En souriant, j'ajoute :

— Il a maintenant un magasin de sport à Mont-de-Marsan et c'est lui qui vient de me faire sur mesure des shorts pour tourner la série de Lallane sur le rugby !

Gaston, le chauffeur français de Richard, lui fait signe discrètement qu'il est vraiment l'heure de partir vers le plateau. Richard me déclare tout de go :

— Laisse tomber la bagnole du studio et viens dans la mienne.

La sienne est une Rolls. Me voici donc dans la plus somptueuse limousine du monde, conduite par ce fameux Gaston que j'apprendrai à mieux connaître. C'est un vrai héros de la dernière guerre, souvent parachuté, débarqué en sous-marin de poche sur une côte infestée d'Allemands. Gaston a donné du fil à retordre aux nazis. Il veille sur Richard et Elizabeth, les défend de tout, empêche les intrus d'approcher. Gaston donnerait sa vie pour eux. Je sens que pour le moment, j'ai l'heur de ne pas lui déplaire.

C'est ainsi que presque tous les matins, sauf quand nos horaires ne correspondent pas, Richard, gai, simple, drôle, charmant, attentionné, intéressé par tout, me demande de partir avec lui dans la Rolls ! Il y a pire ! Inévitablement, cela fait quelques jaloux.

Nos conversations se déroulent au début uniquement sur le rugby. Si le pays de Galles perd contre les All Blacks à Cardiff, Richard fulmine. Mais il est plus calme si The Lions, l'équipe d'Angleterre, se fait battre par les tricolores (les Français). Il est ravi de savoir que j'ai rencontré aussi Joe Maso, vedette de l'équipe de France. Richard ne tarit pas d'éloges sur Bob Hiller, capitaine de l'équipe anglaise. Il sait tout sur les équipes de rugby des cinq nations : pays de Galles, Irlande, Angleterre, Écosse et France.

Et puis un matin, à mon grand étonnement, il me parle baseball, qu'il a appris à connaître en regardant les matches à Hollywood. Je n'imaginais pas un Anglais passionné par le baseball, mais Richard est d'abord Gallois avant d'être british.

Et nous voilà discutant en détail du match de la Major League Baseball All Stars, joué à Detroit, Michigan, mon État, en juillet 1971. Comme un vrai journaliste, Richard connaît tous les noms des plus grands joueurs et les plus célèbres clubs, tels que Willie Mays, des San Francisco Giants, et Al Kaline, des Detroit Tigers. Il savait par cœur toutes les statistiques dans les carrières de Willie et Al. Incroyable ! Le baseball est plus connu maintenant en Europe, mais en 1972, il était difficile de trouver un Français ou un Anglais connaissant toutes les règles, statistiques et finesses de ce jeu si populaire en Amérique, mais qui, je dois l'avouer, est assez difficile au début à comprendre pour un néophyte. Richard me bluffait avec toute sa connaissance du baseball et il ne cessait de m'interroger pour se perfectionner.

Peu à peu, une certaine intimité s'établit entre nous. Quand il découvre que mon père, ouvrier de General

Motors, a fait la fameuse *Sit down Strike*, où la police montée a voulu tirer sur les grévistes, il me raconte la longue marche du sien, Dady Ni, crachant avec les autres mineurs « leurs poumons sanglants et noircis sur la route de Londres ».

Ma vie originale d'acteur américain travaillant en France, dans des séries de télévision ou des films étrangers tournés en Europe, comme *Le Loup des mers*, filmé en Roumanie, intéresse aussi beaucoup Richard. En fait, tout passionne cet homme. Il veut tout savoir, tout apprendre et surtout tout comprendre.

Un jour, il me demande à brûle-pourpoint :

— Quel est ton écrivain de chevet ?

Sans hésiter, je réponds :

— Albert Camus... J'ai toujours dans mon portefeuille son discours du prix Nobel ! Tiens, le voilà !

Richard me regarde, étonné.

— Moi aussi. Camus nous a tout apporté, c'est la « Lumière du Monde » ! avoue-t-il.

On sent que Richard aime raconter et il le fait fort bien. Il a une façon unique et très modeste de parler de *Barbe Bleue.*

— Tu sais, j'ai hésité à jouer ce rôle écrasant. Parfois, je me demande si je dois l'interpréter façon

1. Célèbre mélodrame anglais: *Murder in the Red Barn.*

« Maria dans l'étable rouge »[1], ou plutôt comme le maître du suspense... de... l'horreur quoi... cet acteur superbe... Ah ! Son nom m'échappe... heu... Victor... Vernon...

Je lâche à tout hasard :

— Vincent Price !

— Exact ! Tu vois, Price joue comme ça, avec une voix égale, une diction mesurée, du genre : « Tu vas mourir dans d'atroces souffrances ! » (Il l'imite à la perfection). J'espère que tout cela va me venir à la seconde où je me mettrai à jouer. Pour le moment, ce ne sont que les répétitions des premières scènes... Ça va pour toi avec Joey ?

— Parfaitement, Richard, elle est une partenaire très pro et agréable !

Plus le tournage avance, plus j'apprends à connaître cet homme que d'aucuns disent difficile, mystérieux, parfois irascible et... alcoolique, alors que je le vois si sobre.

Pendant les arrêts sur le plateau, il m'invite dans sa caravane de star. Un vrai wagon de luxe avec salon, chambre, salle de bains. Il n'y a pas d'alcool, juste des eaux minérales, jus de fruit, et du thé à profusion, servi par Bob Wilson. Un homme vraiment précieux pour Richard. Il est discret, intelligent et charmant avec moi. Il a vu une projection de mes scènes avec Joey et fait de grands compliments sur moi à Ron Berkeley et Richard qui, outre l'alcool banni, ne fume plus que vingt cigarettes par jour au lieu des cent habituelles, m'affirme Bob Wilson.

Un jour, Richard me lance :

— Tu vois, je suis aussi parfaitement sobre qu'un rejeton de A. A. !

Je hoche la tête, en mettant quelques secondes avant de comprendre que A.A. signifie « alcooliques anonymes ». Un jour, dans la caravane, Richard, outré, me raconte qu'en Arizona, il a été invité à dîner par les « X», des Républicains bien blancs s'appelant entre eux « les Gentils », dans un Country Club très chic rempli de « friqués ». La femme de X, Mary Frances, se penche sur Richard pour lui chuchoter :

— On est bien ici, car le club refuse les Juifs !

Richard me dit :

— Je suis resté un instant sans voix.

Elizabeth, assise un peu plus loin, n'avait pas entendu. La Mary Frances X, satisfaite, continue :

— Pour se débarrasser des Juifs, le patron leur a dit qu'ils étaient trop nombreux et qu'ils aillent ouvrir juste pour eux un autre club. C'était malin, n'est-ce pas, ainsi nous restons entre « Gentils ».

Richard me déclare :

— Entre-temps, j'avais repris mon souffle, je me suis engouffré dans l'ouverture pour l'assommer du coup final : « Comme vous paraissez l'ignorer, madame X, Elizabeth, ma femme, est convertie au judaïsme et sa fille Liza est de ce fait juive, de même que mon grand-père, ma grand-mère, mon père et ma mère étaient aussi de bons et braves Juifs. Aussi, les « Gentils », vous n'aurez pas à nous foutre à la porte, car c'est nous qui foutons le camp ! »

Et Richard se leva en entraînant Elizabeth et Liza, sous les regards pétrifiés des X si « gentils ».

— Tu sais, Eddie, continue Richard, tous ces gens sont comme le chien de Pavlov. Ils répètent des inepties horribles qui, sans qu'ils s'en rendent compte le moins du monde, en font des nazis. Quels salauds ! gronde Richard qui soudain éclate de rire en me rappelant que toute sa famille galloise était en fait presbytérienne.

— Mais quelle importance ! On est tous les mêmes…

Plus je connais Richard, plus je l'admire et apprécie son intelligence, sa droiture, son sens de l'humour et ses immenses dons d'acteur. Un jour, dans la Rolls, j'ose lui demander s'il accepte de me faire son imitation de Churchill. Il éclate de rire :

— Ah ! Bon, tu connais ça !

— Mais tout le monde sait que vous triomphez dans ce pastiche !

— C'est bon à savoir ! Quand je serai un vieux clown comme Grock, je pourrai toujours aller dans les foires singer le bouledogue anglais.

Et Richard, pour moi tout seul, interprète sa célèbre caricature. Un régal !

J'apprends par les rumeurs filtrant toujours sur les plateaux qu'Elizabeth Taylor a décidé de fêter ses quarante ans à Budapest par une méga fête d'anniversaire. J'ai terminé mes premières semaines de tournage. Il y a des changements de décor avec d'autres scènes et je dois revenir dans deux semaines pour tourner encore dix jours et, pour ma part, terminer le film.

Lors de ma dernière après-midi de tournage, j'ai la surprise de trouver le décor du château de Barbe Bleue orné de drapeaux nazis à croix gammée. C'est une idée d'Edward Dmytryk afin d'apporter un côté politique, et plus infernal, dans la personnalité du baron Von Sepper (ancien nazi).

Le coproducteur allemand est furieux. Nous ne sommes que deux décennies et demie après la guerre. L'idée de Dmytryk est très osée. C'est de la dynamite, car cela change tout le sujet du film. Richard sent la faiblesse du rôle. Après avoir hésité, il se laisse convaincre par Dmytryk. Alexandre Salkind et le producteur allemand aussi. Finalement, sur le plateau, tout le monde oublie Hitler pour ne reparler que de la fête somptueuse qu'Elizabeth prépare.

Je dis au revoir à tous, y compris bien sûr à Richard, qui me fait un clin d'œil avec un geste de la main vers

Ron que je ne comprends pas bien sur le moment. Je vais vers la voiture qui m'attend pour repartir à l'aéroport. Ron Berkeley me court après et me remet un grand carton d'invitation auquel franchement je ne m'attendais pas, au nom d'Edward Meeks et Jacqueline Monsigny.

Dans l'avion, je prends connaissance du texte imitant un télégramme que vont recevoir tous les invités :

« Bienvenue à Budapest, le week-end du vendredi 24, samedi 25 et dimanche 26 février 1972, pour aider Elizabeth à célébrer l'événement de ses quarante ans. Stop. Vous serez nos invités de l'arrivée au départ. Stop. L'hôtel fait très Hilton, mais il y a plein d'autres endroits amusants. Stop. Tenue décontractée vendredi soir. Pantalon pour les dames, samedi soir dans une cave du Duña. Stop. Costume sombre ou smoking, robe longue, pour dimanche soir. Stop. Lunettes noires pour gueule de bois !

Love, Elizabeth et Richard »

Cette invitation nous touche profondément Jacqueline et moi. Étant donné que je ne tournais plus à ce moment-là, Elizabeth, qui me connaissait à peine, n'était vraiment pas obligée de nous inviter. C'est évidemment Richard, je le comprends à son petit signe de la main, qui a ajouté nos noms sur une liste déjà impressionnante. Je sais que nos conversations dans la Rolls et sa caravane lui ont autant plu qu'à moi.

Donc, branle-bas de combat à Paris.

Jacqueline cherche sa robe pour la grande soirée de dimanche. Elle l'achète chez Vicky Tiel, épouse de Ron, dans sa boutique branchée rue Bonaparte. Reste le plus important : trouver un cadeau pour Elizabeth. Que peut-on offrir à une femme qui a tout ?

Jacqueline trouve une bague fantaisie très originale, avec deux anneaux, un pour l'annulaire, l'autre pour le majeur, représentant l'union totale d'un couple. La bague est en argent travaillé avec deux belles améthystes de la couleur de ses yeux.

Claudie nous dira qu'Elizabeth a beaucoup apprécié ce cadeau très original. Le téléphone ne cesse de sonner entre Alexandre et nous. Bien sûr, le maître des chignons, Alexandre de Paris, ami et coiffeur attitré d'Elizabeth, est invité, de même que son compagnon, Gérard Saldy, un homme d'affaires, directeur des salons de coiffure, fin, intelligent et charmant.

Le docteur Rodolphe Troques est aussi du voyage, c'est un chirurgien esthétique renommé, il est en compagnie de sa très belle épouse Mado. Alors qu'elle souffrait d'un petit bouton devenu une sorte de kyste sur le nez, Elizabeth avait consulté plusieurs chirurgiens américains qui voulaient lui inciser la peau, ce qui aurait ainsi fait une cicatrice sur son beau visage.

Rodolphe Troques inventa pour Elizabeth une opération très délicate, passant par l'intérieur du nez pour aspirer le kyste. Ainsi Elizabeth, ravie de l'opération, n'eut aucune marque sur le visage. On m'a dit que cette méthode inventée par le docteur Troques s'appelle maintenant l'intervention « Elizabeth Taylor ».

Les valises remplies de costumes, smokings, robes du soir, de cocktail, de jour, de brunch, de nuit, de sport pour visiter, etc. nous partons en groupe, Alexandre, Gérard, Rodolphe Troques, Mado Troques, Jacqueline et moi, pour Budapest.

Elizabeth et Richard ont réservé pour tous leurs invités des chambres donnant sur le Danube et la colline de Pest, là où aurait vécu Attila en personne !

Dans les chambres, un immense bouquet de fleurs nous attendait, avec une bouteille de champagne dans un seau de glace. Sur le bar, six bouteilles d'alcools et de vins fins étaient alignées avec le programme détaillé des trois jours. Peu amateurs de ces boissons, nous nous demandons, Jacqueline et moi, ce que nous allons faire de toutes ces bouteilles. Peu de temps après, nous le découvrons, car notre chambre devient la succursale d'un « café de Paris » avec tous nos copains, Gianni et Claudie Bozzachi, Ron Berkeley, Vicky Tiel, Bob Wilson, Raymond Vignole, plus un charmant journaliste italien dont nous avons malheureusement oublié le nom, mais qui a donné à Jacqueline sa recette pour faire cuire les spaghettis *al dente*. Triomphe désormais de mon épouse le dimanche soir dans notre cuisine, porte ouverte pour les amis qui n'ont rien à faire de mieux pour leur soirée.

Suprême attention de nos hôtes : il y a pour chacun de nous des cartes nous identifiant comme invités des Burton et nous permettant d'aller gratuitement à tous les services de l'hôtel : massages, coiffeur ouvert le dimanche, pédicure, manucure, piscine, salle de gym, boutiques, …

Si nous racontons toute cette splendeur des mille et une nuits, c'est que nous pensons avoir vécu, grâce à Richard et Elizabeth, la dernière des fêtes fastueuses et un peu folles, telles que pouvaient les donner en leur temps des Boni de Castellane, Jacques Fath, Christian Dior, le Baron de Rédé ou le milliardaire argentin, Patino.

Alexandre, qui était un homme très généreux et attentionné, offrit à Jacqueline une perruque bouclée car il était certain qu'étant très occupée, elle n'aurait pas le temps d'aller chez le coiffeur. Elle mettra en effet cette perruque le dernier soir et aura un tel succès coiffée ainsi, qu'Elizabeth viendra la féliciter.

Vers dix-neuf heures, pour le premier cocktail d'accueil, nous montons en petit groupe, avec Alexandre, Gérard et les Troques, vers le penthouse de Richard et Elizabeth. Ils reçoivent leurs premiers invités très simplement et de manière charmante.

Michael Caine et sa belle épouse indienne sont déjà là. David Niven, Susannah York, Ringo Star des Beatles et sa femme Barbara Bach, Joseph Losey, Bettina l'ex-mannequin compagne d'Ali Khan, Edward Dmytryk aussi bien sûr. Il y a Emlyn Williams et ses fils Brook et Alan, Doris Bruyner, l'ex-épouse de Yul Bruyner, (elle était très très snob, c'était la seule, les autres étaient tous simples et charmants : à croire qu'elle était Yul Bruyner en personne !). Nous ne sommes qu'une cinquantaine avec les Berkeley et les Bozzachi, nos amis.

Elizabeth est vêtue d'une étonnante robe de breitchwanz, une variété d'astrakan noir, ornée de pattes de fourrure un peu partout. Elle arbore d'énormes perles roses aux oreilles et un collier assorti autour du cou. Dans cette tenue baroque, elle est sublime, une sorte de reine tribale. Ses yeux violets brillent de mille feux. Jacqueline, que je lui présente, la complimente beaucoup sur sa tenue. Elizabeth semble ravie et lui dit qu'elle vient d'un créateur italien, le célèbre Romano. « Je vous donnerai l'adresse », nous affirme très gentiment Elizabeth.

Richard est plus décontracté. Blazer bleu, chemise blanche sans cravate. Je lui présente aussi Jacqueline. Il est très affable et lui demande combien de livres elle a déjà écrits.

— Trois, lui répond-elle.

— Vous avez l'intention de continuer ?

— Bien sûr… J'ai beaucoup de projets en tête.

— Et avez-vous des traductions en d'autres langues ? demande Richard.

— Oui, anglais, allemand, italien… Oh ! Mais j'ai aussi deux livres traduits en gallois !

— Quoi ! fait Richard. En langue galloise, impossible !

— Si, je vous assure ! *Le Cavalier de Petersbourg* et aussi *Floris mon amour* sont traduits en gallois…

Et Jacqueline d'ajouter en riant :

— Comme vous êtes le seul Gallois que je connaisse, puis-je vous les envoyer ?

— Et comment ! Plutôt deux fois qu'une ! Vous n'oubliez pas ?

— Non. Edward vous les apportera.

Richard va même chercher Elizabeth pour lui dire que Jacqueline a des livres traduits en gallois. De loin, elle applaudit gentiment pour faire plaisir à son mari, car il semble évident que la traduction en gallois ne doit pas du tout épater Elizabeth. Gianni Bozzachi, qui a vu la scène, entraîne Jacqueline sur la terrasse pour lui chuchoter :

— Tu devrais demander à Richard une interview… Je connais des journaux en Italie qui passeraient ton article…

— Mais je ne suis pas journaliste, proteste Jacqueline.

— Cela ne fait rien, je suis sûr qu'en tant qu'écrivain, tu lui poseras des questions qui lui plaisent et auxquelles il répondra avec sincérité. Viens, il faut lui en parler.

Gianni entraîne Jacqueline à nouveau vers Richard. Convaincue, elle lui demande s'il accepte de lui donner une interview. Il répond : « D'accord, mais par écrit, et de votre écriture. J'aime voir les lettres tracées à la main sur le papier. Je vous répondrai de même, c'est ce qui me plaît le plus.

Nous avons retrouvé, Jacqueline et moi, ces précieux documents. On peut y lire les questions de Jacqueline et les réponses de Richard tapées sur sa petite machine à écrire (voir à la fin de ce livre), offerte d'une manière totalement sincère. Richard ouvre son âme à un moment de sa vie où bientôt les choses vont devenir de plus en plus compliquées entre Elizabeth et lui.

En dehors des réceptions, nous parlons beaucoup avec Claudie, Vicky, Gianni et Ron Berkeley. Tous, comme Gaston le chauffeur et Raymond Vignole, sont totalement dévoués aux Burton. Bien sûr, ils ont des situations magnifiques, privilégiées, mais en-dehors de l'opulence de leur existence, on sent un réel amour et une admiration totale pour ce couple de légende.

Après le cocktail dans le penthouse, qui se termine fort tard, nous nous réveillons pour participer au brunch le samedi midi. Nous avons la surprise d'y retrouver la princesse Grace de Monaco, qui nous invite, Jacqueline et moi, à sa table. Nous connaissons bien la princesse, que nous voyons chaque année au festival de TV de Monte-Carlo. Comme toujours, elle est belle, sereine ; vêtue avec une grande classe, escortée de sa dame d'honneur hongroise, Mme Aurelli. La princesse, malgré toutes les stars présentes, semble heureuse de nous retrouver. Le déjeuner, avec un très distingué professeur d'Oxford, est passionnant. On parle bien sûr de Shakespeare. Grace, qui ne rate jamais une occasion de faire la promotion de son pays, Monaco, nous décrit la Sécurité sociale et les retraites pour les Monégasques. Elle pourrait ne rien faire dans son palais, or elle est très active, engagée dans les œuvres de la Croix-Rouge, les arts, le théâtre « Princesse Grace », les ballets, les écoles et les prêts à taux zéro, institués par le prince Rainier, pour que les Monégasques puissent s'acheter des appartements à bas prix. Le professeur d'Oxford est comme nous bouche bée de cette véritable description de ministre de la Communication de la principauté.

À cet instant entre le couple royal. Si tôt dans la journée, Cléopâtre, ou plutôt Elizabeth, est vêtue comme une idole, d'un large pantalon de satin noir et d'un poncho brillant violet à longues franges. Un énorme diamant est attaché en ferronnière sur son front, un autre bijou pend au bout d'une longue chaîne d'or. C'est un éléphant, en diamants lui aussi, cadeau de son avocat, nous expliquera-t-elle. Avec Jacqueline, nous ne pouvons nous empêcher de penser qu'Elizabeth a dû lui faire gagner beaucoup d'argent pour qu'il envoie un cadeau pareil. Mais c'est sur sa poitrine fort décolletée, entre ses seins, que repose le plus gros des trois diamants, celui en forme de cœur avec gravé à l'intérieur « À ma bien-aimée ». Cadeau de Richard à Elizabeth. Ainsi parée, tout autre femme aurait été assez ridicule, voire de mauvais goût. Pas Elizabeth. Elle est unique. Personne ne peut la jalouser. Elizabeth rayonne de bonheur en tenant le bras de Richard.

Un court instant, elle l'abandonne pour venir embrasser la princesse Grace et elle nous demande très gentiment si tout va bien. Nous la remercions en l'assurant que sa fête est un vrai rêve. À notre grand étonnement, elle nous remercie pour son cadeau. Malgré ses tenues flamboyantes, Elizabeth est d'un abord très facile, d'une conversation aisée. Elle ne fait pas d'embarras, va droit au but. Nous apprenons cependant qu'elle a « décommandé » les trop « nombreuses » actrices du film : Raquel Welch, toujours le bras dans le plâtre, pas du tout embarrassée, arrive, « désinvitée », et vient embrasser

Elizabeth comme si de rien n'était. Visiblement agacée, mais préférant changer de sujet, Elizabeth s'exclame :

— *Ah ! Raquel, you know princess Grace?*

C'est assez peu protocolaire, mais Grace, comme toujours, est immuable, sereine et parfaite. Raquel s'esquive. Elizabeth va rejoindre Richard et la princesse nous demande si nous allons à la fête ce soir dans la cave de l'hôtel.

Bien sûr, nous ne voulons rien rater des réjouissances et nous convenons de nous y retrouver. Cette soirée est un très bon souvenir. Un orchestre joue des musiques hongroises très entraînantes. Tous les frères gallois, à l'exception d'Ifor, toujours immobilisé, sont là. Comme de vrais mineurs, ils chantent, pour la plus grande joie de Richard, qui se joint à eux pour entonner des chants de leur pays. La princesse Grace arrive avec les cheveux dénoués. Elle a l'air d'une vraie jeune fille. Nous parlons à une table avec elle, Richard et Elizabeth. L'atmosphère, au milieu des tonneaux de bière, est très détendue.

Pendant cette soirée « cave », avec de fausses toiles d'araignées accrochées aux murs pour faire plus « Dracula », Cis, la sœur aînée de Richard, veut les arracher.

— Arrête, c'est un décor ! lui fait Richard. Elles m'ont coûté cinq dollars chacune pour donner une couleur locale à ce lieu trop propre !

Nous dansons tous ensemble des czardas en nous tenant par la main, mais en ne connaissant pas du tout les pas assez compliqués.

Nous nous sommes tous couchés fort tard. Le lendemain, nous sommes allés nous promener sur la colline de Pest avant de nous préparer pour la dernière soirée au night-club du dernier étage de l'hôtel Intercontinental, dont les baies offrent une vue splendide sur le beau Danube, qui n'est absolument pas bleu mais plutôt gris-vert.

La salle à manger est décorée de ballons blancs et or. La princesse Grace est somptueuse en robe Christian Dior en velours brodée d'or. Elle est coiffée royalement par Alexandre d'un de ses fameux chignons tressés. Elizabeth porte une superbe robe Vicky Tiel de voile blanc, avec encore des perles et des diamants partout, ce qui lui va toujours à ravir.

À la fin du souper, l'énorme gâteau aux quarante bougies est découpé par Elizabeth et Richard, sous les applaudissements et les flashes des photographes qui ont eu le droit d'entrer. Très tard, nous sommes allés saluer la princesse Grace, Elizabeth et Richard, à leur table. Ils semblaient tous trois ravis de la soirée. La princesse, toujours exquise, nous dit :

— Merci de m'avoir tenu si agréablement compagnie. À bientôt, à Paris ou Monaco.

Elizabeth nous assura encore que notre bague violine l'avait enchantée. Nous avons pensé qu'elle était vraiment polie, vu le nombre de diamants qu'elle portait, et Richard, très souriant, m'a déclaré :

— À bientôt, Eddie… On continuera le film, et surtout, à parler rugby.

Nous avons quitté le night-club alors que l'orchestre de trente musiciens jouait le morceau préféré d'Elizabeth : *I left my heart in a San Francisco.*

Un incident eut lieu juste avant notre départ. Le fils aîné d'Emlyn Williams, Alan Williams, romancier, ayant peut-être un peu trop bu. Il exprima clairement devant les journalistes présents sa désapprobation devant toutes ces festivités auxquelles il avait pourtant participé très allègrement. Il criait que c'était une honte d'avoir gâché tant d'argent en frivolités inutiles alors que les pauvres Hongrois ne savaient pas comment manger le lendemain matin. Il se disait scandalisé d'assister à une fête capitaliste dans un pays communiste.

Nous fîmes partie, avec Jacqueline, des invités navrés de ces réflexions déplacées, qui protestèrent auprès de la presse, pour affirmer que, grâce aux Burton, beaucoup de Hongrois avaient été engagés pour travailler sur cette fête. Les serviteurs de l'hôtel, les extras, les cuisiniers, les chauffeurs, les décorateurs, etc. avaient été très satisfaits car fort bien payés (en dollars, une aubaine alors à l'Est). Le personnel local avait été largement récompensé. De plus, Richard et Elizabeth, dont on ne pouvait soupçonner la générosité, avaient donné avant la fête un chèque substantiel de cent mille dollars à des écoles pour l'éducation et le sport des enfants hongrois.

Richard refusa de se fâcher avec son ami de toujours Emlyn Williams, et le fils, un peu calmé, alla comme tout le monde se coucher.

Nous avons, le lendemain matin, repris l'avion, assez pâles et endormis, avec les Troques, Alexandre et Gérard. Jacqueline préparait déjà ses questions pour Richard.

J'étais heureux à l'idée de repartir dans deux semaines terminer *Barbe Bleue*.

Quand je suis arrivé de nouveau à Budapest, j'ai très vite compris que tout avait changé.

Ifor Jenkins, le frère tant aimé, paralysé depuis sa chute en Suisse, et qui avait servi de père à Richard, était mort brusquement.

Désespéré, culpabilisé, Richard s'était remis à boire pour noyer son chagrin. Dans son penthouse, Elizabeth ne savait plus que faire pour consoler Richard.

La déchirure

Elizabeth et Richard devaient fêter joyeusement leur anniversaire de huit années de mariage officiel, mais dix ans de vie commune, le 15 mars 1972, seuls tous les deux après cette fête inoubliable de Budapest.

Avec la mort soudaine d'Ifor, ils partirent brusquement au pays de Galles enterrer ce frère aîné qui, m'avait raconté Richard avec tant de reconnaissance nostalgique dans la Rolls, lui avait offert « son premier vélo », dont il était si fier enfant.

En attendant ma voiture pour me rendre au studio, je vois passer Richard à huit heures du matin, le regard aussi fixe que vide. Sans paraître me reconnaître, il s'arrête devant le bar qui vient à peine d'ouvrir, commande une double vodka-orange et la boit d'un seul trait.

Gaston et Bob Wilson arrivent aussitôt vers lui. Ils le transportent littéralement, droit comme un I, hors de l'hôtel, vers la Rolls. J'ai l'impression que Richard, depuis que je l'ai vu, il y a seulement une quinzaine de jours, a terriblement vieilli, perdant brusquement sa joie de vivre et son plaisir de raconter des histoires. Sur le plateau, le réalisateur, Edward Dmytryk, me confie que depuis le retour de l'enterrement, c'est l'enfer. Richard n'est plus qu'une âme en peine. Les démons de l'alcool, qu'il avait si souvent combattus, parfois avec succès, étaient revenus au galop. L'enfer avait pris possession de Richard. Il ne pouvait ni comprendre, ni admettre la mort d'Ifor. Sur le plateau, Elizabeth l'entourait de son affection et de sa présence. Malgré ses patients efforts, Richard, qui se vantait de lui être fidèle depuis dix ans, commençait à se laisser approcher de trop près par les huit beautés du plateau : Virna Lisi, Nathalie Delon, Raquel Welch, Marilu Tolo, Karin Schubert, Agostina Belli, Sybil Danning, Joey Heartherton, ma partenaire. L'instinct féminin était le plus fort. Elles voulaient sans doute toutes être la « seule », « l'unique » à pouvoir consoler Richard. Blême et exaspérée, Elizabeth assistait à ce manège de redoutable séduction en mordillant ses lèvres.

Nous devions tourner de nuit. Malgré sa douleur, Richard réussissait à jouer son rôle de Barbe Bleue. Peut-être même que ses tourments intérieurs le servaient pour rendre le personnage encore plus énigmatique et cruel.

Dans une scène indiquée par Dmytryk, à laquelle je ne participais que de loin comme spectateur, Richard devait descendre une rue sombre en entraînant sa nouvelle conquête, qu'il va évidemment congeler. Je ne peux révéler le nom de sa partenaire car je n'ai évidemment aucune preuve de la suite. Il faut simplement savoir qu'il ne s'agissait ni de Virna Lisi, ni de Joey Heartherton, ni Karin Schubert, ni Marilu Tolo, Agostina Belli, ou Sybil Danning. Il n'en reste que deux à choisir : Raquel Welch ou Nathalie Delon ?

La scène de la rue se répète plusieurs fois. On la tourne trois fois. Barbe Bleue a le bras posé sur les épaules de sa nouvelle conquête, il l'entraîne vers la nuit. Dmytryk crie : « Coupez ! », il est satisfait des prises.

Richard et la « lady » ne remontent pas vers la caméra. Ils disparaissent au coin de la rue. L'équipe technique et nous, tous les acteurs, attendons qu'ils réapparaissent. En vain, personne ne revient. Dmytryk envoie son second assistant voir ce qui se passe en bas.

Rien ! Plus de Richard ni … la personne en question. En fait, Gaston, sur l'ordre de Richard, est venu avec la Rolls par un autre chemin le chercher avec sa conquête et … bonsoir la compagnie !

Le lendemain, Richard fait téléphoner par Gaston qu'il ne peut venir tourner, ayant la grippe. Mais il n'est pas à l'hôtel Intercontinental « en train de se soigner », où l'attend Elizabeth, dans le penthouse, folle de rage.

Évidemment, tous ces événements étaient relatés, répétés comme dans un village cancanier par tous les participants du film, techniciens, metteur en scène, acteurs, figurants et personnel de l'hôtel. Une fois de plus, un film se déroulait dans le film. Mes sentiments étaient mitigés. J'étais à la fois soulagé que Richard reprenne un peu goût à la vie, mais inquiet de la suite des événements.

Comment Elizabeth allait-elle prendre « la chose » ? La première tromperie officielle de l'homme qui lui avait juré voici dix ans, fidélité, et ce devant tant de témoins, y compris des journalistes présents à Budapest, tombait bien mal.

Elizabeth n'avait qu'une réponse à sa portée et à la hauteur de sa célébrité. Elle décrocha son téléphone, dixit Claudie Bozzachi, pour appeler à Rome le seul homme capable de rendre jaloux Richard : Aristote Onassis. Celui-ci, flatté, invita Elizabeth à dîner, sans Jackie bien sûr qui était de son côté furieuse de ce rendez-vous, dans un des plus grands restaurants de Rome, *via Venetto*, au vu et su de tous.

Très paternel, Aristote écouta au début le récit d'Elizabeth en larmes. Elle cherchait du réconfort. Le vieux brigand, jouant les protecteurs, promit de la consoler en l'invitant le temps qu'elle voulait sur son yacht, *Le Christina*. Il lui passa le bras autour des épaules en déposant un chaste baiser sur sa tempe, l'assurant de son « amoureuse » amitié ! À cet instant, une trentaine de paparazzis envahirent le restaurant, bousculant les clients, les tables et les serveurs pour avoir un cliché. « La » photo d'Elizabeth trompant Richard Burton avec « le mari de Jackie Kennedy-Onassis ».

C'était du délire, entre Feydeau et Dostoïevski. Tout aurait peut-être encore pu se calmer, mais la police romaine, appelée malheureusement par le patron, envahit le restaurant et une bagarre de western, avec tables volant en l'air, coups de poing entre policiers, paparazzis et serveurs eut alors lieu dans la salle, au milieu des clients huppés hurlant et fuyant. Quel scandale !

Elizabeth et Onassis furent « évacués » par les cuisines et mis dans deux voitures différentes pour gagner, affirma l'héroïne, deux hôtels différents.

Le lendemain, toujours aussi folle de rage, Elizabeth réussit de Rome à joindre Richard, rentré de son escapade, dans le penthouse de Budapest.

— Salopard ! Enlève cette putain de notre lit !!! hurla Elizabeth.

Revenu sur le tournage, Richard, vraiment naïf, demanda à Dmytryk, bien content d'avoir retrouvé son acteur plus en forme :

— Mais comment Elizabeth a-t-elle pu être au courant ?

— Mais Richard, vous ne voyez donc pas qu'Elizabeth a mis des espions tout autour de vous... Elle voit tout, sait tout... et organise tout... Elle est plus forte que le MI-5 et le Mossad réunis !

C'est Edward Dmytryk lui-même, ne pouvant s'empêcher de rire, qui me raconta cet échange.

En fin de journée, Elizabeth et Richard, après s'être copieusement disputés, durent faire bonne contenance pour se rendre à un dîner officiel qu'ils avaient accepté de longue date à l'ambassade britannique.

Elizabeth, en larmes, raconta à Claudie de retour à l'hôtel que tout s'était très mal passé. Richard, méconnaissable, se conduisit comme un goujat. Il injuria deux ambassadeurs, d'abord l'Anglais, puis un Suisse, ainsi que leurs épouses. Celles-ci, épouvantées, se mirent à glousser nerveusement.

— Vous autres, les Suisses, z'êtes une sale engeance ! leur lança Richard en rotant.

L'envoi d'un énorme bouquet de fleurs à l'ambassade le lendemain, avec un mot d'excuses de Richard, n'arrangea rien. Personne ne lui répondit.

La mort d'Ifor l'avait totalement détraqué. Il ne pouvait stopper ses pulsions destructrices et même suicidaires. Cependant, vaille que vaille, il continuait de tourner. Une fois de plus, il fallait bien « terminer ce putain de film ».

Allant peut-être un tout petit peu mieux, Richard me proposa à deux reprises de partir au studio avec lui dans la Rolls. Nous ne parlions plus rugby, mais avec beaucoup de tendresse, il évoquait sa vie au pays de Galles avec Ifor. Il me dit un jour qu'il aimerait rentrer vivre au pays de Galles pour y écrire. Je me suis demandé ce qu'en penserait Elizabeth. Pourrait-elle s'habituer à cette vie ?

Il y avait eu entre eux, c'était visible, une terrible déchirure. Un choc pareil ne peut s'effacer en quelques jours. Une autre fois, Richard m'invita à venir le rejoindre dans sa caravane avec Ron Berkeley et Bob Wilson.

Il nous versa à tous des vodkas-orange dans des verres immenses. J'étais dans l'impossibilité d'avaler tout cet alcool dès le matin, sinon on allait me transporter aux urgences. Faisant mine de boire, j'ai discrètement vidé le liquide dans une plante verte qui est peut-être morte la nuit suivante.

Richard n'a rien dit, mais je sais qu'il a compris que je ne serais jamais le compagnon de boisson idéal dont il avait besoin. Cependant, il allait faire un geste absolument incroyable pour moi. Le dernier jour de tournage de mon rôle arrivait. La journée était fort longue car nous avions commencé à tourner à midi, nous devions continuer toute la nuit avec une scène où je pénétrais dans le parc du château de Barbe Bleue qui lançait ses molosses, heureusement dressés, contre moi, son rival dans le cœur de Joey Heartherton.

Or, la production ne m'avait pas payé depuis longtemps. J'arrivais donc au dernier jour et, si le directeur de production ne me réglait pas mon dû, je sentais que j'aurais beaucoup de mal à être réglé. Il y avait des bruits sur le plateau disant que la production n'avait plus assez d'argent pour finir le film.

Combien d'acteurs ont été ainsi floués et n'ont pu récupérer leur dû ? J'ai chez moi plusieurs traites restées impayées et dont j'avais pu faire des papillotes pour tapisser les murs.

Ma dernière et difficile scène arrive. Je ne peux refuser de tourner à Edward Dmytryk. À cet instant, Richard vient me voir. C'est le Richard que je connais, sobre ce soir et souriant.

— Ron me dit que tu pars demain matin, Eddie… et que tu n'as pas été payé… Que puis-je faire pour toi ? Veux-tu que je me mette en grève ? Crois-moi, tu auras ton chèque dans la minute.

Incroyable Richard « Cœur de Lion ». Il vient de vivre l'une des périodes les plus tragiques de sa vie et il pense, avec cette générosité incroyable, à un partenaire qu'il connaît finalement assez peu. Mais Richard a toujours estimé qu'étant la star d'un film, il devait veiller à faire traiter avec justice tous ceux qui jouaient avec lui, acteurs ou techniciens. Il y avait du Gérard Philipe et du James Stewart en lui.

Le remerciant avec émotion, je lui demande de ne rien faire jusqu'à ce que j'aie pu enfin « coincer » le directeur de production.

La nuit est froide, très longue et les chiens fort énervés. C'est le genre de scène que tout le monde déteste réaliser. Elle se passe assez bien, enfin les molosses jouent à la perfection leurs rôles et ne me dévorent pas. Au moment où Dmytryk crie « Coupez ! », ouf ! le directeur de production arrive avec son chèque à la main. De loin, Richard me salue comme un pilote de la RAF. Je vais lui dire au revoir en le remerciant du fond du cœur.

— Nous nous reverrons, Eddie, c'est sûr, bientôt…, fait Richard en me tapant sur l'épaule à… l'Américaine. Nous nous serrons ensuite la main, moi avec reconnaissance et émotion. Je vois la Rolls qui arrive avec Elizabeth. Elle ne s'avoue pas battue et continue d'affronter courageusement ses huit rivales.

Ma voiture m'attend. Je rentre à l'hôtel et le lendemain matin, très tôt, un avion me ramène à Paris, assez secoué de tous ces événements en dehors du tournage.

J'en parle avec Jacqueline et nous nous demandons comment ce couple unique va pouvoir recoller les morceaux éparpillés de leur vie.

À la fin de l'été, au chalet Ariel de Gstaad, *Barbe Bleue*, de funeste mémoire enfin terminé, le couple Burton semble avoir retrouvé la paix, déclare Raymond Vignole. Ils se promènent main dans la main parmi les gens du village. Leur secrétaire est soulagé. Il a retrouvé Richard et Elizabeth calmés, même sereins.

Le réalisateur Brian G. Hutton appelle Elizabeth.

— Allô, love… Veux-tu venir à Londres tourner pour moi un vrai thriller… *Night Watch (Terreur dans la nuit)* ?

— Raconte, baby… répond Elizabeth en faisant signe à Richard de prendre l'écouteur.

— C'est l'histoire, darling, d'une épouse qui vient de se débarrasser d'un mari encombrant et de sa maîtresse… Elle monte une véritable machination qui la lavera de tout soupçon en cas de découverte des corps.

Richard conseille à Elizabeth d'accepter. C'est un genre nouveau pour elle, la tueuse d'un thriller. Voilà Elizabeth à Londres en 1973, tournant avec grand plaisir aux côtés de Laurence Harvey, qui avait été son partenaire dans *La Femme au vison*, film pour lequel elle a eu l'oscar. Ce qu'elle ne sait pas, lui non plus, c'est qu'avec un cancer généralisé, Harvey réussit à travailler vaille que vaille. On l'opère pendant le film. Il revient avec un courage surhumain sur le plateau. Plus que dévouée, héroïque, Elizabeth le soutient, tentant de lui insuffler sa force à l'aide de son courage et sa passion de la vie. Elle s'allonge à côté de lui, prend dans ses bras Laurence Harvey comme autrefois Monty, passant des nuits entières de garde-malade à ses côtés, jusqu'à sa terrible fin qui se fait exactement avec celle du film. Elizabeth sort de cette épreuve brisée, anéantie, blessée. Elle sait que son mariage avec Richard bat de l'aile, mais elle craint, comme lui du reste, qu'ils ne puissent plus vivre l'un sans l'autre.

Comment continuer à vivre ensemble ? Comment pouvoir se séparer ? Leurs vies privées et professionnelles sont trop imbriquées.

« Laurel et Hardy » viennent sonner de nouveau à leur porte : pour la onzième fois, on leur propose de jouer dans un mélodrame en deux parties écrit pour ABC TV, au titre prémonitoire : *Divorce His, Divorce Hers (Divorce)*, du réalisateur Waris Hussein. Ils jouent Martin et June Reynolds. Un mari et une femme exposent tour à tour leur point de vue sur les raisons de la faillite de leur couple. Le scénario de John Hopkins est excellent, mais toute cette histoire n'est-elle pas trop près de la brûlante réalité ? Les spectateurs sont désarçonnés. S'agit-il des Burton ou des Reynolds ?

Les deux parties de *Divorce* sont déclarées par la critique « très médiocres ». Le *Times*, brutal, écrit même : « Un couple parfaitement assorti pour le désastre ». Quant à *Variety*, c'est du même acabit : « Aussi réjouissant que d'assister à une autopsie ».

Il y a cependant de très bons moments dans cette fiction TV, avec des éclairs de réelle tendresse, joie, angoisse, peur du lendemain. Beaucoup de couples désunis ont dû s'y reconnaître. Mais, c'est officiel pour le monde entier : le couple Burton – Taylor est en train de totalement déraper. Richard déclarera plus tard à notre ami Ron Berkeley :

— Dès que je me suis senti attiré par d'autres femmes, j'ai compris que la partie était terminée ! Phrase terrible.

Pourtant, apparemment, rien ne change, ni les gardes du corps ni les jets privés, encore moins les maladies d'Elizabeth et l'alcoolisme de Richard. La vie des Burton est toujours celle de nomades suivis de leur cour. Elizabeth sait que sa carrière est en perte de vitesse. Elle accepte de tourner pour la Paramount *Ash Wednesday (Noces de cendres)* (sic), de Larry Pearce, avec Henry Fonda et Helmut Berger. Elle y joue Barbara Sawyer, encore une fois une femme très riche, et le naufrage d'un amour. Un couple marié depuis très longtemps, Mark et Barbara, a vécu heureux. Mais vers la cinquantaine, leur passion s'effrite. Barbara prend alors la décision, pour faire revenir l'amour, d'avoir recours à la chirurgie esthétique, ce que ne fit jamais Elizabeth dans la réalité. À Rome, dans les studios de Cinecitta où ils tournent, le réalisateur Larry Pearce ose se mettre en colère contre Elizabeth qui a fait « poireauter » Henry Fonda pendant deux heures trente. Ce dernier reste très calme. Elizabeth refuse de s'excuser. Larry Pearce ne lui parle plus pendant une semaine. C'est Henry Fonda, grand seigneur, qui calme à la fois le réalisateur et la star, qu'il aime et admire au fond beaucoup.

Le séjour à Rome du couple Burton en 1973 est le même que celui des années passées : somptueuse villa 448, via *Appia Pignatelli*, famille Jenkins, enfants, chiens, chats, copains, belle-mère Taylor, avocats, etc.

Après avoir réussi à terminer les derniers plans de *The Battle of Sutjeska*, la reconstitution de Tito et les vingt mille figurants partisans de sa résistance contre Hitler, Richard tourne à Rome lui aussi *Rappresaglia (Massacre à Rome)*. Il joue le colonel Kappler qui, désespéré de cette horrible mission, doit choisir parmi trois cent vingt otages ceux qui seront fusillés, en représailles pour l'exécution par la Résistance romaine de trente-deux SS. Il joue avec Marcello Mastroianni. Le film est produit par Carlo Ponti. Richard déteste son rôle de « gestapiste » qu'il estime dégradant et Elizabeth n'aime pas plus son personnage de *Noces de cendres.*

À quelques jours de Noël 1973, Elizabeth, désespérée, seule, est hospitalisée à Los Angeles. Richard finit de tourner en Sicile. Il prend l'avion, survole le pôle, atterrit en Californie, flanque à la porte de la chambre d'Elizabeth un « consolateur trop encombrant », Henry Wynberg, charmant vendeur de voitures d'occasion âgé de trente-cinq ans, et ramène sa femme en Italie… pour finalement repartir quelques jours plus tard passer Noël dans leur cher Puerto Vallarta au Mexique où, épuisés mais vivants, ils trouvent un peu de paix.

Sur la chaîne NBC, le journaliste John Chancelor annonce pour la bonne année 1974 aux Américains : « Tout est sauvé. Elizabeth Taylor et Richard Burton sont réconciliés de façon permanente… Soyez rassurés ! »

Elizabeth est cependant convaincue que Richard a eu à Rome une liaison avec Sophia Loren, ce que Richard nie farouchement. Il est vrai que Carlo Ponti et Sophia ont invité Richard à demeurer dans leur palais pendant plusieurs semaines. Elizabeth est fine mouche. Claudie Bozzachi, qui était présente, avait remarqué que Sophia Loren changeait de couleur de chemise, bleu, jaune, rouge, verte, suivant le moment où Carlo Ponti, déjà bien âgé, allait faire sa sieste, pour d'après elle signifier à Richard, selon la couleur, si la voie était libre !

Finalement, après le séjour à Puerto Vallarta, Richard se rend à Novilla en Californie pour jouer *The Klansman (L'Homme du clan)*, un film se déroulant soi-disant en Alabama, sur l'affrontement entre le Ku Klux Klan et les droits civiques. Terence Young, le futur réalisateur des premiers *James Bond,* est le metteur en scène. Richard interprète un propriétaire terrien libéral en conflit avec le Ku Klux Klan, et Lee Marvin joue le shérif tentant de faire respecter la loi.

Richard arriva sur le tournage parfaitement sobre, mais Lee Marvin, aussi grand acteur que pochard bien connu, entraîna Richard, sans beaucoup de mal, à le rejoindre. Elizabeth survint, escortée de leur infirmière Chen Sam, enfin Zen Bhudda... Quand Elizabeth repartit, Richard en était à trois bouteilles de vodka par jour. Même ration pour Marvin !

En peu de temps, ce fut la curée des interviews. Les journalistes venaient du monde entier assister au spectacle inoubliable des deux plus grands poivrots du cinéma international, capables de tourner un film même ivres morts.

Vers la fin du tournage, Terence Young se décida enfin à faire venir un médecin qui annonça tranquillement à Burton qu'il ne lui restait plus que deux ou trois semaines à vivre.

— Si vous croyez qu'on peut se débarrasser si facilement de moi comme ça ! réussit à articuler Richard.

Marvin, lui, tenait encore debout. Une fois le film enfin terminé, on le renvoya à Hollywood.

Et voilà Richard admis d'urgence à l'hôpital St-John de Santa Monica, en Californie. Pendant six semaines un grand nombre de médecins font de leur mieux pour rafistoler le « grand corps malade » de Richard. Bien qu'ils ne donnent pas cher de sa peau, il va un peu mieux, ne boit plus que de l'eau et du thé, remange correctement. Son organisme en a pris un sacré coup. C'est alors qu'Elizabeth décide de demander la séparation. Elle a été tout pour lui, son océan, son copain, sa partenaire, sa maîtresse, sa femme, « son rugbyman préféré ». Elle ne peut plus rien pour lui.

Comme à son habitude, Elizabeth se conduit en souveraine. Elle écrit de sa main une lettre pour la presse :

« Je suis convaincue qu'il serait bénéfique et constructif que Richard et moi nous séparions pendant quelque temps. Peut-être nous sommes-nous aimés avec trop de force. Jamais je n'aurais cru une telle chose possible. Mais nous sommes restés constamment collés l'un à l'autre, et je crois que cela a provoqué une interruption passagère de la communication entre nous. Je veux croire de toute mon âme que cette séparation aura pour effet de nous ramener là où nous devrions être… je ne pars plus pour la Californie où se trouve mon mari ainsi que mes amis sincères (…) Souhaitez-nous le meilleur en cette période difficile. Priez pour nous. »

Elizabeth Taylor

Elle aurait quasiment pu signer Elizabeth Regina… Reine de Hollywood.

Cette lettre « confidentielle », destinée à tout son public, est unique. Elle prend le monde de ses admirateurs pour confident. Des pasteurs prient pour elle et Richard dans les églises presbytériennes et les rabbins dans les synagogues. Richard déclare aux journalistes qu'il ne se considère pas séparé d'Elizabeth. Il retourne à Rome, vit comme un ascète, ne boit plus, mange avec appétit les bons plats de pasta que lui confectionne Sophia Loren. Il renaît à la vie.

Richard tourne *Il Viagio (Le Voyage)*, une histoire d'amour en Sicile avec Sophia Loren, production de Carlo Ponti, son mari, et comme metteur en scène Vittoria de Sica, dont ce fut le dernier film, basé sur une histoire de Luigi Pirandello.

Elizabeth à son tour arrive à Rome pour tourner *Identikit (The Driver's Seat)*. Elizabeth y joue le rôle d'une femme qui correspond totalement à son état d'esprit, avançant seule vers un destin fatal dont elle est en grande partie responsable.

Elizabeth est aussitôt invitée chez les Ponti. Elle y reste exactement neuf jours, atroces, observant Richard et Sophia Loren qui font des messes basses dès que Carlo Ponti a tourné le dos. Il y a bien sûr la version Sophia Loren, peut-être vraie après tout, qui se présente comme une réelle amie du couple et faisant tout pour les réconcilier, en leur cuisant elle-même ses fameux spaghettis. Mais Elizabeth Taylor, toujours dixit Claudia Bozzachi, comprend le fameux code des chemises aux couleurs différentes : « Pas possible », « La voie est libre », « À ce soir », « Maintenant, viens me retrouver ». Elle est furieuse, malheureuse et surtout humiliée par la tromperie.

La « réconciliation » dans le palais des Ponti dure donc neuf jours. Elizabeth hait de plus en plus les pastas de Sophia. Très éprouvée, elle quitte de nuit la demeure des Ponti pour aller déposer armes et bagages au Grand Hôtel, sans rien dire de ses soupçons à Carlo Ponti bien vieux, et sans revoir Richard, ni surtout « la » Loren. Hagarde, Elizabeth arrive le lendemain sur le plateau avec cinq heures de retard. Les larmes aux yeux, elle prend la parole :

— Pardonnez-moi mon retard, j'ai eu une journée difficile !

Et… la star Elizabeth est follement applaudie par toute l'équipe émue, connaissant par la presse les difficultés du couple.

— J'ai toujours cru ne jamais revivre une journée aussi terrible que celle de la mort de Mike Todd. Je me trompais. Aujourd'hui est la deuxième plus triste journée de ma vie.

Pendant le tournage de *The Driver's Seat*, Elizabeth a demandé à Henry Wynberg, ce très bel homme, plus jeune que Richard, ce qui déplaît beaucoup à celui-ci, de venir la rejoindre à Rome. Pour narguer Richard ? Possible.

D'origine hollandaise, Wynberg joue parfaitement les princes consorts. Amants ? Pas amants ? Probablement. Cette fois-ci, Elizabeth oublie le sacro-saint mariage pour vivre avec un homme en admiration et aux petits soins pour elle. Raymond Vignole dira qu'elle a rencontré Henry Wynberg dans une boîte de nuit.

— C'est un vrai playboy, un chevalier servant avec un très bon caractère ! déclare haut et fort Elizabeth.

Piqué au vif, Richard lance pour les journalistes qui l'entourent :

— Bah ! Elle a pris ce mec par intérim !

Ils sont arrivés au point de non-retour. Elizabeth va vite, très vite maintenant.

Le divorce des Burton est officialisé le 6 juin 1974 à Saaner, petite station voisine de Gstaad, où Elizabeth séjourne.

Le partage des biens colossaux sont moins difficiles que les avocats pouvaient le craindre. Burton garde le *Kalizma*, Elizabeth conserve les joyaux, bien qu'on lui ait quand même demandé de les rendre. Les bijoux ayant comme ceux de Mike Todd été offerts sur l'argent des sociétés. Elle a envoyé tous les avocats, y compris le cher Aaron, « se faire f… ». Ils doivent s'incliner. Richard garde les sociétés, mais, avec orgueil, Elizabeth refuse, comme Sybil, toute pension alimentaire.

Elle repart en Californie, suivie d'Henry Wynberg. Richard multiplie les conquêtes. Il s'installe à « pays de Galles » avec une superbe actrice noire, Jeanne Bell, qu'il a connue sur *L'Homme du clan*.

Voilà, c'est fini. Elizabeth et Richard ne vieilliront pas ensemble ! Les journaux parlent même d'une liaison de Burton avec la princesse Elizabeth de Yougoslavie, une amie de quinze ans. Est-ce pour montrer au monde qu'il est encore et pour toujours, un vrai don juan ? Tout est donc terminé. Du moins peut-on le croire ?

Avec les Burton, sait-on jamais ?

Chapitre 6

Elle

Coup de poker

Elizabeth bâille à se décrocher la mâchoire. Elle s'ennuie à Hollywood. Henry Wynberg, son chevalier servant, essaie de la distraire sans grand succès.

Dans son vaste lit, entourée de ses chiens et chats, Elizabeth ne peut s'empêcher de lire et relire, dans la page des spectacles, les nombreux articles concernant Richard. Il va, paraît-il, se fiancer avec la princesse Elizabeth de Yougoslavie et il annonce qu'il va l'emmener au Maroc visiter les kasbah, palais et souks !

— Grand bien leur fasse ! Elle verra bien, la « Yougo », quand il fera la danse du ventre avec une mousmée ! ricane Elizabeth.

À son retour du périple marocain en Angleterre, Richard, ignorant les « bénédictions » d'Elizabeth, accepte d'interpréter le rôle de Sir Winston Churchill, son ennemi personnel, dans un film, *Walk with Destiny*

(Marcher avec le destin), produit par la NBC et la BBC. Les producteurs sont venus chercher Richard en raison de sa superbe imitation de la voix du vieux bouledogue dans *The Valiant Years.*

Bien que toujours fatigué, mais beaucoup moins corpulent que Churchill, Richard est superbe dans le rôle de celui qu'il prétend tant détester. Pour bien montrer ses pensées, il ose déclarer au *New York Times*, qui le félicite de sa prestation :

— On peut très bien interpréter un personnage abject. En fait, sachez que je hais Churchill et tous ses semblables conservateurs. Je hais avec violence ces soi-disant hommes d'État… Je ne peux accepter les paroles de Churchill, déclarant à propos des Allemands : « Il faut qu'ils saignent et qu'ils brûlent. Il faut les recouvrir de ruines fumantes. » Quant aux Japonais, n'a-t-il pas osé dire aussi : « Nous allons les éliminer, hommes, femmes, enfants. Il ne restera pas un seul Japonais à la surface du globe ! »

Et Burton de continuer sur sa lancée :

— Un désir de vengeance aussi féroce m'emplit d'horreur : Attila, Gengis Khan, Tamerlan, Lénine, Hitler, Staline ne m'inspirent pas d'autres sentiments.

Il va sans dire que les réactions à ces propos firent en Angleterre l'effet d'un séisme. Peut-être voulait-il venger la marche des mineurs gallois crachant leurs poumons. Seul le grand écrivain contestataire John Osborne applaudit à tout rompre. En revanche, les amis fidèles, tels Tim Hardy et Emlyn Williams, envoyèrent à Richard des télégrammes de protestations. De plus, Richard eut droit à un blâme officiel au parlement de Londres. Richard s'en contrefichait, car le film rafla une audience record qui ravit les chaînes de TV.

En lisant tous ces faits et gestes, Elizabeth devient de plus en plus songeuse. Elle en arrive à la conclusion : « Il s'ennuie sans moi ! Il s'ennuie de moi ! »

Cruelle déception. Un mois plus tard, elle découvre avec rage que Richard va tourner avec Sophia Loren, toujours pour la TV, *Brief Encounter (Brève rencontre)*, le remake d'un film culte avec autrefois Trevor Howard et Celia Johnson, qui ont marqué les rôles de leur empreinte : un homme et une femme, employés ordinaires, se rencontrent dans le train journalier de banlieue. Il ne se passe rien entre eux, seulement des regards suggérant l'amour passionné qu'ils ressentent l'un pour l'autre. Mais celui-ci ne peut les mener à rien en raison de leurs vies de famille. Ils sont mariés, ils sont déchirés, mais doivent se séparer.

Sophia Loren ne pouvait être crédible dans un train pour Londres bondé, en travailleuse impeccablement coiffée. Richard, qui avait bien connu la misère des « petites gens », s'en sortait mieux.

Elizabeth est sûre maintenant que Richard lui a menti. C'est lui qui a fait engager cette reine de la pasta, cette Sophia de malheur. Elizabeth est décidée à repasser à l'attaque. Mais comment faire, sans tomber de son piédestal ? Elle prend le prétexte de Winston Churchill pour appeler Richard et le féliciter, à la fois pour sa prestation et sa violente déclaration. Touché, il prend l'habitude de téléphoner à Elizabeth pour « avoir simplement de ses nouvelles ».

Elle lui annonce qu'elle va partir en Russie début 1975, à Saint-Pétersbourg qui s'appelle encore Leningrad, pour tourner *The Blue Bird (L'Oiseau bleu)*, de George Cukor. Il s'agit en fait d'un film américano-soviétique, une sorte de conte poétique. Elizabeth est « Mère, Sorcière », Jane Fonda « La Nuit », Ava Gardner « La Luxure », Robert Morley « Père Temps », la vedette russe, Nadejda Pavlova, est « l'Oiseau bleu ». Ce conte, d'après l'œuvre de Maurice Maeterlinck, se passe dans un pays idéal (ce qui plaît beaucoup aux dirigeants soviétiques), où règnent la fantaisie et le bonheur, avec deux enfants, Tyltyl et Mytil, qui sont à la recherche de l'Oiseau bleu. En fait de rêve magnifique, Elizabeth contracte, comme presque toute l'équipe américaine, en raison de l'eau polluée du robinet, une dysenterie amibienne qui la fait maigrir de huit kilos. Elle tourne quand même, totalement épuisée, au milieu d'une équipe décimée et fantomatique qui ne cesse de se tenir le ventre. Bien se faire soigner à l'époque en Russie est assez difficile. La production fait venir une cargaison de bouteilles d'eau minérale en provenance de Finlande, ainsi que des docteurs finnois armés d'antibiotiques.

Pendant ce temps, Richard est en Suisse, à « pays de Galles », où il se refait une santé.

En cachette d'Henry Wynberg qui la soigne, Elizabeth téléphone à Richard et celui-ci fait de même quand sa maîtresse, la séduisante perle noire Jeanne Bell, est sortie. Richard s'inquiète beaucoup pour Elizabeth. Il craint pour elle le froid et lui recommande de bien se couvrir. Elle le rassure. Elle a emporté en Russie douze manteaux de vison, blanc, rose, beige, ivoire, bleu, noir, saumon, caramel… Elle en offrira d'ailleurs beaucoup à ses camarades russes à son départ. Bref, il y en a pour tous les goûts. Surtout ceux du camarade Leonid Brejnev, premier secrétaire du parti et chef du présidium du conseil suprême de l'URSS, grand amateur de femmes et grand admirateur d'Elizabeth Taylor. Il a vu tous ses films et les a fait reprojeter au Kremlin avant de la rencontrer, pour lui prouver sa « Kulture » cinématographique. Bref, elle est reçue par Brejnev comme une impératrice. À son habitude, elle ne s'en étonne même pas. Bien sûr, Jane Fonda et Ava Gardner sont aussi très bien accueillies par Brejnev. Mais tout, absolument tout, est pour les yeux violets d'Elizabeth. Il voudrait, affirme-t-il, en riant quand même de son rire d'ogre, lui offrir le palais d'Hiver et les bijoux de la Grande Catherine !

À part l'eau du robinet, Elizabeth est séduite et trouve l'Union Soviétique aussi charmante qu'accueillante. Mais ses pensées ne cessent d'aller vers Richard. Désormais, elle lui téléphone de plus en plus régulièrement, sous tous les prétextes.

L'Oiseau bleu enfin terminé à Leningrad, Elizabeth donne une grande réception pour fêter la fin du tournage (le film sera un total échec commercial). Reine du septième art, Elizabeth offrit sa photo dédicacée à tous les techniciens et acteurs du film. Elle n'oublia pas d'en faire porter une à Leonid Brejnev, qui la garda toujours, affirme-t-on, dans son bureau. Mais désormais, elle est décidée à jouer le tour pour le tout. C'est son coup de pocker.

Elizabeth appelle Richard pour lui dire qu'elle se rend en Suisse et que le revoir « en ami » lui ferait assez plaisir. Il est dans les mêmes dispositions, voulant rester en bons termes avec Elizabeth. On n'efface pas d'un trait dix ans de vie commune, même mouvementée.

Dès le lendemain, Richard se rend au dîner qu'Elizabeth a fait organiser chez son avocat genevois. Il n'y a que quatre amis très discrets et proches du couple.

L'un d'eux raconte très bien :

— Ce fut comme au cinéma, il est entré à droite du salon, elle par la gauche. Nous étions les figurants au milieu. Il était très nerveux, elle était très pâle. Nous avions soudain la gorge serrée et tous les larmes aux yeux, d'assister ainsi à des retrouvailles si déchirantes. Chacun d'eux s'avança lentement l'un vers l'autre, comme en un plan cinématographique. Burton la dévorait des yeux en souriant très doucement. Elle ne put résister à se jeter dans ses bras, le visage totalement inondé de larmes. Quel moment admirable et poignant ! Le divorce, ces mois de rancœur, d'amertume, de phrases aigres, tout était effacé.

Tout le monde but un toast enthousiaste au renouveau. Lui prit seulement un jus d'orange, elle un verre de lait. Ils étaient de simples enfants devenus sages et rentrant au bercail. Le soir, ils partirent pour l'hôtel de Richard, la main dans la main. Le lendemain matin, l'attaché de presse des Burton annonçait à la face du monde leur réconciliation. Elizabeth avait totalement « oublié » Henry Wynberg à son hôtel, elle lui demanda de repartir vite fait pour la Californie, mais en cadeau d'adieu, elle lui offrit de devenir le directeur du lancement du parfum Elizabeth Taylor !

Nul ne sut si cette promotion consola le beau playboy.

De son côté, Richard demanda à Jeanne Bell de quitter la villa « pays de Galles » en Suisse avec son petit garçon, que Richard aimait beaucoup et dont il assura les études dans une très bonne pension privée. Quant à Jeanne, elle ne partit pas les mains vides, mais peut-être le cœur brisé.

Et tout recommença, comme avant, au pas de course.

Elizabeth et Richard s'envolent pour Israël où ce dernier devait participer à un gala de bienfaisance ! Convertie au judaïsme, Elizabeth est accueillie aux côtés de Richard comme la reine de Saba.

Au retour, ils retrouvent leur cher chalet Ariel de Gstaad et leur dévoué secrétaire Raymond Vignole, très ému, qui se réjouit de leur bonheur. Elizabeth est folle amoureuse de Richard. Elle a gagné. Il est revenu, abandonnant pour elle toutes ses bayadères, y compris « Miss Pizza », la Sophia Loren tant détestée. Ils ne peuvent rester en place et partent à nouveau pour une autre soirée de charité en Afrique du Sud. Puis, retour à Gstaad. Elizabeth sait où elle va. Elle doit, elle veut à nouveau épouser Richard. Il lui faudra deux mois pour convaincre Richard et obtenir qu'ils se remarient. Au fond de lui-même, il hésite, devine qu'il s'agit d'une aberration.

— Je sais, mon amour, que nous serons toujours ensemble au sens biblique du terme ! lui écrit-elle pour son petit-déjeuner.

Elle le couve, le berce, le soigne, l'entoure de son amour d'une manière incroyable et si touchante, mais trop dévorante, nous dira Raymond Vignole, qui est le premier témoin privilégié de ces retrouvailles. Comme un gros chat ronronnant, Richard se laisse faire, admirer, adorer, ensorceler. Il peut à peine respirer. Il sait, lui, que se remarier est la pire des choses à faire, mais comme un barrage cédant sous la pression de l'eau, ses sentiments pour Elizabeth sont les plus forts. Il ne veut et ne peut plus rien lui refuser, même sa vie.

Elizabeth, triomphante, choisit la date de leur second mariage, le sixième pour elle, le troisième pour lui. Ce sera la 10 octobre 1975, au Botswana, en Afrique australe, république indépendante associée au Commonwealth.

Elizabeth dira qu'elle a choisi cet endroit romantique au bord du fleuve Chobe, sur le territoire Tswana, pour sa splendeur et pour éviter la publicité. C'est possible, mais il est probable que les lois du Botswana étaient moins « regardantes » pour établir les papiers du mariage qu'en Grande-Bretagne.

Richard avouera plus tard à son ami Tim Hardy :

— Quand je me suis retrouvé au bord d'un immense fleuve rempli d'hippopotames et devant un pasteur noir, entouré de toute la tribu Tswana avec pagnes de paille et coiffes colorées, j'ai pensé : « Mais qu'est-ce que je fous là ? Drôle d'endroit pour se marier, dans la jungle, bénis par un *gentleman* africain vêtu de noir et avec un chapeau claque sur la tête ! »

L'union faite, paraît-il dans les règles, Elizabeth sanglote de bonheur sous les applaudissements des populations qui n'ont jamais vu ses films, mais trouvent la dame blanche très belle. Elle a quarante-trois ans et Richard, pour encore un mois, quarante-neuf.

Après le baiser traditionnel, Richard passe au doigt d'Elizabeth, noblesse de star oblige, un diamant de soixante-douze carats.

— Cette union est pour la vie ! jure Elizabeth.

Richard devine que tout est trop beau, il dira : « C'était un rêve démesuré et démoniaque ». Elizabeth l'a conduit « au bout du bout » de la folie. Il sait que toute cette mise en scène est un échec dès le départ.

Le lendemain de ce jour magnifique, il tombe très malade : une nouvelle malaria. Heureusement, ils ont eu la précaution d'emmener leur infirmière, Chen Sam – Zen Bhudda –, qui réussit à remettre un peu sur pied Richard. Il savait, Elizabeth aussi, être sensible au paludisme et à la malaria. C'est invraisemblable qu'ils soient partis ainsi sans médicaments préventifs. Deux adultes se conduisant comme des adolescents fougueux : c'est aussi leur immense charme, celui qui fait d'eux des êtres à part.

Au mois de novembre, après avoir retrouvé le bon *fog* de Londres, Richard, fatigué et toujours malade, accepte quand même de fêter le 10 novembre 1975 ses cinquante ans (il est né en 1925), chiffre fatidique. Il reçoit tous ses fidèles amis, un verre d'eau minérale à la main. Elizabeth boit allègrement du champagne.

Après cette réception très chaleureuse de la part des intimes, Richard sombre dans l'abattement et la tristesse. Il se plaint de ses terribles douleurs d'arthrite dans le dos et les bras. Il avoue à Elizabeth qu'il n'est plus le même homme si fort et courageux. Il est fatigué, abattu, il n'a plus envie de rien.

Elizabeth le secoue : « Ce n'est pas grave, cinquante ans. Tu vas très bien. Pour moi, tu es toujours le même. » Rien n'y fait. Il se traîne lamentablement de pièce en pièce, sans projet d'avenir.

— Allons, décide Elizabeth, l'air de Gstaad te fera du bien !

Ils passent Noël au chalet Ariel. Raymond Vignole est surpris du changement de Richard, si faible et déprimé. Le fidèle secrétaire est très inquiet. Il essaie d'alerter Elizabeth, qui ne veut rien entendre. Mais soudain, sans raison apparente, Richard va beaucoup mieux. Il ne parle plus d'arthrite. Ses épaules se redressent. Ses yeux redeviennent verts, son teint bronzé.

Il fait du ski tous les jours. Elizabeth se réjouit pour lui. Pas pour longtemps.

— Hello ! Vous êtes Richard Burton ?

— Et vous, qui êtes-vous ?

Dans la cabine du téléphérique, Richard vient de rencontrer une superbe Anglaise blonde, élégante, mannequin en instance de divorce. Elle s'appelle Susan (Suzy) Hunt, elle est encore « un peu » mariée au champion automobile James Hunt.

Cover-girl célèbre dans tous les pays anglo-saxons, Susan est moderne, dynamique. Ses parents étaient des colons anglais chassés du Kenya par les Mau Mau. Richard l'invite même au chalet Ariel. Au début, Elizabeth ne se méfie pas. Auprès de Susan, Richard retrouve soudain vie et force. Elle a vingt-sept ans, près de la moitié de l'âge de Richard, mais cela ne se voit pas, tant il a brusquement récupéré et rajeuni. Richard est engagé pour jouer *Equus*, de Peter Schaffer, à Broadway. Le metteur en scène est John Dexter. Richard doit interpréter le rôle très difficile de Martin Dysart, un psychanalyste chargé de résoudre la terrible névrose d'un jeune adolescent qui crève les yeux des chevaux !

Malgré la dureté de la pièce qu'il travaille au chalet Ariel, Richard va de mieux en mieux. Il voit Susan tous les après-midi, non plus sur les pistes mais dans la chambre d'un autre chalet très discret.

À la fureur d'Elizabeth, on peut la comprendre, Richard décide de partir pour New York avec Susan Hunt en janvier 1976. Quand Elizabeth découvre la tromperie, elle crie à sa rivale :

— Tu ne tiendras pas plus de six mois avec Richard !

— Peut-être, répond l'autre calmement, mais ce seront six mois valant la peine d'être vécus !

Dans l'avion, Richard se penche sur sa nouvelle compagne pour lui chuchoter :

— Tu m'as aidé à m'éloigner d'Elizabeth. Pour un temps, croit-il. Dans son esprit, il ne s'agit que d'un moment de paix et de distraction.

Tremblant de douleur, Elizabeth se montre beaucoup à Londres avec un très bel homme, Peter Darmarin, un agent de publicité de trente-sept ans. Il est charmant et distrait Elizabeth de son chagrin pendant exactement sept semaines.

Mais coup de théâtre : Richard, qui joue avec grand succès *Equus*, téléphone à Elizabeth pour lui demander de venir immédiatement le rejoindre à New York.

Pleine d'espoir, Elizabeth prend le premier avion. Elle va voir Richard au Plymouth Theater de Broadway, où il joue *Equus*, admire sa performance sur scène, et le lui dit. Mais, pendant le dîner chez Sardi's qu'ils prennent en tête à tête, Richard lui déclare très tranquillement :

— Sam chérie, je t'ai demandé de venir à New York car je veux un divorce immédiat pour épouser Susan Hunt.

Dire que le ciel tombe sur la tête d'Elizabeth est en dessous de la vérité. Certains témoins au restaurant affirment qu'elle lui a même flanqué la nappe et son contenu à la figure en hurlant :

— Et tu m'as fait faire huit mille bornes pour m'annoncer cette connerie !

Sous l'orage, Richard tient le coup. Elizabeth appelle son avocat, qui prépare aussitôt deux formulaires de séparation. Leur second divorce sera prononcé le 1er août 1976, à Haïti, en même temps que le partage définitif des biens. Les amis de Richard affirment qu'Elizabeth l'a dépouillé.

Mais elle est annihilée, humiliée, désemparée, tandis que Richard triomphe à Broadway, file le parfait amour avec cette « Susan de malheur », et va se remarier avec elle, aussitôt divorcé d'Elizabeth.

Elizabeth se barricade à Hollywood, au Beverly Hills Hôtel, puis dans une demeure qu'elle loue à Bel Air. Une interview de Richard la cloue au lit, elle sanglote, déchire ses draps, hurle des imprécations :

« Depuis que j'ai épousé Susan, je ne bois plus, j'ai un regain de vitalité, mais je n'oublie pas ma "vieille copine". Je m'inquiète pour elle, pas sur le plan matériel, mais affectivement… elle est très vulnérable ! »

— *Bastard !* crie Elizabeth en déchirant le journal.

L'expression « la vieille copine » a du mal à passer. Elle se réfugie dans l'alcool, les ice-creams et le chocolat. Elle grossit, veut mourir. Elle, Elizabeth Taylor, a été larguée ! Quelle gifle ! Son imprésario, Robert Lantz, l'appelle :

— Elizabeth, tu es une des plus grandes actrices de cinéma… Avec ton talent, tu ne dois pas rester éloignée des studios. J'ai un contrat pour toi, *A Little Night Music,* production de New World Pictures, un film d'Harold Prince. Tu dois le faire… Reviens au cinéma qui t'attend et t'aime.

C'est le rôle de Desiree Armfeldt, une actrice vieillissante, qui décide d'abandonner le théâtre pour se marier. Elizabeth s'identifie bien à ce nouveau rôle, dont une des répliques la rend songeuse : « J'ai toujours rêvé d'avoir un vrai foyer et un vrai mari et de jouer de temps en temps quand ça me chante… »

« Mais c'est ma vie ! » songe Elizabeth.

Elle est « au bout du rouleau », mais, au grand soulagement de son agent, elle accepte de reprendre le travail. Elle a rompu avec Peter Darmarin, qui n'était finalement qu'un pis-aller. Sans mari, sans soupirant, elle est perdue. Ses quatre enfants, qui l'aiment sincèrement, l'entourent de leur mieux. Aux pires moments,

Elizabeth, par monts et par vaux, a toujours pensé à leur bonheur. Elle les a beaucoup gâtés, bien que n'étant pas une maman au foyer classique. Mais elle les a entourés d'amour et ils le lui rendent bien.

Allant de la côte Est à la côte Ouest sans but véritable, elle est invitée pour la grande soirée d'Independance Day, le 4 juillet 1976, à l'ambassade britannique de Washington, en présence de la reine Elizabeth II d'Angleterre.

Elle n'a plus de compagnon sous la main, et décide d'y aller avec son coiffeur. Ce n'est pas Alexandre de Paris mais un figaro de Washington.

Très choqué par cette idée baroque, Sir Peter Ramshotan, l'ambassadeur, demande à John Warner, un bel homme de cinquante ans qui travaille pour l'administration Ford à la Maison-Blanche, de servir d'*escort-boy* à Elizabeth.

Évidemment très flatté, Warner, qui est divorcé d'une milliardaire, Catherine Mellon, dont il a eu trois enfants, accepte, ravi, la mission. Comprenant enfin que tout espoir de retrouver Richard est perdu, Elizabeth prend le bras de John Warner pour aller faire sa révérence à « l'autre » reine, Elizabeth II.

Mais cette soirée va changer une fois de plus son destin. Elizabeth, démocrate, contre la peine de mort et la vente libre des armes, pour l'avortement et le mariage des homosexuels, devient une star de

Washington. John Warner est républicain. Qu'importe ! Avec passion, Elizabeth se jette dans la politique. Il veut devenir sénateur. Du reste, John Warner lui dit ingénument :

— Avec une épouse telle que vous, Elizabeth, je suis sûr d'être élu au Sénat !

Et voilà Elizabeth faisant campagne pour son septième mari, si on compte le remariage avec Richard. Elle l'épouse joyeusement, vit avec lui dans sa « ferme » de Virginie de trois mille *acres*, environ deux mille hectares. Il y a de la place pour deux.

Bien décidée à s'éloigner cette fois-ci du cinéma, Elizabeth se lance avec fougue dans la campagne électorale de John Warner. Elle prend des cars, des trains, harangue la foule venue l'admirer. C'est elle la vedette. Elle crie : « Votez Warner, c'est lui le meilleur ! » Elle devient la Lady de Washington. La Dame du Pouvoir, celle que tous les hommes politiques veulent approcher, y compris Henry Kissinger. Finalement, la scène politique, c'est beaucoup plus amusant que les plateaux épuisants de Hollywood. Le président Gérald Ford raffole d'Elizabeth Taylor. Il l'invite aux fêtes qui ont lieu sur la pelouse de la Maison-Blanche. Toutes les dames sérieuses de la capitale politique imitent Elizabeth et ses tenues vestimentaires flamboyantes.

Liz Taylor devient la reine incontestée de la côte Est. Elle a décidé que John Warner, son époux, sera sénateur et quand Elizabeth veut quelque chose…

Au milieu d'un bataillon républicain comptant Ronald Reagan, Barry Goldwater et le président Ford en personne, Elizabeth réussit à faire élire sénateur son mari John Warner, très brillamment, le 7 novembre 1978.

Mais, après l'excitation de la campagne, qu'y a-t-il ? Rien. Elizabeth s'ennuie à périr dans la superbe ferme, à regarder vaches et taureaux brouter l'herbe tendre. Les mois, même les années, passent au ralenti. Elle mange des hot-dogs, des frites, du pop-corn, boit du whisky, prend des somnifères, et s'aperçoit avec horreur qu'elle pèse quatre-vingts kilos, puis quatre-vingt-deux, quatre-vingt-trois, quatre-vingt-cinq kilos…

Elizabeth, soudain, a peur de devenir une quinquagénaire boulotte oubliée du public. « Son » public. Le 8 juillet 1979, son ex-mari Michael Wilding, meurt en Angleterre à l'âge de soixante-sept ans.

Elizabeth rejoint ses deux fils pour les obsèques de leur père. Elle dépose une gerbe de roses jaunes sur son cercueil avec ces mots écrits de sa main : « Très cher Michael, je t'aimerai toujours. Elizabeth ».

Le chagrin de ses fils, Michael junior et Christopher, brise Elizabeth. Elle avait quasiment oublié Wilding, pourtant elle l'a aimé sincèrement autrefois.

Soudain, Elizabeth en a assez de manger, d'être grosse et moche. Elle décide de réagir par une nouvelle cure d'amaigrissement totalement réussie. Et elle accepte de jouer pour la première fois à Broadway *The Little Foxes (Les Petits renards)*, une pièce de Lilian Hellman, au Martin Beck Theater de New York et aussi en tournée, sur une mise en scène d'Austin Pendleton.

Cette brusque conversion au théâtre coïncide avec la reprise de *Camelot* à Broadway avec, dans le rôle fétiche d'Arthur, Richard Burton !

Chapitre 7

Lui

Renaissance

— Susan m'a sauvé la vie ! déclare Richard haut et fort à ses amis.

Il va de mieux en mieux. Avec intelligence, Suzy Hunt ne met pas, comme Elizabeth, les bouteilles sous clé. La vodka et le gin sont bien en évidence sur le bar, mais elle renforce Richard dans sa décision « irréversible » de ne plus boire. Richard déclare qu'il ne veut plus jamais entendre le mot « alcoolique ». Évidemment, toutes ces déclarations reviennent aux oreilles d'Elizabeth qui en éprouve une immense douleur. À part Mike Todd, il est sûr que Richard est le plus grand, voire le seul amour de sa vie.

Pendant qu'Elizabeth souffre, Richard boit du petit lait. Il raconte à Susan qu'un Irlandais ivre mort lui avait prédit dans les lignes de la main, quand il avait vingt ans, qu'il mourrait comme le Christ à trente-trois ans. Richard avoue que cette soi-disant vision l'avait profondément secoué. Susan comprend qu'en fait Richard, comme beaucoup d'acteurs, est très superstitieux. Elle s'emploie à lui démontrer qu'il a aujourd'hui cinquante ans, qu'il se porte de mieux en mieux, et qu'elle va de plus s'occuper de lui et de sa carrière.

Ce programme plaît infiniment à Richard, qui se laisse dorloter, chouchouter et ne s'occupe plus que de jouer, ce qu'il sait très bien faire.

Pendant que Richard est en scène pour jouer le grand triomphe d'*Equus*, Elizabeth vient dans les coulisses et la loge vide de Richard. Elle écrit, à l'aide d'un bâton de rouge à lèvres sur le miroir : « Tu es fantastique, mon amour ». Susan, exaspérée, veut effacer ces mots avec de l'eau de Cologne. Richard l'en empêche. Il les gardera tout le temps de la pièce devant lui, regardera le message tout en se maquillant.

Toutefois, il épouse Susan Hunt le 21 août 1976 en Virginie. Il commence à tourner un film, *Jackpot*, de Terence Young, l'histoire véridique d'un comédien, Reid Lawrence, paralysé à la suite d'un accident d'ascenseur. James Coburn est son partenaire, mais le film est interrompu par manque de capitaux.

— Bah ! Ce sont des choses qui arrivent dans ce métier de fous ! lance Richard, philosophe.

Susan commence à se rendre compte que le cinéma est un job à risques. À la même époque, Stanley Baker meurt d'un cancer et Richard est très affecté par la disparition de son ami gallois.

Mais il surmonte sa peine et, en 1977, Richard incarne dans *Exorcist II The Heretic (L'Hérétique)*, de John Boorman, le père Philip Lamont, envoyé par le Vatican pour exorciser un jeune enfant possédé du démon. Il joue avec Max Von Sydow, qu'il admire beaucoup. Susan est choquée par *L'Exorcist* et demande à Richard de ne plus jamais jouer de rôle pareil, dans un film aussi nauséabond. Richard est assez surpris car il a aimé incarner ce prêtre luttant contre les forces démoniaques, mais il promet à Susan tout ce qu'elle veut.

À la suite du succès de la pièce, Richard tourne *Equus* avec pour metteur en scène Sydney Lumet, qui déclare, après quelques semaines de tournage :

— Le problème de l'acteur Richard Burton, c'est que lorsqu'il est en forme, il se montre si bon, si « extraordinairement » professionnel, qu'on est tenté d'en tirer parti à l'excès !

Performance incroyable, Sidney Lumet tourne en une seule journée les huit grands monologues de Burton (Martin Dysart) jouant avec retenue et émotion ce psychanalyste tellement troublé par la névrose de son jeune patient. C'est en ce genre d'occasion que le théâtre a été très utile à Richard au cinéma. Il sera, une fois de plus, « nominé » aux oscars sans recevoir la statuette. Maintenant, il le prend presque avec humour.

Pendant qu'Elizabeth, après l'excitation de la campagne républicaine de son mari sénateur, dépérit en grossissant à vue d'œil, Richard, lui, se lance dans une énième carrière qui s'avère beaucoup plus florissante que les derniers films de « Laurel et Hardy » avec Elizabeth. C'est dur, probablement très injuste, mais c'est ainsi. La carrière d'Elizabeth, qui ne fait rien pour la remonter, est en chute libre. La reine de Hollywood ne reçoit plus de propositions.

Et l'année 1977 continue pour Richard Burton avec *The Medusa Touch (La Grande menace)*, un film de Jack Gold avec Lino Ventura et Lee Remick. Il y incarne un écrivain occultiste ayant le don maléfique d'engendrer des catastrophes par sa seule force mentale. Son regard puissant et vert fait merveille dans le film.

Susan est de plus en plus la secrétaire, l'attachée de presse et… l'infirmière de Richard, qui souffre terriblement du dos, des épaules et des bras. Toujours cette maudite arthrite. Pourtant, Richard ne boit presque plus. Il estime que, grâce à Susan, il est en train de remporter le plus rude combat de sa vie contre la boisson. Des sciatiques à répétition le torturent. Il se bourre d'analgésiques très puissants. Néanmoins, il ne se plaint jamais et accepte en 1978 un rôle très physique. Celui du colonel Allen Faulkner, dans *The Wild Geese*

(Les Oies sauvages), d'Andrew V. McLaglen. C'est Reginald Rose, auteur de *Douze hommes en colère* qui a écrit le scénario. Pour Richard, c'est synonyme de talent.

Voilà Richard Burton et sa femme Susan qui partent rejoindre le lieu du tournage à Tschipise, dans le nord du Transvaal. Heureusement que ce n'était pas au sud, car les meilleures températures, qui sont normalement de quarante degrés, approchent souvent les cinquante ! Un cauchemar.

Les partenaires de Richard sont Richard Harris, Roger Moore et Stewart Granger. Avec ce dernier, ils ne parleront pas de Jean Simmons ni de la chatière. Le rôle de Faulkner, que tient Richard, est inspiré de la vie d'un mercenaire du nom de Mike Hoare, dit « Mad » qui, à la tête d'un commando de barbouzes, fit évader un leader africain injustement emprisonné.

Richard croit dur comme fer au succès du film. Il sait que le sujet est excellent et il a confiance dans le talent du metteur en scène. Bien sûr, Richard Harris boit trop lui aussi, il veut entraîner Burton et Moore, mais ceux-ci, vertueusement, résistent assez bien.

Susan et Richard ont à leur disposition une petite maison climatisée, heureusement, et Richard a obtenu pour sa femme un piano à queue car elle est très bonne pianiste et joue deux ou trois fois par jour. Richard a apporté cinq cents livres et il lit, lit, lit, en dehors des heures de tournage. Quand il souffre atrocement de son dos, il se contente, en vrai *gentleman*, de parler de « ses légères inflammations ».

La production est affolée. Côté boisson, tout va assez bien. Richard tient le coup, mais les assurances n'ont pas accepté d'assurer sa santé. Si le dos de Richard ne tient pas, le film est fichu, ruiné, arrêté.

McLagen raconte qu'ils n'ont dû arrêter le tournage qu'un seul jour. Alors que Richard, comme paralysé, est incapable du moindre mouvement, un médecin arrive en hélicoptère de Pretoria pour lui faire un nombre important de piqûres, le long de la colonne vertébrale. Ce devait être un vrai remède de rhinocéros. Le lendemain, Richard est debout et recommence comme si de rien n'était le tournage, à sauter, courir, se bagarrer.

Susan est aux petits soins pour Richard, mais cela semble déjà l'agacer parfois. Elle lui apporte du thé qu'il ne boit pas, du potage qu'il refuse, ne cesse de lui passer la main dans les cheveux. Elle a évincé tous les vieux compagnons de Richard. Désormais, c'est Susan qui maquille Richard, remplace le cher Ron Berkeley, coiffeur et maquilleur de talent. Il est impossible qu'elle connaisse aussi bien l'art du maquillage. Elle se substitue à Bob Wilson pour apporter les costumes. Elle en fait trop, éloigne les copains de toujours, même Emlyn Williams et Tim Hardy. Elle veut de plus en plus superviser sa carrière, lui faire oublier Elizabeth, la dépasser. Est-ce possible ? Andrew McLagen veut réaliser *Sea Wolves* à Gao, au Mali, à la fin des *Oies sauvages*, avec la même équipe d'acteurs, Burton, Harris, Moore, qui triomphent au box-office. Un autre film d'action. Susan pousse Richard à refuser. Il est toujours difficile de juger de l'attitude de quelqu'un. Peut-être craignait-elle pour lui une nouvelle malaria ? Ou estimait-elle sincèrement que ces films d'action étaient trop durs pour lui. Malgré ses douleurs, il est fier d'avoir un triomphe dans *Les Oies sauvages,* et le film gagne beaucoup d'argent. Bien sûr, Elizabeth, qui savait lire les scénarios, lui aurait sans doute conseillé de continuer avec Andrew Mc Lagen (« Marche ou crève ! », lui aurait-elle dit), car en plus, Richard s'amusait beaucoup avec ses copains acteurs et c'était important pour lui. Mais il est toujours difficile à quelqu'un n'étant pas du métier d'avoir le « nez » pour sentir les bons projets. Susan était une *cover-girl* jetée dans le cinéma au plus haut niveau. Elle voulait sûrement le meilleur pour son mari. Il semble qu'elle va quand même mal le conseiller. En 1979, il tourne *Absolution*, sur un scénario d'Antony Shaffer, le frère de Peter Shaffer *(Equus)*, réalisé par Anthony Page. Richard revient à un rôle plus sérieux, celui du père Goddard, prêtre et professeur dans un collège de garçons. Son cachet, mal discuté par Susan, n'est que de cent vingt-cinq mille dollars, tarif bien inférieur aux siens à l'époque.

Encore une fois, un rôle de prêtre, à qui l'on vient confesser un meurtre dans un collège anglais. S'il ne le dessert pas, ne lui apporte rien de nouveau dans sa carrière, sinon une critique déclarant que c'est « un mélodrame prétentieux », alors qu'il vient de prouver qu'à son âge (nous sommes en 1979, il a donc cinquante-quatre ans), il peut encore, avec un film comme *Les Oies sauvages*, démontrer sa capacité à attirer les foules.

Il tourne la même année avec de nouveau Andrew V. McLagen *Breakthrough (La Percée d'Avranches)*, le titre aux États-Unis est *Sergent Steiner.* Richard interprète Steiner, qui tente d'obtenir un cessez-le-feu et une reddition honorable des Allemands. Le sujet du débarquement est un peu loin déjà pour le public. Ses partenaires sont Curt Jurgens et Robert Mitchum. Le résultat ne sera que d'estime. Mais, grâce aux *Oies* qui continuent de voler autour du monde, Richard remonte ses cachets à sept cent cinquante mille dollars.

Il part d'abord avec Susan se reposer à Puerto Vallarta, où Elizabeth Taylor à une rue à son nom. Richard s'est fait construire une belle demeure au-dessus de celle qu'il a laissée à Elizabeth, dans la montagne, et Susan a la tâche de décorer la nouvelle maison. Cela devient une obsession : « faire mieux qu'Elizabeth Taylor ».

Elizabeth pourtant ne décorait pas. Elle mettait tout à la va-vite avec en plus les chiens, chats, canaris, enfants et les robes jetées par terre !

En 1980, Richard incarne dans *Tristan and Isolt (Tristan et Iseult)*, le roi vieillissant Mark de Cornouailles. Aller tourner là-bas lui plaît. L'Irlande est un pays presque aussi révolté contre les Anglais que le pays de Galles, et Richard s'y sent à l'aise. C'est là qu'il reçoit un coup de téléphone d'Alan Jay Lerner.

— Allo, Rich ? Qu'est-ce que tu dirais de reprendre *Camelot* en tournée, puis à New York ?

Sans réfléchir ni demander l'avis de Susan qui serait sûrement contre, Richard répond :

— Oui… cela me plaît !

Comme toujours, Richard est en totale contradiction avec lui-même. Il se sent fatigué. Susan le dorlote… trop ! Il a besoin de reprendre les rênes de son destin. Il se sait vieillissant, coupé par Susan de ses vieux amis. Il est devenu sage, très sage, ce n'est pas bon pour lui. Une longue tournée d'un côté à l'autre des États-Unis va lui faire du bien. Il va jouer, chanter, manier l'épée. Il va en mourir d'épuisement ou guérir par miracle. C'est parfait.

— Oui, Alan… Oui, je viens reprendre ce vieil ami de Camelot.

Après avoir signé, il apprend que sa « bonne copine » Elizabeth va jouer en même temps que lui, en tournée, puis au Martin Beck Theater de New York, *The Little Foxes (Les Petits renards).*

Lui, après la tournée, sera au Lunt-Fontanne, là où il avait joué *Hamlet,* avec Elizabeth toujours en coulisses. Il ne résiste pas au plaisir de lui téléphoner.

— Allo… Ocean ? Sais-tu que nous allons jouer en même temps à New York ?

— Évidemment, Agatha. Je sais toujours tout… Auras-tu assez de souffle pour pousser la chansonnette ?

— Et toi, ma petite fleur, tu devras donner de la voix pour ta première prestation au théâtre… Ce n'est plus du cinéma !

— Viens me donner des leçons de diction tous les soirs, baby ! Car je finirai la tournée en Angleterre… Apprends-moi enfin l'accent gallois !

Tous deux raccrochent très satisfaits l'un de l'autre. Ils ne se sont quasiment pas parlé depuis cinq ans. Ils ont fait la paix et savent qu'ils vont se revoir au hasard de leurs tribulations de gitans.

Susan, qui a entendu toute la conversation, sent confusément que Richard, avec *Camelot,* va lui échapper.

Chapitre 8

Elle

Débuts à Broadway

— Avant la Première, il faudra l'hospitaliser !

— Elle est incapable d'apprendre un texte aussi long par coeur.

— Vous verrez, Liz, trop gloutonne, va encore se coincer un os de poulet dans la gorge !

Rappel fielleux à un incident qui aurait pu être dramatique, pendant la campagne électorale de Warner, où Elizabeth avait dû être transportée d'urgence à l'hôpital, un os pointu de poulet risquant de l'étouffer. Depuis que le *New York Times* a annoncé en 1980 les débuts d'Elizabeth Taylor au théâtre, les commentaires aigres-doux vont bon train. À les entendre tous, Elizabeth, à quarante-huit ans, va connaître le plus retentissant échec de sa carrière. Quelques amis fidèles, comme Rock Hudson et Roddy Mc Dowall, protestent :

— Vous ignorez à quel point Elizabeth a en elle la force de vaincre et vous oubliez aussi que Richard Burton revient avec *Camelot* au théâtre...

Certains se prennent même à rêver d'un troisième remariage entre les « amants terribles ». Pour tous ceux qui les ont connus ensemble, un fil magique invisible les relie toujours l'un à l'autre. La preuve, Susan Hunt-Burton fait tout un drame à Toronto, au Canada, où commence la tournée *Camelot*, car une photo d'Elizabeth Taylor est restée dans le programme. Assez maladroitement, Susan exige que non seulement la photo soit retirée, mais le programme changé, sans faire allusion dans la biographie de Richard à ses dix ans de mariage avec Elizabeth Taylor. Richard, blasé, laisse faire.

Avant les premières répétitions des *Petits renards*, Elizabeth répond tranquillement à ses détracteurs :

— J'ai passé ma vie à narguer le sort... Les critiques de cinéma m'ont bien éreintée… Si les gens de théâtre prennent la relève, quelle importance... On me croit morte et c'est moi qui me relève toujours.

Depuis qu'en 1939 l'immense actrice Tallulah Bankhead avait triomphé au théâtre dans le personnage cynique et ambigu de Regina Giddens, l'auteur de sa pièce, Lilian Helman, avait refusé à toutes les autres actrices de reprendre ce rôle-fétiche à Broadway. Seule Bette Davis l'avait tourné en 1944 au cinéma. Âgée maintenant de soixante dix-sept ans, et après avoir rencontré Elizabeth Taylor, l'auteur dramatique intransigeante fit, à la grande surprise de tous, une exception pour Liz :

— Mon personnage de Regina est, comme Elizabeth, un être à multiples facettes. Elle sera parfaite dans ce rôle de garce du Sud, pourtant vulnérable. C'est la personne idéale aujourd'hui. Elle a le bon âge qui convient au rôle et c'est le meilleur moment pour elle et pour ma pièce ! Vous verrez, Liz sera aussi bien que Bette Davis, Tallulah Bankhead ou Greer Garson à la TV en 1956.

Elizabeth a fait une cure d'amaigrissement et retrouvé une ligne superbe. Elle demande au cher Mike Nichols *(Virginia Woolf)* d'être son metteur en scène. Malheureusement, il n'est vraiment pas libre et le regrette. C'est Austin Pendleton qui est chargé de ce travail difficile, mettre Liz en valeur en l'entourant de solides et très bons comédiens de théâtre.

Maureen Stapleton, Anthony Zerbe et Joe Pernazecki, sont très sceptiques et considèrent Elizabeth Taylor comme une poupée de cinéma. Ils sont aussitôt étonnés, comme le fut autrefois Richard, par son professionnalisme et sa modestie.

— Je ne suis qu'une actrice instinctive, avoue-t-elle à ses partenaires, mais j'ai l'expérience du travail, de l'observation, je sais faire des essais et rectifier mes erreurs. Aidez-moi !

La troupe répète pendant deux mois dans une excellente ambiance. Elizabeth est exacte. Ce rôle de femme à la beauté déclinante mais décidée à voler ses deux frères, des êtres sans scrupules, lui convient parfaitement. Dans cette vaste propriété du Sud, la haine, le mépris, l'appât de l'argent, les propos haineux de Regina, tuent son mari d'une crise cardiaque. Sans l'aider, assise, elle le regarde froidement agoniser. Cette immobilité fait d'elle par conséquent une meurtrière.

À la fin de la pièce, Regina a gagné sur toute la ligne, et monte avec lassitude l'escalier conduisant à sa chambre.

— As-tu peur, maman ? lui demande sa fille.

Régina ne répond rien. Et... le rideau tombe.

Le soir de la Première, qu'Elizabeth a voulu le 27 février 1981 pour l'anniversaire de ses quarante-neuf ans, après un silence angoissant, les applaudissements crépitent, enflent, ne s'arrêtent pas. Il y a quinze rappels pour Elizabeth. Elle salue, salue au milieu de ses camarades, triomphante, heureuse, soulagée, détendue. Ce rôle terrible l'a mieux rajeunie qu'un lifting.

Richard lui envoie en cachette de Susan un télégramme de félicitation : « Bravo, Burt, je savais que tu gagnerais ! Love. Rich ».

Elizabeth l'affiche fièrement au-dessus de sa glace dans sa loge et tous ses supporters peuvent le lire. Les critiques sont assez mitigées. Le *Miami News* écrit : « Malgré son désir sincère de réussir sa performance, la charmante Taylor n'est pas parvenue à faire jaillir l'étincelle. »

Le producteur du spectacle, Zev Bufman, est stupéfait du succès, pour ne pas dire de la folie qui entoure Elizabeth. En Floride, pour la tournée, tous les billets sont vendus d'avance, de même à Washington, à Broadway. En un rien de temps il s'en vend pour un million de dollars.

— Depuis trente ans que je suis producteur, je n'ai jamais vu quelqu'un attirer autant de monde sur son nom qu'Elizabeth Taylor!

Il fait engager des gardes du corps pour la star et la conduire dans une Rolls le soir au théâtre, car c'est ce que le public attend. Les gens, même ceux qui ne peuvent voir le spectacle, l'acclament. Applaudit-on l'actrice de cinéma, la scandaleuse et ses sept mariages, la femme redevenue si mince et belle, la courageuse, celle que rien n'abat, « la trompe-la-mort » et ses multiples opérations dont elle ressort chaque fois plus forte ? Cette fois-ci, elle est seule, toute seule ! Richard n'est plus à côté d'elle pour enflammer les foules et le mari, John Warner, vit ses derniers jours d'époux. Ils vont bientôt divorcer. Dans la pièce, Regina déclare à Horace, son mari mourant :

— J'ai de la chance, j'en ai toujours eu et j'en aurai toujours !

En fait, le public fait un transfert en applaudissant à tout rompre quand il entend Elizabeth Taylor répéter ces mots.

— Oui, j'ai toujours eu de la chance et j'en aurai encore et encore !

Le 27 février 1982, Elizabeth a cinquante ans. Elle est venue à Londres pour continuer de jouer *Les Petits renards.* Pour son anniversaire, après la représentation, Elizabeth donne une grande *party*. Elle veille à tous les détails. Le téléphone sonne.

— Allo, Sam... Puis-je venir fêter ton demi-siècle ?

Le coeur d'Elizabeth bat la chamade. C'est Richard qui lui téléphone de Pise, en Italie, où il tourne un énorme film biographique de neuf heures, *Wagner.* Il travaille avec des acteurs prestigieux comme John Gielgud, Ralph Richardson et Laurence Olivier, sur une réalisation de Tony Palmer.

— Bien sûr, je t'attends avec plaisir. Tu viens seul ou accompagné ? demande Elizabeth. Sous-entendu, accompagné de Susan ?

Un peu gêné, Richard répond :

— Non, je suis séparé de Susan, nous allons divorcer... Je loue un jet et dans quelques heures, j'arrive à Londres pour passer cette soirée avec toi !

Elizabeth est aux anges. Le producteur Zev Bufman beaucoup moins. Cette arrivée de Burton dans la vie de Liz l'inquiète. Et si ces deux « dingues », pense Bufman, allaient se remarier pour la troisième fois ?

Il est de fait qu'il y a de quoi être angoissé. Zev Bufman et tous les amis du couple, les regardent stupéfaits pendant la soirée, dansant joue contre joue très amoureusement, s'embrassant, riant, se pinçant le nez, la tempe, se tirant les cheveux. On dirait qu'ils ne se sont jamais quittés. Ringo Star et Rudolf Noureev partagent la table d'Elizabeth et Richard. On rit bien. On dévore des saucisses-purée (nourriture que Liz adore, avec le cassoulet, dédaignant le caviar). Richard ne boit presque pas. Un journaliste parvient à passer les barrages. Il ose demander à Richard ce qu'il pense d'Elizabeth.

— C'est vrai, je l'aime et je l'aimerai toujours, pas pour ses seins, ses genoux ou ses fesses, mais pour elle-même. Elizabeth est comme un poème.

D'autres paparazzis accourent. Richard continue devant Elizabeth, qui elle, est sur un nuage...

— Elizabeth et moi sommes parfaitement assortis parce que « nous savons de quoi l'autre parle ! Mais oui, j'aime Elizabeth, elle fait partie de moi... »

Dans une autre interview, Richard admet quand même vouloir se réconcilier avec son ex-femme, Susan Hunt. Il la trouve toujours très belle et ne comprend pas pourquoi elle n'est pas revenue comme elle devait le faire sur le tournage de *Wagner* en Italie. En fait, Susan, épuisée, anéantie, laisse tomber Richard. Elle n'en peut plus et sera parfaite par la suite : elle ne livrera aucun souvenir à la presse, ne répondra à aucune interview. Elle disparaîtra du monde du cinéma.

Après la réception des cinquante ans d'Elizabeth, ce sont les Burton qui disparurent. Nul ne sut où ils allèrent. Passer la nuit ensemble au Dorchester ? Possible. Pourtant, l'hôtel affirme ne pas les avoir vus. Sont-ils allés chercher refuge dans l'élégante maison de la très bonne amie d'Elizabeth, la fort discrète Norma Heyman ?

Le lendemain, jour de relâche, on ne revit ni Elizabeth, ni Richard. Puis il réapparut au Duke of York Theater pour donner un one man show en l'honneur de son poète préféré, Dylan Thomas. Le public ne savait plus qui il devait applaudir, le poète disparu ou le couple royal s'étant retrouvé. Elizabeth est dans la salle, vêtue de sa couleur favorite, le parme. De loin, dans un silence de Burton sur scène, elle lui lance en Gallois « Je t'aime ». Et lui, hurlant de bonheur, crie sur scène :

— Encore, ma petite fleur ! Redis-le, mais plus fort !

Et, sous les acclamations, Elizabeth recommence. Est-ce pour la vie ? Ou une sorte de répétition de *La Mégère apprivoisée* ? Confondent-ils le texte de Shakespeare ou le leur ? Ou tout cela à la fois ? Le théâtre, le cinéma et la vie se mêlent dans l'existence de ces deux-là. Et cela continue. Richard, ébloui, déclare à la presse, et tout ce qu'il dit est sans doute la vérité :

— Pour moi, Elizabeth est une ex-femme, une mère, et une légende érotique...

Avec ces mots enflammés, Elizabeth peut croire que tout est toujours possible. Mais Richard rencontre, à la BBC, une assistante de production de trente-quatre ans, blonde, jolie, Sally Hay. C'est sa nouvelle conquête. Elle le suit sur le film, Vienne, Venise, Sienne, Munich. À la fin de *Wagner*, il la demande en mariage et, bien sûr, Sally Hay accepte, éblouie d'avoir séduit l'incorrigible séducteur.

Mais Elizabeth a plus d'un tour dans son sac. Elle n'abandonne jamais une partie. Ignorant totalement l'idylle avec cette Sally et forte de son succès dans *Les Petits renards,* Elizabeth décide de remonter sur scène. Elle a son idée en tête et téléphone à Richard.

— Ça te dirait, Agatha, de t'amuser en gagnant plein de fric à Broadway ? Avec de plus, un enregistrement pour la TV ?

Il s'agit de *Private Lives (Vies privées)*, de Noël Coward. Une très subtile comédie du grand auteur, sur un couple divorcé dont l'homme et la femme retombent amoureux l'un de l'autre alors qu'ils sont en lune de miel avec un autre partenaire !

Une fois de plus, la fiction rejoint la réalité. La pièce devrait commencer en 1983 au Lunt-Fontanne Theater, à Broadway. Le projet est tentant.

Richard doit tourner en 1982 *Circle of Two,* réalisé par Jules Dassin. C'est l'histoire d'un peintre raté de soixante ans, Richard Burton, et d'une adolescente de seize ans, Tatum O'Neal. Elizabeth est satisfaite d'apprendre que Richard, au début 1983, fait un voyage à Haïti pour régler les problèmes de son divorce avec Susan Hunt.

Les affiches couvrent les murs de New York avec les photos de Richard et Elizabeth dans un coeur percé d'une flèche, avec ces mots : « De nouveau réunis ! »

Les répétitions de la pièce doivent commencer. Elizabeth est fière d'avoir mis sur pied cette production destinée à lui faire retrouver Richard. Coup de massue. Richard arrive avec Sally Hay. Elizabeth, livide, est obligée de faire bonne figure. Sally déclarera plus tard : « J'avais peur, mais Elizabeth a été charmante et m'a mise très à l'aise ».

Quelle force de caractère a dû avoir Elizabeth pour montrer un visage serein à la nouvelle conquête de

Richard. Pour le moment, ce n'est encore qu'une petite amie, mais pendant la tournée, il va l'épouser. Grande dame, Elizabeth leur envoya des fleurs, qu'elle n'avait pas empoisonnées et, pour se venger, elle se fiança immédiatement avec ce qu'elle avait sous la main, un séduisant et riche avocat mexicain, Victor Luna Gonzalez, ce qui rendit Richard fou de rage.

La pièce dans la pièce !

Dans *Private Lives*, il y a plusieurs scènes de ménage. Elizabeth ne se prive pas d'empoigner Richard, de se jeter sur lui, de lui envoyer des coups très violents. Il grimace de douleur et le public s'esclaffe, croyant à un jeu de scène. En fait, Richard a subi plusieurs opérations de la colonne vertébrale, mais Elizabeth s'en moque. Elle lui casse même un disque sur la tête et Richard, en coulisse et en sang, vient se faire soigner par Sally, outrée.

Il est indulgent, déclare avec amour :

— Elle est comme ça, notre Elizabeth. Elle nous surprendra toujours !

Après avoir joué à guichets fermés *Private Lives*, la pièce s'est enfin arrêtée, fin décembre 1983. Richard, en fait, aurait voulu quitter plus tôt le théâtre pour tourner *Au-dessus du volcan*, livre de Malcom Lowry, film de John Huston, qui le voulait absolument pour le rôle principal. Mais Elizabeth, qui était aussi productrice, lui refusa l'autorisation de quitter la pièce. Elle savait que, sans lui, le succès ne serait plus le même. Il s'était engagé vis-à-vis d'elle, coproductrice et femme d'affaires.

Les derniers temps sur scène furent de plus en plus difficiles. Finalement, au début de la nouvelle année, Richard partit avec Sally se reposer à Haïti, où ils aménagèrent tous deux une maison. Quant à Elizabeth, elle est épuisée autant physiquement que nerveusement par ces retrouvailles ratées avec Richard. Elle boit pour se consoler, abuse des calmants et surtout de nourriture, sa boulimie s'avèrant finalement le meilleur calmant. Elizabeth se retire au n° 3900 Bob Hope Drive, à Rancho Mirage, où se trouve le centre Betty Ford.

Elle sait qu'elle a besoin d'une désintoxication totale. Au centre, elle adopte une alimentation raisonnable, ne boit pas, vit comme tout le monde, aide à vider les poubelles, faire les lits et fréquente avec les autres patients la cafétéria. Sa cure dure sept semaines. Lorsqu'elle quitte Rancho Mirage en janvier 1984, elle ne pèse plus que cinquante-six kilos et a retrouvé sa beauté. Au mois d'avril, métamorphosée, elle tourne dans une série télévisée, *Grand hôtel.* Elle adore le rôle, mais rompt avec l'avocat Victor Luna qui commence à l'ennuyer.

Elizabeth s'installe au 700 Nimes Road, c'est toujours son adresse, à Bel Air, un des plus beaux endroits de Los Angeles. Elle paie cette belle maison seize millions de dollars et se sent plus calme seule et heureuse au milieu des pins, des eucalyptus et des cris rauques des coyotes la nuit. Elle veut adopter un de ces animaux, sauvages mais si beaux. C'est un échec. Un coyote ne peut vivre que libre, comme Richard ou Elizabeth.

Lors d'un passage de Richard à Hollywood, Elizabeth le reçoit, résignée, avec Sally, dans sa demeure de Bel Air. Sally remarque qu'il y a des photos de Richard Burton dans tous leurs films partout dans la maison. Richard a l'air en bonne santé. Ils passent tous trois une bonne journée, et parlent même de projets de travail ensemble. Pourquoi pas un nouveau film ou une tournée des ex-Burton en Europe ?

En se quittant, Elizabeth promet à Richard de passer chez lui à « pays de Galles », dans le village de Céligny, quand elle viendra à Gstaad au chalet Ariel.

Elle lui montre sur la vidéo de son salon son dernier téléfilm *Between Friends*, et il lui dit : « Tu as encore rajeuni, Burt ». En fin d'après-midi, Elizabeth s'est assoupie sur un canapé. Richard ne veut pas la réveiller pour l'embrasser. Il part doucement au bras de Sally, mais, sur le pas de la porte, il se retourne pour regarder une dernière fois Elizabeth, puis il sort de la maison aux eucalyptus.

Chapitre 9

Lui

Le knack [1] *du diable*

— Jamais je ne me suis senti aussi bien, affirme Richard à sa nouvelle femme, Sally Hay-Burton.

Sa santé va beaucoup mieux. Depuis une très délicate opération de sa colonne vertébrale où les chirurgiens ont découvert un nerf coincé entre deux vertèbres, probablement un vieux souvenir du rugby, il souffre beaucoup moins du dos et de sa sciatique. Il ne boit presque plus et sa carrière est loin d'être terminée.

Le producteur Simon Perry vient de lui proposer de jouer dans la version cinématographique de *1984*, le roman futuriste de George Orwell. Richard doit interpréter O'Brien, le très ambigu membre du « parti unique », dominé par Big Brother. La réalisation est de Michael Radford et le comédien John Hurt, que

1. *The knack* : avoir un « truc » de plus, avoir de la chance, avoir quelque chose que n'ont pas les autres. C'est *the knack*.

Richard admire beaucoup, interprète Winston Smith, la victime du pouvoir totalitaire.

De plus, Richard a accepté de tourner dans *Ellis Island*, une série télévisée sur la vie des immigrants en Amérique au début du XXe siècle, réalisée par Jerry London. Il va interpréter le riche sénateur Philippe Ogden et… Kate Burton y joue la fille de ce dernier. Il est bien évident que Richard a en fait donné son accord à ce vaste projet pour donner un coup d'accélérateur à la carrière de sa propre fille, Katie. Parmi ses partenaires, il y a Faye Dunaway et Claire Bloom. Mais les roses sont fanées. Elizabeth n'est plus là pour les surveiller et seule demeure avec Claire la tendre camaraderie. La plupart des scènes d'époque du vieux New York sont tournées aux studios Shepperton de Londres, ce qui permet à Richard de retrouver ses vieux amis, comme Emlyn Williams, Tim Hardy, Ron Berkeley, Bob Wilson qui, depuis le divorce avec Susan, sont revenus auprès de Richard. Il a besoin de leur présence. Avec eux, il se sent en sécurité.

Sally Hay s'occupe très bien de son mari. Elle est douce, elle a l'esprit pratique et sait écouter. Pendant des vacances à Haïti, il lui raconte sa vie d'enfant au pays de Galles, son attachement pour Ifor, sa passion pour Cis, sa sœur bien-aimée. Pour lui, Cis est une madone, mieux, une création céleste. Il avoue qu'enfant, il lui vouait un véritable culte. Il lui parle aussi beaucoup d'Elizabeth, très simplement : « Elizabeth fait et fera toujours partie de ma vie. Elle a été ma déesse, ma mère nourricière ! » Cela doit être assez dur pour la nouvelle femme d'entendre ainsi parler de l'ancienne épouse, qui semble toujours entre eux. Il aborde même le sujet Sybil et avoue qu'il s'amusait beaucoup avec elle car « ils étaient si jeunes ».

— En fait, nous étions comme frère et sœur. Il parle peu de Susan Hunt, il dit qu'elle était très belle et avoue comprendre pourquoi elle est partie avec cette classe. Après s'être senti rajeuni avec elle, il s'était lassé et remis à trop boire. Richard offrit à Susan Hunt dignement le prix habituel, un million de dollars et la maison dans la montagne de Puerto Vallerta, au-dessus de celle d'Elizabeth. Se rencontrent-elles ? Il ne cherche pas à le savoir.

Sally, très calme, aime l'entendre parler de John Neville, Stanley Baker, Robert (Tim) Hardy, Emlyn et Brook Williams. Au tout début de l'année 1984, Richard prononce au Variety Club un discours qu'il écrit lui-même et qui enthousiasme l'assistance, en hommage à Frank Sinatra, dont il respecte la carrière et l'immense talent. Ce dernier, bouleversé, lui envoie une lettre sortant du cœur :

« Rich, tu m'as touché comme aucun homme avant toi. Chaque jour de ma vie, je te serai reconnaissant. »

Après les films *1984* et *Ellis Island*, Richard envisage même la possibilité de prendre sa retraite. Cela ne déplairait pas à Sally. Ils vivraient tranquillement et se reposeraient. Richard fait même des comptes avec les avocats pour savoir si c'est possible. Oui, avec tout ce qu'il a accumulé, malgré les divorces, cela l'est.

Anthony Quayle lui propose alors de jouer *Le Roi Lear.* Bien sûr, Richard a toujours eu envie d'interpréter l'immense prince gallois de Shakespeare. Mais le projet traîne et Richard se demande s'il peut, ou doit, incarner un vieillard. Il se sent si bien, rajeuni une nouvelle fois et plein de vie. Rentré à Céligny, Richard téléphone à Philip Burton, qui vit maintenant à Key West, pour lui parler de ses nombreux autres projets. On lui propose de tourner *Wild Geese II* (*Les Oies sauvages 2)*. Bien sûr, c'est une suite du grand succès avec de nombreuses scènes d'action, et ses partenaires très appréciés, Richard Harris et Roger Moore. Il s'amusera bien avec eux, tout en travaillant beaucoup.

En octobre, il avait accepté de jouer *The Quiet American (Un Américain bien tranquille)*, d'après le roman de Graham Greene, une satire un tantinet anti-américaine posant le problème de la responsabilité individuelle dans un conflit armé en Inde. Le sujet plaît évidemment beaucoup à Richard et Philip Burton, de même qu'un voyage en Inde. Quayle revient à la charge avec cette fois-ci une proposition pour jouer *Richard III*, de Shakespeare. Évidemment, c'est bien tentant. Richard le relit. Bref, jamais Richard n'a eu autant de choix devant lui.

Le tournage de *1984* s'est très bien passé. Richard apprécie beaucoup John Hurt qui ne tarit pas d'éloges sur lui.

— Travailler avec Richard est une chose merveilleuse, il aide ses partenaires. Il ne fait jamais d'histoires, s'il faut retourner une prise, il la refait. Quel plaisir de jouer avec un grand acteur tel que lui !

John Hurt doit tourner un autre film en Suisse où Richard et Sally sont rentrés. Il vient voir Richard dans sa maison à Céligny. Il reste avec le couple Burton deux ou trois jours à parler littérature, cinéma, projets.

Le vendredi 3 août, Richard, Sally et John Hurt se rendent au fameux café de la gare (sorte d'annexe du chalet « pays de Galles ») pour boire un verre ou deux… Richard, qui ne buvait plus, se laisse aller au plaisir de trinquer un peu plus que de raison avec John Hurt. Et tous trois rentrent dormir.

Le 4 août au matin, Richard se plaint d'avoir la migraine. Évidemment, il a pris deux ou trois verres de trop. Sally (fatale erreur que nous expliquerons) lui donne deux cachets d'aspirine. Richard reste au lit à se reposer et Sally raccompagne John Hurt en voiture jusqu'à Genève. Brook Williams était absent car parti préparer le film *Wild Geese II.* Elizabeth est à Gstaad. Elle appelle Richard qui lui répond la voix un peu pâteuse, mais cela ne l'inquiète pas. Elle a l'habitude. Elizabeth ne lâche pas prise. Elle propose à Richard de retravailler ensemble. Elle lui propose d'autres pièces de théâtre où ils triompheront ensemble. Pourquoi pas une *Elizabeth 1ère* avec lui dans le beau rôle du comte d'Essex ? Cela aurait de l'allure, ou même *Macbeth*, Richard l'assassin du roi d'Écosse Duncan Ier, et elle Lady Macbeth, hantée par le sang qu'elle a fait verser.

Richard écoute tout en souriant, sans dire ni oui ni non. Avant le départ de John Hurt, Richard lui avouera : « Elizabeth me fascine toujours autant. La plus grande chance de ma vie est de l'avoir rencontrée. Elle a fait de moi un homme bien, mais pas un saint… Elle est timide et si intelligente, elle ne se laisse influencer par personne et elle est une actrice brillante. Elle est généreuse et aimante, quoi qu'il arrive, elle m'aime. Elle est l'almanach du pauvre Richard et je l'aimerai jusqu'à ma mort ».

John Hurt est très ému avant de partir en entendant ses paroles. Sally, beaucoup moins. Elle sait que Richard aime toujours Elizabeth, cela l'exaspère, mais que faire ?

La journée passe doucement. Le soir du 4 août, Richard, fatigué, se couche tôt, vers vingt-deux heures.

Comme d'habitude, il lit, écrit un peu avant d'éteindre la lumière. Il paraît dormir paisiblement quand Sally vient se coucher à son tour.

Le dimanche matin 5 août, Sally se réveille tôt et remarque la respiration oppressée de Richard. Elle tente de le réveiller, sans succès. Très inquiète, elle comprend que quelque chose ne va vraiment pas, et appelle un docteur. Celui-ci ne juge pas la chose très grave. En fait, en raison de la réputation de Richard, il pense qu'il a trop bu. Deuxième erreur, il le fait transporter par une ambulance au petit hôpital de Noyon. Que de temps perdu ! Dès que les médecins de Noyon comprennent la gravité de l'état de Richard, ils le font transporter à Genève. Là, le diagnostic tombe, terrible : hémorragie cérébrale. L'aspirine a dû le faire saigner encore plus. Le moindre retard en ce cas extrême est fatal. Un chirurgien spécialiste du cerveau prévient Sally qu'il va falloir opérer, pratiquer une ouverture dans le crâne de Richard pour libérer, si possible, l'hémorragie comprimant le cerveau. Cela va prendre du temps. Sally ferait mieux de rentrer à Céligny pour prendre toutes les dispositions nécessaires.

Terrifiée, mariée seulement depuis deux ans, elle pressent que si l'opération réussit, Richard risque de se retrouver paralysé dans un fauteuil roulant et privé de l'usage de la parole.

Le cauchemar pour lui.

À peine est-elle arrivée à Céligny que le téléphone sonne. L'hôpital lui demande de revenir d'urgence à Genève. Richard vient de mourir, le 5 août 1984, à l'âge de cinquante-neuf ans.

Pendant plusieurs jours, la confusion est totale. Emlyn Williams résume parfaitement la situation.

— Lorsque j'ai offert à ce garçon son premier petit rôle, jamais je n'aurais pu imaginer que sa mort ferait la une de tous les journaux du monde entier.

Des centaines de journalistes et photographes envahissent Céligny, village d'habitude tranquille. Les hôtels à la ronde sont pleins de journalistes. Toute la famille Jenkins, unie dans le chagrin, arrive du pays de Galles. Sally veut prendre toutes les choses et décisions en main. Bien sûr, c'est elle la veuve. Elizabeth, bouleversée, téléphone de Californie où elle vient de rentrer. Elle parle avec l'un des frères de Richard, Graham, en lui disant son intention de revenir vite pour assister à l'enterrement.

Sally le lui interdit. Elle ne veut pas du « cirque » Taylor avec toute la presse. Elizabeth dira simplement :

— C'est triste, je lui aurais pris la main et toutes deux, nous aurions déposé ensemble des fleurs sur la tombe de Richard.

Sa voix s'étrangle. Elizabeth ne peut expliquer ce que Richard a été dans son existence et ce qu'il continuera de rester pour elle toute sa vie. Elle écrira qu'elle aimait passionnément l'amour qu'il partageait avec sa famille, un amour gai, rare, tendre, fort et sauvage, comme les vallées galloises qu'il adorait tant.

Consumée de chagrin, Elizabeth affirmera que « Richard vivra dans la mémoire de tous ceux qu'il aura côtoyés, et qui auront deviné en lui cette magnifique énigme qu'il était. » Les mots d'Elizabeth sont forts et puissants comme ceux que savait si bien dire Richard. Finalement, Sally sera satisfaite. Elle sera la seule veuve dans l'église de Céligny sur les hauteurs du village.

Tout autour se pressent journalistes, cameramen et photographes. Ils sont déçus de ne pas voir Elizabeth. Un ami gallois de Richard joue de l'orgue et toute la famille chante en gallois. Le lendemain, prise de remords, Sally appelle Elizabeth pour lui dire qu'elle regrette qu'elle ne soit pas venue. Elizabeth, très douce, affirme qu'elle comprend et que ce n'est pas grave. Elle a Richard dans son cœur.

Un office sera célébré à Los Angeles. Susan Hunt y assista. À New York, Sybil vint à la messe dite pour Richard. Mais Elizabeth, qui se considérait comme la seule, la vraie femme de Richard, alla au pays de Galles, entourée, serrée par la famille et les vrais amis de Richard, dans la petite église de Ponthrydyfen. Les larmes aux yeux, Elizabeth murmura : « Richard aurait aimé me voir ici chez lui ». Cela déplut à Sally.

Enfin, le 30 août 1984, tous les amis et relations de Richard furent invités à se rendre à l'église St-Martin-in-the-Fields, tout près de Trafalgar Square. Cette fois-ci, Elizabeth, vêtue de noir, arriva la première en tête, au bras de Cis, la sœur bien-aimée, terriblement vieillie par le chagrin. Susan, puis Sally suivaient, mais Sybil n'était pas là. John Gielgud récita le « Death be not proud » de John Donne, un des poèmes favoris de Richard.

Sally, malheureusement, protesta vigoureusement contre la présence d'Elizabeth parmi la famille. Elle avait du mal à comprendre qu'Elizabeth ait été adoptée par les Gallois. Qu'elle le veuille ou non, c'était elle « Océan », le grand amour de Richard.

Richard Harris, prononçant un discours, fut pris d'une telle émotion qu'il dut quitter le chœur de l'église. Revenu en place, il dit, la voix enrouée :

— Comme Richard se serait moqué de moi… Puis il ajouta : Même s'il y avait eu dix éléphants en scène et Richard en leur compagnie, c'est Rich que l'on aurait regardé !

Malgré la sainteté du lieu, les mille quatre cents personnes présentes applaudirent à tout rompre.

Graham Jenkins, le plus jeune frère de Richard, envoya à Elizabeth les derniers mots griffonnés la veille de sa mort par Richard avant de s'endormir pour toujours.

« Les vastes mers incarnadines changeant le vert en rouge demain et demain et demain. Nos réjouissances sont maintenant terminées, conférant le... »

La dernière ligne est interrompue car le cerveau de Richard sombra à jamais sous les flots de sang.

Sur la pierre brute du cimetière de Céligny en Suisse, il y a simplement marqué :

RICHARD BURTON 1925 – 1984

Qui était-il ? Un génie, comme l'affirmait son professeur d'Oxford Nevill Coghill ? Avait-il vraiment le *knack* du diable, comme le croyait miss Sarah Grace Cook, l'institutrice et coach d'Emlyn Williams ? Était-il un enfant du hasard ? Son physique aux yeux verts et à la peau grêlée était-il si impressionnant ? Sa voix faisait-elle vraiment naître des frissons ? Y avait-il en lui de cette magie à la « Glenndower », ce chef de clan gallois qui se révolta contre Henry IV d'Angleterre ? Était-il tout cela ?

Elizabeth, songeuse, déclara :

— Richard était l'homme le plus brillant que j'ai connu. À qui ressemblait-il ?

— Neb ! répondent les Gallois. Cela veut dire : à personne !

Elle ajoute :

— Mais c'était un grand, un immense acteur !

Voilà, c'est très simple. Oui, sûrement, il avait un *knack* du diable !

Chapitre 10

Elle sans lui

À quoi bon vivre ?

Dans sa somptueuse demeure de Bel Air, Elizabeth erre comme une âme en peine. La mort a souvent frappé à sa porte. Elle a toujours réussi à se remettre, même pour Mike Todd. Mais là c'est trop dur. Il lui semble impossible de vivre sans Richard. Au fond d'elle-même, Elizabeth ignorait royalement les nouvelles compagnes de Richard, car elle connaissait son ascendant sur lui. Elle était sûre qu'un jour il lui reviendrait et qu'ils se remarieraient pour la troisième et dernière fois.

Car le lien ne s'est jamais rompu entre eux. Même si parfois ils ne communiquaient pas pendant de longues périodes, surtout du temps de Susan. Elizabeth pouvait toujours joindre Richard, lui parler de ses projets, lui proposer de rejouer une pièce ensemble. Elle avait parfaitement compris que leurs présences

« en vrai » au théâtre attirait plus les foules qu'au cinéma. Les voir réellement fascinait les spectateurs.

Elizabeth et Richard riaient toujours très facilement, se moquaient l'un de l'autre. « Agatha » bougonnait, « Old snapshot » fulminait ou se faisait au contraire mutine, douce, chatte, tendre. D'abord hésitante, elle décida finalement d'écrire à la famille Jenkins pour lui demander d'être enterrée à Pontrhydyfen. Il faudra faire revenir en même temps qu'elle le corps de Richard. Elizabeth veut deux monuments avec les sculptures pour laisser à la postérité la vision de leur amour éternel.

Frappée d'une flèche qu'elle croit empoisonnée, Elizabeth se laisse aller à des idées morbides. Ses enfants s'inquiètent. Ils lui amènent ses petits-enfants qu'elle aime sûrement, mais Elizabeth, tout en les gâtant, sait parfaitement que son vrai rôle n'est pas celui de « bonne mamie » au coin du feu. Elle est encore trop jeune, cinquante-trois ans en 1985.

Peu à peu, Elizabeth a envie de ressortir de sa tanière. Elle retrouve le goût de vivre grâce à des amis qui la tirent de son isolement, comme Rock Hudson, qui ne l'a jamais abandonnée ; Elizabeth sort avec lui, mais elle s'inquiète. Le beau Rock a beaucoup maigri et semble vieilli prématurément. Rock rassure Elizabeth. Il a juste une mauvaise bronchite qui traîne. Les journalistes de Hollywood sont à l'affût. Quel est l'homme nouveau qui va consoler Elizabeth ? La belle dévoreuse ne peut rester seule !

Surprise totale. Elizabeth se lie d'amitié avec une star de la pop music. Un garçon surdoué de vingt-six ans à l'époque, Michael Jackson. Elizabeth et lui sont deux icônes mondiales. Michael possède, à Neverland Ranch – sa propriété de vingt-sept hectares remplie de jeux et d'animaux–, une chambre tapissée des photos d'Elizabeth qu'il collectionne depuis l'enfance. Elizabeth et Michael se parlent beaucoup. Ils se rendent compte qu'ils ont eu le même genre de vie dans leur jeunesse. Tels des jumeaux, ils ont connu la gloire et la tragédie des enfants-vedettes. Le père Jackson profitait des gains de Michael dès ses quatre ans, de même que la mère d'Elizabeth empochait ses cachets. Peu à peu, Elizabeth, sans aucun lien physique avec Michael, a l'impression de retrouver avec lui les mêmes sentiments si forts qu'elle avait eus pour James Dean ou pour l'écorché vif Monty Clift. Leur amitié grandit de mois en mois. Elizabeth assiste, au Dodgers Stadium, au concert de Michael devant soixante-dix mille fans. Elle est enthousiasmée. Ils se téléphonent tous les jours. Michael Jackson vient voir Elizabeth chez elle à Bel Air. Il arrive avec son chimpanzé « Bubbles », qui le suit comme son ombre. Elizabeth, qui aime les animaux, séduit aussitôt Bubbles. Bientôt, Michael ne peut se passer d'Elizabeth. Il met à ses pieds « Neverland Ranch », sa propriété fabuleuse dans la vallée de Santa Ynez, en Californie. Elizabeth s'émerveille des girafes et des lamas. Elle réussit à faire ami-ami avec l'orang-outang Brandy. Michael Jackson dira :

— Je considère Elizabeth comme ma vraie maman et, de plus, une amie, la seule. Elle est à la fois Mère Teresa, la princesse Diana, la reine Elizabeth d'Angleterre et Wendy, de Peter Pan...

Elizabeth renchérira :

— Michael est magique, mais comme tous les gens qui ont cette qualité et ce talent, il est excentrique, et alors ?

Elizabeth surprend le monde entier. Rescapée de dizaines d'opérations, de la mort, de tous ses films, des cures de désintoxication, toujours belle à son âge, qui n'est pas encore canonique, elle fréquente aussi, outre les concerts de Michael Jackson, ceux de Prince et Bruce Springsteen.

À « Neverland », elle a ses appartements royaux et vient s'y reposer avec un hélicoptère que Michael lui envoie quand elle le veut.

Aux pires moments de la vie de Michael Jackson, quand il sera accusé de pédophilie, Elizabeth le défendra bec et ongles au cours d'un procès pour le moins bâclé. Elle qui ne trahit jamais la confiance d'un ami, mettant son propre honneur en jeu, osera prendre parti pour Michael en déclarant que ce procès est une iniquité, sans aucune preuve véritable que des rumeurs.

Par manque d'éléments contre lui, et aussi en raison des réponses vaseuses des soi-disant mères (qui avaient laissé leurs adolescents des semaines entières à Neverland sans prendre de leurs nouvelles), auxquelles s'ajoutaient les protestations d'Elizabeth, Michael fut relâché.

Elizabeth a retrouvé le goût de vivre. Elle subjugue toujours autant les foules. En 1985, elle reçoit le Golden Globe pour l'ensemble de sa carrière.

Son ami Rock Hudson déclare ce soir-là : « Elizabeth est une sacrée bonne femme. Elle est indestructible. Elle a survécu à un grand nombre de drames. C'est une survivante ! »

Elle a changé depuis la mort de Richard : pas seulement physiquement, mais moralement, et bizarrement, elle est encore plus belle. Soudain, elle reprend le chemin du travail. Pour CBS, elle tourne un téléfilm, *Malice au pays des merveilles*. En fait, elle incarne avec « malice » la terrible journaliste Louella Parsons, celle qui faisait et défaisait les réputations à Hollywood. Elle gagne toujours cinq cent mille dollars pour deux semaines de travail.

Elle est très drôle en imitant Louella, qu'elle a bien connue. Elizabeth s'est même fait reproduire le dentier de la colporteuse numéro 1 des potins hollywoodiens et imite à la perfection son sifflement de vipère. Puis, elle joue dans la série TV *Nord et sud* sur la guerre de Sécession. Elizabeth séduit tout le plateau de techniciens qui, au début, avait peur de « la » Taylor. Elizabeth maintenant va jouer les Saint-Bernard. Elle prend sous son aile Liza Minelli, chanteuse actrice fille de Judy Garland et de Vincente Minelli, qui s'est mise à reboire et se droguer. Elizabeth l'envoie au centre Betty Ford à Rancho Mirage :

— Darling, par amitié pour ta mère avec qui j'ai débuté, je ne peux te laisser te détruire ainsi sans rien faire. Va là-bas, ils vont te remettre sur pied !

Mais un événement terrible va frapper à la porte d'Elizabeth. On en parle, on chuchote ce nom fatidique : le sida. On sait qu'il y a des morts, surtout chez les homosexuels, bien qu'il n'y ait officiellement aucun homosexuel à Hollywood… Une sorte de paranoïa s'empare du « pays du cinéma », cette malédiction touchant aussi soudain les hétérosexuels.

Elizabeth comprend brusquement la mauvaise mine et l'amaigrissement de son ami Rock Hudson quand il a le courage d'avouer publiquement qu'il est malade du sida, à Paris, où il tente de se faire soigner. C'est un raz-de-marée de terreur, de honte, et parfois malheureusement de mépris. Elizabeth fulmine contre les peureux et les critiques des gens « bien-pensants ».

— Assez ! Ce n'est pas un châtiment du ciel, c'est un sale virus, c'est tout ! crie-t-elle.

Elizabeth va voir Rock Hudson à l'hôpital du Cedar Sinaï de Los Angeles, où il est revenu. Elle n'hésite pas un instant. Devant les médecins et infirmières affolés, elle prend Rock transpirant dans ses bras. Elle l'embrasse, le berce, lui dit des paroles apaisantes. Il craint pour elle la contagion. À ce moment-là, on croit encore que le virus peut se transmettre par la salive, la sueur, même un simple contact des mains. Elizabeth s'en moque, elle embrasse Rock sur la bouche, lui dit qu'elle va tout mettre en œuvre pour le sortir de là et qu'ils retourneront ensemble un film. Elle a tant d'énergie que Rock Hudson va un peu mieux. Il retrouve même l'appétit. Elizabeth tempête contre la paranoïa qui voudrait interner les « sidaïques » comme autrefois les lépreux, dans des établissements fermés.

Ce qui est tout à fait remarquable chez Elizabeth, c'est cette capacité à refuser l'idée d'une contamination par simple contact. C'est elle qui plus tard aura raison, quand on apprendra que le sida ne peut se transmettre que par le sang ou les relations sexuelles non protégées.

Comment comprendre cette femme incroyable, qui aime les toilettes à la folie, cette croqueuse de diamants, parfois si futile, coquette, capricieuse, mais qui possède au fond d'elle-même un véritable don de sœur de charité ? Toute sa vie, elle a défendu les opprimés, les exclus. Elle déclare que les prostituées sont ses sœurs, que le sida n'est pas un péché mais un virus qu'il faut combattre, un point c'est tout. Elle attaque le prêchi-prêcha des Églises, toutes les églises montrant du doigt les pécheurs.

— Comment les soi-disant croyants peuvent-ils se servir du sida pour faire de la discrimination vis-à-vis des homosexuels ? C'est ignoble ! Ils sont, comme nous, des êtres humains qui aiment, vivent, souffrent.

Elle va même très loin :

— Pourquoi y a-t-il à Hollywood une telle haine pour les homosexuels ? C'est une offense à la justice et la raison. Cela devrait être puni par la loi. Sans les homosexuels, il n'y aurait pas d'art en Amérique, pourquoi les « faux petits saints » leur jettent-ils la pierre au lieu de les aider ?

Devant un parterre de journalistes qu'elle a convoqués pour une conférence de presse, Elizabeth, au mois de septembre 1985, fait une annonce :

— Je crée une organisation qui s'appellera American Foundation for Aids Research. AMFAR (fondation américaine pour la recherche sur le sida).

Elizabeth, infatigable, collecte des fonds auprès de ses riches amis et vedettes qui apprécient son action. Sa célébrité sert enfin une vraie cause, utile pour la vie. Elle réussit très bien. L'argent afflue dans les caisses et est immédiatement reversé pour la recherche. Malgré la mort terrible de Rock Hudson, où plutôt en raison de cette fin brutale, Elizabeth se dévoue de plus en plus. Elle devient présidente de l'AMFAR.

Yul Brynner dira : « Elizabeth était, comme nous tous, atterrée par l'ampleur de la maladie et l'inaction des services publics. La mort de Rock l'a terriblement touchée. *She cares about people* (elle se soucie des autres). Elle l'a toujours démontré et poursuit son but sans ménager sa peine ».

Cette fois-ci, le parfum *Elizabeth Taylor Passion* est vraiment créé. Tous les bénéfices sont totalement reversés à l'AMFAR. Elizabeth oublie le cinéma pour se lancer totalement dans la bataille. Les savants lui ont expliqué que la recherche pour le vaccin sera très longue et très chère. Elizabeth a toujours été une passionnée. Cette lutte lui redonne de la vitalité. Elle a un chevalier servant, l'acteur George Hamilton. Ils tournent ensemble *Poker Alice*, pour CBS TV. Beaucoup se demandent quels sont les liens qui la lient à George Hamilton. Les paris sont pris. Sera-t-il le huitième Mr Taylor ? Non, ils sortent ensemble, c'est tout semble-t-il. De toute façon, qui cela regarde-t-il ?

En septembre 1985, nous y étions, Elizabeth atterrit le 11 septembre pour quatre jours au festival de Deauville. Nous avons le plaisir de pouvoir la revoir et lui parler.

Elle n'a jamais été aussi belle que le soir de la présentation de *La Mégère apprivoisée* à Deauville. Elle arrive, sublime, dans une robe jaune vif, avec aux oreilles les superbes diamants de Richard. Elle fait un triomphe.

En mai 1987, elle suscitera le même engouement au festival de Cannes, en robe de soie rouge, avec aux oreilles les diamants de Mike Todd. Elle fascine le festival, reçoit la Légion d'honneur des mains du président Mitterrand, quelques jours plus tard au palais de l'Élysée, pour son action contre le sida.

Des journalistes interrogent Liz sur son secret.

— Comment avez-vous trouvé le courage et la volonté de continuer ?

— Parce que j'aime la vie, l'amour et les hommes, répond Elizabeth.

Elle a cinquante-cinq ans et son nouveau chevalier servant est le milliardaire divorcé Malcolm Forbes. Elizabeth nie avoir avec lui une liaison. Elle déclare que sa fortune ne l'intéresse pas et que seul son caractère très entreprenant l'attire. Il met sa fortune, ses hélicoptères, son château en Normandie, son île privée aux Fidji, son Boeing, ses yachts et tout son empire de presse à ses pieds. Elizabeth en profite pour lui soutirer d'énormes dons pour l'AMFAR. Mais soudain, après une vie trépidante de voyages, réceptions chez Forbes avec Donald Trump et Henry Kissinger, trop de banquets, de courses de chevaux. Elizabeth est lasse. Elle a repris du poids et abusé d'alcool durant toute cette vie mondaine. Le

25 octobre, elle décide de retourner au centre Betty Ford à Rancho Mirage. Et elle recommence avec joie les corvées ménagères. Elle est fière de vider les poubelles et nettoyer le patio comme les premières fois. Elle a mal dans le dos et les hanches, l'ostéoporose la guette.

Un paparazzi embusqué dans les feuillages réussit à la prendre en photo poussée dans un fauteuil roulant par un certain Larry Fortensky. D'origine polonaise, cet ancien ouvrier du bâtiment est devenu camionneur et conduit une énorme chenillette à eau, arrose le sol pour que les bulldozers puissent creuser. C'est un être très simple. Elizabeth aime l'entendre parler de son métier, si différent du sien. Il est venu à Rancho Mirage car il est alcoolique. Il a même fait de la prison quatre fois pour conduite en état d'ivresse et… usage de drogue. Tout cela ne choque pas Elizabeth qui en a entendu et vu d'autres à Hollywood, même si tout cela était dissimulé.

En quittant le centre, Elizabeth part avec Larry à Phuket, une île de Thaïlande où elle se marie suivant le rite bouddhiste qui n'a qu'une valeur morale.

Larry est modeste et refuse les cadeaux d'Elizabeth car, dit-il, il n'est pas un « gigolo ». Il veut reconduire sa machine de travaux publics qu'il adore. Cette simplicité plaît à Elizabeth, qui le compare curieusement à James Dean ou Monty Clift. En revenant en Californie, Elizabeth a retrouvé sa ligne. On prétend qu'elle a demandé au chirurgien de Michael Jackson de la remodeler, ce qu'elle niera plus tard.

Quoi qu'il en soit, elle est redevenue superbe. Les amis d'Elizabeth et Larry reçoivent un carton d'invitation. *« M. Michael Jackson serait heureux de vous recevoir au mariage de son amie bien-aimée Miss Elizabeth Taylor avec M. Larry Fortensky, le dimanche 6 octobre 1991 à dix-sept heures, à Neverland Ranch Valley de Los Olivos, California. Smoking et robe de cocktail »*.

Un carton séparé précise qu'il faut laisser les appareils photo au vestiaire. Tout le clan Taylor est là, ses fils et ses filles, mais aussi George et Barbara Bush, Ronald et Nancy Reagan, ainsi que les amis intimes, acteurs et metteurs en scène. Michael Jackson a fait venir d'Hawaï des palmiers et orchidées blanches par milliers.

Elizabeth porte une robe jaune de chez Valentino. Larry, un smoking blanc. Elizabeth a cinquante-neuf ans, Larry trente-neuf.

Pour ses soixante ans, Elizabeth invite Michael Jackson et tous ses amis à fêter son anniversaire, le 27 février 1992, dans le parc réservé par elle de Disneyland. Au royaume enchanté des enfants, Elizabeth a demandé à ses invités une tenue décontractée, blouson et jean. David Bowie est là, ainsi que Richard Gere, Cindy Crawford, Shirley Mac Laine, même Carl Bernstein, le célèbre reporter du Watergate. Liz reçoit de tous des chèques pour l'AMFAR.

Après des vacances au bord du Pacifique, retour à Bel Air. Elizabeth voudrait que son mari abandonne son énorme chenillette à eau pour bulldozers. Mais il aime ce dur travail consistant à retourner la terre californienne. Il aime vivre au grand air et rentrer à la maison plein de boue, le visage brûlé par le soleil.

Durant l'été 1994, Elizabeth tourne un rôle de guest star dans *La Famille Pierrafeu,* inspirée d'un dessin animé. Elle y campe une belle-mère acariâtre, ce qu'elle n'est pas du tout à la ville.

Ses enfants, Michael junior, Christopher et leurs progénitures, Beth, Naomi, Caleb et Andrew, Liza Todd (mariée avec un peintre, Hap Tivey, dont elle a un fils, Quinn), Maria Burton, l'enfant adoptée (mariée à l'impresario Steve Carron, maman d'une petite Elizabeth Diane) : absolument tous sont en admiration devant leur mère, belle-mère et grand-mère.

La seconde femme de Michael, divorcée de lui, s'aperçoit horrifiée qu'elle est séropositive. Elizabeth, qui n'était pas particulièrement proche à ce moment-là de son ex-belle-fille, vient la chercher pour la loger chez elle à Bel Air et la faire soigner le mieux possible pour éloigner par des trithérapies la venue du sida.

Ça, c'est Elizabeth !

La mort de sa mère, Sara, à quatre-vingt-douze ans, plonge Elizabeth dans un véritable désarroi. Elles se sont adorées, puis Sara est devenue trop possessive et cupide. Mais c'était sa mère et, si Elizabeth a réussi, c'est sûrement au début grâce à elle. Tout va mal. Elizabeth, souffre trop, elle doit se faire poser une prothèse à la hanche.

De retour à la maison, Elizabeth se rend brusquement compte de sa différence d'âge avec Larry. Elle fait une pneumonie, son point faible, puis elle a des ennuis cardiaques et doit subir une nouvelle opération de l'autre hanche.

À la fin d'août 1995, Elizabeth, un peu rétablie, annonce que Larry et elle se séparent. Il part vivre pour un temps au Beverly Hills Hotel. Elizabeth déclare : « Nous restons bons amis ». Le divorce est prononcé quelques mois plus tard. Elizabeth avait eu la précaution de lui faire signer une déclaration au moment du mariage stipulant qu'il s'engageait à ne pas demander la moitié de la fortune s'ils divorçaient. Il n'aura que deux millions de dollars (tout de même !) et signera l'engagement de ne rien raconter de la vie privée d'Elizabeth Taylor.

Le 9 octobre 1995, Elizabeth doit subir de nouvelles opérations des hanches car elle claudique et souffre en rentrant chez elle à Bel Air, au milieu des collections de Renoir, Monet, Manet et Andy Warhol. Tout est assez mal rangé, seuls les bijoux sont enfermés par ordre de couleurs dans une armoire blindée. Il y a les diamants, les rubis, les émeraudes, les perles roses, noires, bleues, une véritable caverne d'Ali Baba. Parfois, elle les montre à ses amis et leur permet de les essayer les jours de spleen. Il faut avouer que ce trésor est vraiment impressionnant.

Son vieil ami Rod Steiger la pousse à ressortir. On parle d'une idylle entre eux. Elizabeth hausse les épaules.

— Nous sommes des survivants, c'est tout ! lance-t-elle.

Au mariage de sa petite-fille, elle chancelle et tient des propos incohérents. Rentrée à Bel Air, elle ne sait plus téléphoner. Elle est hospitalisée d'urgence. Les médecins découvrent, mauvaise nouvelle, une tumeur au cerveau. La « sale bête » est juste au-dessus de son oreille gauche et pousse sur le cerveau. Elizabeth est anéantie. Toucher à son cerveau, c'est comme la tuer. Bravement, elle se laisse raser la tête et part pour l'opération, la veille de son soixante-cinquième anniversaire. Les médecins savent qu'elle risque d'y laisser sa peau.

Mais l'opération se passe très bien. Le chirurgien extrait un méningiome qui n'est pas une tumeur maligne. Succès total. La mourante n'est une fois de plus pas morte !

En 1997, Elizabeth fait une mauvaise chute dans sa propriété de Bel Air. Elle doit subir une nouvelle opération sur une vertèbre comprimée. Un reste probablement de ses terribles chutes à cheval dans *Grand National* qui l'ont rendue si fragile.

Elle se remet et assiste à un gala à Beverly Hills en fauteuil roulant !

Au cours de l'année, elle part en Angleterre recevoir, au palais de Buckingham, des mains de la reine d'Angleterre, le titre très envié de « Dame de l'Empire britannique ». Elle n'est pas seule. Julie Andrews, star de *Mary Poppins*, vêtue très discrètement d'un tailleur rose, reçoit le même honneur, mais il n'y en a que pour Elizabeth, en pantalon et manteau bleu lavande, couverte des bijoux de Richard, dont l'énorme diamant Krup. Tous les photographes se précipitent vers elle dans son fauteuil roulant qui… n'a pas la place d'entrer dans l'ascenseur.

Qu'importe, la reine, avertie de ce malheureux contretemps, offre, faveur tout à fait exceptionnelle, son ascenseur personnel à la reine de l'écran et, de plus, remercie Liz de tout ce qu'elle fait pour l'AMFAR. Elizabeth rayonne et reçoit un chèque remis par la reine pour son œuvre.

En février 2000, son ami Malcolm Forbes succombe à une crise cardiaque, puis son couturier

Halston décède du sida. Elizabeth, le 4 août, est transportée à l'hôpital avec une nouvelle pneumonie.

Cette fois-ci, elle croit sa dernière heure arrivée. Mais, incroyable, elle se remet et préside avec Michael Jackson le célèbre « Carrousel de l'Espérance » au Beverly Hilton. Pour couronner le tout, elle accepte de tourner avec ses vieilles copines *has been* Shirley Mac Laine, Debbie Reynolds (la hache de guerre est définitivement enterrée) et Joan Collins, *The Old Broads (Les Mamies en goguette)*. Tout Hollywood s'attend à de rudes bagarres. Pas du tout, ce ne sont que fous rires et joyeux dîners, toutes les quatre parlant de leur passé.

Elizabeth écrit un livre pour les éditions Simon & Schuster, *My Love Affair With Jewelry » (Mon Histoire d'amour avec les bijoux).* C'est un grand succès et Elizabeth met sept bijoux en vente pour l'AMFAR, dont le diamant offert par Richard pour leurs fiançailles.

En 2002, Elizabeth fête ses soixante-dix ans avec sa famille. On la soupçonne d'avoir encore des soupirants, son dentiste, le beau Cary Schwartz ou l'acteur Jeff Goldblum de quarante-huit ans. Elle rit en haussant les épaules.

En 2003, aux oscars, elle annonce avec le sourire ses adieux officiels au cinéma.

— Ma vie désormais est consacrée à la lutte contre le sida et non à la comédie ! lance-t-elle sous les applaudissements frénétiques de Hollywood.

Pour ses soixante et onze ans, Elizabeth prend une très grave décision. Elle convoque son avocat dans sa propriété de Bel Air et lui annonce vouloir changer son testament.

— Je veux léguer l'essentiel de ma fortune à l'American Foundation for Aids Research, que j'ai créée en 1984 à la mort de mon cher ami Rock Hudson. La lutte contre le sida est le combat de ma vie. Au moins aura-t-elle servi à cela. J'ai beaucoup gâté mes enfants. Ils ont de belles maisons, de bonnes situations.

Elle leur laisse des souvenirs tels que sa première voiture décapotable offerte par la MGM et qui doit valoir beaucoup, comme objet de collection, ou une Harley Davidson à son nom, offerte par Malcolm Forbes, un livre de poèmes écrits à la main par Richard Burton, son grand amour, que les enfants respectaient et aimaient beaucoup. Un petit tableau de sa maison de naissance au pays de Galles. Quant à ses beaux yeux violets, elle les lègue à la Fondation internationale des dons d'organe. Tout cela console-t-il ses enfants de la perte de vingt à vingt-cinq millions de dollars au bas mot ? Avec classe, ils ne protestent pas et continuent d'entourer leur mère avec affection.

Fin 2008, quand nous terminons ce livre sur ces deux monstres sacrés, « les magnifiques Burton », Elizabeth a soixante-seize ans. Elle vient de déclarer :

— Je crois en Dieu et je n'ai pas peur de la mort, bien que j'espère vivre jusqu'à cent ans. J'ai fait des erreurs, mais je suis heureuse de n'avoir jamais court-circuité mes émotions. Rien n'est pire que d'être insensible. Je suis le produit de mes expériences, chagrins, erreurs, souffrances, et aussi de mes remords… mais j'aime la vie… et Richard me manquera, jusqu'à ce que je le retrouve quelque part là où il est… là où je le rejoindrai… au paradis des acteurs…

Avec Elizabeth, tout est toujours possible. Nous croyons fermement qu'elle réussira, aussi bien de l'autre côté du miroir que sur les écrans, à concrétiser ses rêves.

Elizabeth et Richard seront alors enfin réunis, pour l'éternité.

Los Angeles – New York – pays de Galles –
Londres – Budapest – Gstaad – Céligny – Paris
Décembre 2008
JM – EM

Document

Réponse de Richard Burton (tapée à la machine) aux questions de Jacqueline Monsigny

HOTEL
Duna
INTER•CONTINENTAL

Cher Jacqueline Monsigny,
J'ecrirai en Anglais parce-ce-que vous m'avez demandez en realite une petite histoire de ma vie et je suis plus coulant , facile, en Anglais qu'en Francais. Je vous remercie beaucoup pour votre livre. Je le lirai pendant "Barbe-Bleu". Maintenant les questions et les reponses.

1. I cannot of course escape from the first years of my life, presumably no man can. The work ~~xxxxxx~~ whether the result is good or damaged wrought by the world on the human personality during the intensity of those first 7 or 9 or 13 years is irrevocable. If the result is warped - as it is usually, and as it is, I suspect, in my case - no amount of exercise of will or copious reading or the second hand assistance afforded by the disciples of Jung Freud or Adler can rectify the warp. Since I spent those intensely emotional years in Wales surrounded by miners and their off-spring and since I grew up with my first language being the Welsh language and since the whole world from my childhood on is measured against those early Celtic experiences, virtually everything I've experienced since is seen through the prism of my child-hood. Since I was lucky enough to have an almost idyllic childhood and was, despite the general poverty, un enfant gaté, and because you will find or you may already know that miners everywhere - not just Welsh miners - are men, generally speaking, of blazing honesty and immense courage and huge, almost cosmic temperament the people in my business, actors, writers, producers, "stars", directors and indifferent painters and generally personal failures of some kind - even if they earn a million dollars a minute - the people in my somewhat sorry business seem a very lamentable crowd. There is the occasional exception of course that proves every rule. There is the villainous vicious and lazy and lying miner just as there is the actor or director or writer of incorruptible probity. Both are the exception rather than the rule. I do not quite belong to either category.
My whole life therefore is dominated by my Welsh-ness. So much so that it is a family joke. The highest praise I can bestow on any person is that he looks like a, or talks like a, "Welsh Miner." ~~xxxxxxxxxxxxxxxxxxxxxxxxxxxxxxxxxxxxxxxx~~ At the drop of an "H" or the split of an infinitive, I will set out quite authoritatively to prove that any man of genius is of Celtic origin regardless of how far-fetched and comically tortuous the proof. De Gaulle is of Irish ancestry therefore he is Celtic therefore he is Welsh. Einstein was a Jew and the Celts are proverbially one of the lost ten tribes of Israel, therefore he was Welsh, William Shakespea-re was born so near the Welsh border and his school master was a Welsh man called Thomas Jenkins therefor he was Welsh. Give me a little time and I shall prove that Ho Chi Minh and Mao were the illegitimate descendants of intrepid Welsh explorers. It is as I say the family joke. Peter Ustinov once said something bordering on the cruel about me. He said that he firmly believed that I was not a Welshman at all because he'd met thousands of them in his time and he had never met one of them like me, or even vaguely resembling me. Ustinov of course is that rare being, so rare indeed as to be in my experience unique, who manages to live with the absolute soiling corruption and vicious malpractice of my profession and to possess a searingly brilliant mind which he has never allowed to degenerate into mere wittiness or cleverness (though he can be and is both) but has retained a massive deep core of wisdom. It is carefully hidden ~~xxxxxxxx~~ somewhere in that famous corpulence or in the tangles of his beard. Most people meeting Ustinov at cocktail parties are dazzled by his brilliance as a raconteur and he is probably the most brilliant I know in a world of scintillating story-tellers but the other Ustinov has a Johnsonian profundity and an overwhelming passion for the lost and other half of this cruelly unbalanced planet. My wife too, though she doesn't have Ustinov's intellectual equipment or education of the formal kind will not compromise on the ninth part of a hair if she believes that someone is "trying to pull a fast one". Faced once with a battery of lawyers asking her questions - each one of which was a trap - she reduced them to fumbling incoherence. Because a) she saw the purpose of the question before the sentence was half way out of the celebrated prosecuters mouth and because b) she replied with an honesty that curdled their blood. (For comparison: Examine the interrogation that Mrs Onassis has recently been subjected to in a New York court. Her answers are child-like in their idiocy, and she seems to be deliberate dissembling.

PORTRAIT DE RICHARD BURTON[1]
par Jacqueline MONSIGNY

« Oh ! Mais on sait tout sur Richard Burton… » Oui, bien sûr, nous connaissons par cœur la légende de cet ancien mineur né le 7 novembre 1925 au pays de Galles sous le signe astrologique du Scorpion. Nous n'ignorons rien de ce « monstre sacré », ni de ses célèbres démêlés conjugaux avec Elizabeth… Ne lui a-t-il pas cassé un poste de télévision sur la tête ? Ne boit-il pas plus que de raison ? Ses cadeaux royaux ne sont-ils pas ostentatoires, voire démodés à une époque comme la nôtre ? Ne vaudrait-il pas mieux donner l'argent à des œuvres ?

Oui, il a un caractère impossible… C'est un bagarreur, cherchant noise aux paparazzis qu'il boxe férocement. Il est l'un des hommes, des acteurs, les plus célèbres du monde et les mieux payés… Une auréole dorée l'entoure, attirant les envieux, les chicaneurs, les détracteurs, les jaloux et les starlettes en mal de publicité. Eh oui !, une simple danse avec Richard Burton peut rapporter une sympathique carrière, si l'on est assez intelligente pour la faire photographier.

1. Paru dans plusieurs journaux italiens entre 1972 et 1973, grâce à Gianni Bozzachi.

Nantie comme tout un chacun de ces détails croustillants, j'ai fait le voyage à Budapest où le « Mythe » tourne *Barbe Bleue*.

Il me reçoit d'abord sur le plateau. L'œil perçant, lourd, incisif, énigmatique, inquiétant, démoniaque. Il est vraiment le baron Von Zepper – Barbe Bleue du film. Nous parlons peu : « Trop de travail, il n'a pas le temps maintenant ».

Je le retrouve en fin d'après-midi dans le salon de son appartement à l'hôtel Intercontinental, dont les fenêtres donnent sur le beau « Danube bleu » qui, ô déception ! charrie aujourd'hui des eaux jaunâtres. Richard Burton est maintenant en col roulé, décontracté, d'une jeunesse incroyable. Oui, l'air d'un jeune homme très mince. Il a perdu dix kilos depuis qu'il a quitté la chemise verte de Von Zepper. Curieux… et elle n'était pas rembourrée. C'est peut-être tout simplement cela, être un grand acteur.

Tout en buvant une tasse de thé avec lui (tiens, tiens, pas de whisky, comme les fables courent vite), je pose à mon interlocuteur une série de questions. Peu à peu, à travers ses réponses, apparaît le « moi secret » d'un Richard Burton inconnu, ancien international de rugby [1], professeur d'Oxford, qui pourrait être, certainement, s'il le voulait, un très grand écrivain.

1. Je rectifierai à la demande de Richard Burton.

Volontaire et sensible, constructif et tourmenté, humble et orgueilleux, poète et esprit positif, dominateur et tendre, habile et maladroit, généreux et énigmatique, pudique et amoureux d'une seule et unique femme : la sienne.

Voici cet homme dont « on connaît tout ! » Je vous le livre tel qu'il s'est livré lui-même :

Question 1 – *Richard, Burton, vous sentez-vous Gallois, Anglais, Américain, Mexicain, Suisse, etc. ou citoyen du monde ?*

Richard Burton : « Je ne peux, évidemment, échapper aux premières années de ma vie, je pense d'ailleurs que personne ne le peut. Le travail fait par la vie sur un être, quel qu'en soit le résultat, pendant les premières sept, huit ou même treize années, est absolument irrévocable. Si le résultat en est déformé comme il l'est en général et comme il l'est pour moi, je crois, rien ne peut rectifier cette déformation : ni un effort de volonté, ni des lectures assidues, ni une aide extérieure apportée par d'éventuels disciples de Jung, Freud ou Adler.

Étant donné que j'ai passé ces premières années riches d'émotions dans le pays de Galles, entouré de mineurs, étant donné que ma langue maternelle est le Gallois et que le monde entier a été, dès mon enfance, confronté à ces premières expériences celtiques, il semble que tout ce que j'ai vécu depuis est pour ainsi dire vu à travers le prisme de mon enfance. Comme j'ai eu la chance d'avoir une enfance presque idyllique et que, malgré la pauvreté générale, j'ai été ce qu'on appelle un « enfant gâté », et que vous découvrirez – à moins que vous ne le sachiez déjà – que tous les mineurs, pas seulement ceux du pays de Galles, mais ceux du monde entier, sont des gens d'une honnêteté parfaite, d'un immense courage, d'un tempérament que je qualifierais de « cosmique »…

J.M. : « J'aime bien l'esprit chauvin. Les Normands et les Bretons sont ainsi ! »

R.B. : « … il en est ainsi pour les gens de mon métier – acteurs, écrivains, producteurs, vedettes, « stars », directeurs, peintres, même s'ils gagnent un million de dollars par minute… »

Quel ton pour dire cela. Visiblement, il n'aime pas l'argent. Celui-ci lui brûle les doigts et se transforme en cadeaux pour les êtres qu'il aime, sa femme, ses frères et sœurs, ses enfants et, renseignements pris auprès de ses intimes (car lui se ferait plutôt couper la main que de l'avouer), pour alimenter de nombreuses œuvres dont l'UNICEF., mais cela personne ne le sait.

R.B. : « … tous ces gens qui font partie de mon triste métier me paraissent lamentables. Bien sûr, il y a des exceptions qui confirment la règle : on trouve de vilains mineurs vicieux, tout comme il existe d'irréprochables producteurs, d'incorruptibles écrivains et d'honnêtes acteurs. Ce sont des exceptions, et je ne me sens appartenir ni à l'une ni à l'autre de ces catégories.

Donc, ma vie entière est dominée par le caractère gallois, à tel point même que c'est devenu un sujet de plaisanterie familiale. Le plus grand compliment que je puisse faire à quelqu'un, c'est de lui dire qu'il ressemble à un mineur gallois ou qu'il parle comme un mineur gallois. Dans la façon de parler de quelqu'un, il me suffit de constater l'élision d'un « h » aspiré ou la malformation d'un infinitif pour affirmer avec autorité – et prouver – que tout homme de génie est d'origine celte ; peu m'importe que la preuve invoquée soit tirée par les cheveux ou un peu gauchement forgée. Ainsi, de Gaulle est d'origine irlandaise, donc il est Celte, donc il est Gallois. William Shakespeare naquit tout près de la frontière galloise, son précepteur fut un Gallois nommé Thomas Jenkins, donc il était gallois. Donnez-moi un peu de loisirs et je vous prouverai que Ho Chi Minh et Mao étaient les descendants illégitimes, les bâtards d'intrépides explorateurs gallois. Comme je vous l'ai dit, c'est un sujet de plaisanteries familiales. Peter Ustinov a fait un jour, à mon sujet, une remarque qui frisait la cruauté. Il a dit qu'il croyait fermement que je n'étais pas Gallois du tout, parce qu'il en avait rencontré des milliers, mais que je ne ressemblais à aucun d'eux, pas même vaguement !

Ustinov, bien sûr, est un de ces rares êtres – si rare même qu'il en est arrivé à sembler unique à mes yeux – qui réussit à vivre dans la dégradante corruption et les malversations dégoûtantes de ma profession, sans perdre son esprit lumineux : il n'a jamais permis à cette flamme qui brille en lui de le classer au rang d'homme simplement intelligent et plein d'esprit (bien qu'il soit les deux) ; il a toujours gardé un sens inné de la sagesse, qu'il cache soigneusement sous cette fameuse corpulence ou parmi les replis de sa barbe. La plupart des gens qui rencontrent Ustinov à des cocktails sont éblouis par ses dons de « raconteur » ; il est certainement le plus étonnant d'entre eux que je connaisse dans ce monde de conteurs brillants, mais l'autre Ustinov, celui qu'on ne voit pas, a une profondeur Johnsonnienne [1] et une passion dévorante pour tout ce qui est caché, perdu ou malheureux sur notre planète si cruellement mal équilibrée. Ma femme aussi, bien qu'elle n'ait pas la formation intellectuelle ni l'éducation très formelle d'Ustinov, ne cèdera jamais un pouce de terrain à quelqu'un qui, selon elle, essaierait de « l'avoir ». Confrontée un jour à un bataillon d'avocats qui lui posaient des questions, dont chacune était un piège, elle les réduisit en poussière et fit jaillir l'incohérence de leurs propos, parce que premièrement, elle avait flairé l'objet de la question avant même qu'elle ne soit

1. De Samuel Johnson, moraliste, critique et lexicographe anglais (1709-1784)

sortie de la bouche des célèbres procureurs, et deuxièmement parce qu'elle répondait avec une honnêteté qui vous glaçait le sang. Si vous voulez comparer, voyez l'interrogatoire qu'a récemment subi Madame Onassis au tribunal de New York ; ses réponses sont puériles et elle semblait être délibérément hypocrite. En tout cas, nous avons gagné le procès.

Bref, les répercussions de mes années d'enfance avec leur étrange environnement, se font sentir dans ma vie entière. Mais il y a si longtemps que je vis loin du pays de Galles que je suis prêt à faire un compromis et à dire que je suis un Gallois-Européen. Pas un Anglo-Saxon… qu'on se le dise bien ; j'ai de l'admiration pour les Anglais et un soupçon d'amitié, mais pas d'amour. Les Anglais sont une des populations les moins aimables. Je me sens plus « chez moi » parmi les Latins : les Français, les Italiens, les Espagnols et leurs cousins, les Mexicains ».

Il sourit, boit une gorgée – la glace est rompue entre nous – quelle force de vivre ! Je découvre en lui le sens de l'amitié, et la fierté qu'il éprouve pour Elizabeth, sans essayer de la cacher. C'est follement sympathique.

Question 2 – *Et vous qui êtes un « errant » de par le monde, quelle est votre ville préférée ? Réelle ou imaginaire ?*

R.B. : « La ville de mes rêves a réellement existé, existe encore, mais devient rapidement un pur fantasme, un mythe, car à chacune de mes visites, j'y trouve un nouveau changement. Il s'agit de Puerta Vallarta, dans l'État de Jalisco, au Mexique. Quand, il y a environ huit ou neuf ans, j'y suis allé vivre pour la première fois, c'était une petite ville de pêcheurs, qui faisait un peu de tourisme en marge de ses activités. Aujourd'hui, sa population est passée de cinq mille habitants (chiffre de sa population à l'époque où nous y sommes allés la première fois) à trente mille ; et tous ces gens s'adonnent maintenant presque uniquement au tourisme. Autrefois, la petite ville ressemblait à une espèce de cauchemar euclidien où l'on errait à l'aveuglette à travers un dédale de petites rues entrelacées, menant à la mer d'un bleu incomparable ou rejoignant la petite rivière qui coulait gaiement à côté de chez nous ; les habitants de cette ville de rêve étaient doués à la fois d'une sorte de douce mélancolie héréditaire et d'une force de volonté peu ordinaire qui leur donnait une exubérance que l'on pourrait presque qualifier de folle. Il faut vous dire que j'ai, pour les Mexicains, un amour qui rejoint celui que j'éprouve pour les Gallois (leur tempérament se ressemblent). Comme mes mineurs, ils sont doués de grandes forces et de terribles faiblesses, ils ont de gros complexes d'infériorité, pour les mêmes raisons sans doute : ils vivent à l'ombre d'un colosse dénommé « États-Unis d'Amérique », et nous vivions à l'ombre de ce qui était le colosse anglais et le plus grand empire que le monde ait connu. Ces deux nations ont donc subi les affres de la tyrannie et toutes deux ont survécu. Eux, ont une population de quarante-cinq à cinquante millions d'âmes, nous de trois millions. Mais maintenant, le paradis de Vallarta disparaît de plus en plus à nos yeux désolés, surtout depuis que le gouvernement a permis la construction de ce pour quoi le monde entier semble avoir aujourd'hui un penchant très net : ces sortes de boîtes empilées les unes sur les autres qu'on appelle des hôtels. »

Question 3 – *Mais qui êtes-vous, un homme de « campagne », de « montagne », de « ville », de « mer » ou de « voyage » ?*

R.B. : « Je n'ai pas l'âme d'un campagnard. J'aime les champs, les rivières, les ruisseaux, les montagnes, mais je n'aime pas me sentir éloigné de … l'épicerie, de la boucherie, de la boulangerie et de la librairie ; cette dernière surtout me tient terriblement à cœur car je suis un maniaque des livres de la pire espèce ! J'aime aussi les quincailleries où je peux passer des heures devant des objets de toutes sortes, imaginant tout ce que je pourrais faire avec ces outils, malgré la maladresse notoire de mes mains ! Pour moi, enfoncer un clou dans un mur sans démolir soit le mur, soit le marteau, soit mes mains, est un triomphe ! Un triomphe très rare. »

Question 4 – *Attachez-vous de l'importance aux vêtements ? Pour vous ? Pour les autres ?*

R.B. : *(Il jette un rapide coup d'œil à sa tenue décontractée)* « Je ne m'intéresse pas du tout aux vêtements – comme vous pouvez vous en rendre compte. Ce qui m'importe, c'est qu'ils soient confortables et que je m'y sente à l'aise. Si je suis relativement bien habillé en général, c'est parce que ma femme choisit tout ce que je porte. Je vis presque continuellement en pulls et pantalons. Il est vrai que je possède un manteau de vison, ce qui, pour une personne de mon genre et de mon origine, est un non-sens qui confond l'imagination ; mais c'est là le résultat de la « tyrannie d'Elizabeth ». La seule chose sur laquelle j'insiste, et que j'ai toujours tenu à avoir depuis que je gagne assez d'argent, c'est une tenue de rechange quotidienne de la tête aux pieds. »

Question 5 – *Et faites-vous parfois la cuisine ? Aimez-vous les « bons petits plats » ou considérez-vous que le fait de vous mettre à table est seulement pour vous nourrir, parler et retrouver votre famille et vos amis ?*

R.B. : « Je m'intéresse très peu à la nourriture, en dehors de quelques périodes où je me sens devenir

« gourmet ». Tous mes enfants, quand nous sommes entre nous, ont le droit de lire des livres ou des journaux pendant les repas ; j'estime en effet que la vie est si courte que si l'on peut faire deux choses à la fois, au aurait tort de s'en priver. Ma cuisine préférée est celle que prépare ma femme quand, joie des joies, nous nous trouvons quelque part où l'on ne peut avoir de cuisinière. Je ne sais pas cuisiner moi-même, pourtant, j'ai essayé. La seule chose que je réussisse, c'est à aider Elizabeth et à faire la sauce hollandaise. Je sais aussi très bien faire le thé – comme celui que vous buvez en ce moment. »

Il met la main sur la théière, s'aperçoit qu'elle refroidit et va tranquillement chercher de l'eau bouillante dans la kitchenette à côté. J'attends qu'il soit de nouveau installé pour lui demander :

Question 6 – *Qu'est-ce qui vous frappe tout de suite chez les êtres ? (regard, voix, mains, etc.)*

R.B. : « Je me sens tout de suite à l'aise avec les femmes, quel que soit leur âge, leur aspect, leur taille ou leur poids ; et puis ensuite, je découvre celles qui me plaisent ou me déplaisent. »

Je fais une rapide prière en souhaitant ne pas être dans cette seconde catégorie.

R.B. : « La compagnie de certains hommes, peu nombreux, me plaît aussi, mais il n'y en a guère plus de douze au monde. Les gens que je préfère sont les acteurs, les travailleurs manuels et les écrivains – les bons écrivains, pas ceux qui diluent leurs opinions sur les films dans les journaux ; à ceux-là, on devrait décerner l'oscar des gens les plus ennuyeux du monde, à quelques exceptions près. »

Il y a, parfois, un petit temps, une légère hésitation, il réfléchit sur un mot, mais ne bute jamais et pourtant l'interview a lieu en français – qu'il parle fort bien, d'une façon très littéraire et avec un léger accent.

Question 7 – *Croyez-vous aux extra-terrestres ? Et aimeriez-vous en rencontrer un ou une ?*

R.B. : « Je ne sais pas exactement ce que vous entendez par les « extra-terrestres ». Si vous voulez parler de gens d'un autre monde… »

J.M. : « Oui, c'est cela. »

R.B. : « Alors non, je n'y crois pas, bien que, s'ils existaient, j'essaierais de savoir s'ils ont une littérature et j'apprendrais leur langue. Je m'intéresse bien plus à la langue hongroise, par exemple, à sa structure, sa grammaire, qu'aux Hongrois eux-mêmes. Ce n'est qu'après avoir acquis une vague connaissance d'une langue étrangère que je commence – parfois – à m'intéresser aux gens qui la parlent. »

Question 8 – *Si une fée vous offrait une de ces deux possibilités, laquelle choisiriez-vous :*

1/ Partir « voir » ce qui se passera dans deux mille ans ?

2/ Ou remonter le cours du temps pour vivre ce qui s'est passé exactement à l'époque de votre choix ?

R.B. : *(La réponse vient rapidement, sans hésitation).* « Je choisirais incontestablement le passé. En dehors de toute autre considération, je suis issu d'une famille dont les membres vivent très vieux. Beaucoup de mes oncles et tantes ont atteint les quatre-vingt-dix ans et mon père, en dépit d'une vie intense et dangereuse au fond des mines où il travaillait dur dans une atmosphère polluée, en dépit d'une vie privée extraordinairement féconde (il était aussi champion de « la dive bouteille ») vécut jusqu'à quatre-vingt-trois ans ; mon frère aîné, après avoir passé cinquante-deux ans à la mine, est encore très fringant à soixante-treize ans. À moins d'un accident, je pourrais très bien voir l'an 2000, avec la permission de Dieu et de la pernicieuse science moderne, vu qu'il me suffira d'atteindre mes soixante-quinze ans pour voir l'aube du troisième millénaire. Donc, pour ce qui est du passé, je choisirais l'époque hellénique de Socrate et d'Aristote. Je suis également tenté par la période élisabéthaine et shakespearienne, mais je préfèrerais quand même vivre l'autre parce que j'ai une intelligence très « musculaire » qui se serait sentie plus à l'aise au milieu de la clarté limpide des philosophes helléniques qu'au milieu des superstitions entremêlées de sorcellerie de l'époque élisabéthaine. De plus, les Grecs étaient des gens propres, physiquement, alors que les Européens du XVIème siècle étaient sales et plein de poux ; or, je suis fanatiquement pour l'hygiène, sans doute parce que j'ai grandi au milieu de gens qui prenaient automatiquement un bain quotidien, leur métier de mineurs les y obligeant ! Je ne me suis jamais tout à fait remis du choc que j'ai reçu en pénétrant pour la première fois dans l'université d'Oxford et en découvrant que les étudiants en général (ceux qui venaient des classes supérieures de la société tout comme ceux qui venaient des classes moyennes), considéraient qu'un bain par semaine suffisait largement. Et ils portent la même paire de chaussettes et la même chemise (je n'ose penser à leurs sous-vêtements), pendant des jours, peut-être même des semaines. Depuis lors, je ne peux m'empêcher de penser que les Anglais sont des gens qui sentent mauvais. Mais peut-être deviennent-ils plus propres en vieillissant. »

Question 9 – *Quels livres emporteriez-vous sur une île déserte ?*

R.B. : « Sur mon île déserte, j'emporterais la grammaire, le dictionnaire, et l'anthologie poétique d'une langue que je ne connais pas – une langue asiatique peut-être. Et puis l'inévitable Bible, le Coran, Shakespeare, une non moins inévitable encyclopédie (l'encyclopédie Britannica ou celle de Larousse – sans doute cette dernière d'ailleurs, qui me paraît meilleure), et puis quelques-uns de ces manuels qui vous expliquent « comment bâtir une maison ». J'emporterais aussi un ou deux couteaux de l'armée suisse, deux anthologies très complètes de la poésie anglaise et française, deux mille feuilles de papier format in-folio ainsi qu'une plume bien aiguisée et de l'encre d'une qualité inaltérable. Cela me permettrait de survivre pendant quarante ans, peut-être même quatre cents. »

Il cligne de l'œil derrière moi. Un peu surprise, je me retourne. Une jeune femme habillée d'un ensemble pantalon bleu, pas maquillée, les cheveux flous, passe derrière nous en tenant plusieurs scénarios qu'elle va déposer sur un bureau. Elle fait un signe gentil qui signifie, avant de ressortir, « Je ne veux pas vous déranger et aussi pardonnez-moi, je suis pressée ». Si je n'avais pas reconnu tout de suite ses admirables yeux violets, je n'aurais pas pu croire que la star des stars était chez elle une femme comme les autres. Mais qu'elle est belle et jeune, Elizabeth. Je le lis aussi dans ses yeux en revenant vers lui, même s'il a déjà dit en riant, au cours d'interviews, que « la plus belle femme du monde n'était en fait pas jolie », et je reprends mon interrogatoire auquel il se soumet avec une patience extraordinaire, comme s'il n'avait que cela à faire, alors que les nombreux scénarios que je viens de voir en sont la preuve contraire.

Question 10 – *Quel est votre peintre préféré ? Contemporain ? Ancien ? Et aimeriez-vous être un grand peintre ?*

R.B. : « La peinture ne signifie absolument rien pour moi, bien que, en raison de l'amour que ma femme éprouve pour cet art, nous vivions au milieu de chefs-d'œuvre. De même que certaines personnes sont sourdes à la musique, je suis aveugle à la couleur et complètement hermétique à ce genre d'art. La seule courbe artistique qui m'excite est le tracé d'une lettre alphabétique par une main experte. »

Question 11 – *Avez-vous rêvé de jouer un rôle que vous ne pourrez jamais interpréter ? (Exemple : une femme peut avoir envie de jouer d'Artagnan, un homme Lucrèce Borgia...)*

R.B. : « Je n'ai jamais fait de rêves de ce genre, n'ayant jamais éprouvé d'intérêt pour cette sorte de choses et n'ayant jamais fait d'efforts d'imagination dans ce sens. Le fait que je sois devenu acteur est un accident *(par pudeur, il ne dit pas qu'il écrit)*, et j'ai beaucoup de chance d'avoir si bien réussi, peut-être aurais-je été un raté dans un autre métier, je n'en sais rien, mais puisque vous me posez cette question, disons que j'aurais aimé jouer Sarah Bernhardt sur le mode farfelu : le simple fait d'écouter sa voix enregistrée est pour moi d'un comique irrésistible. »

Question 12 – *Préférez-vous le jour ou la nuit ?*

R.B. : « La nuit. Surtout ce que Shakespeare, dans Hamlet, appelle « l'immensité immobile du milieu de la nuit ». Ainsi, j'adore, ici à Budapest, me réveiller à trois heures du matin, boire du thé tout en lisant, parfois, un livre avec Elizabeth, ou taper à la machine ou bavarder en attendant le lever de l'aube brumeuse. »

Question 13 – *Avez-vous un poète de chevet ? (Dont les poésies sont toujours sur votre table de nuit ?)*

R.B. : « Toujours. En ce moment, c'est Baudelaire, cela fait déjà quelque temps que je le traîne partout avec moi, six mois peut-être. Étant donné que je me bats quotidiennement avec lui et son français, je suis bien obligé de laisser son sang se mêler au mien, comme par osmose. »

Question 14 – *Croyez-vous que l'on juge les êtres par les « petites choses » de tous les jours ou dans les « grandes circonstances » ?*

R.B. : « On juge les grandes choses par les petites. Un grand homme, une grande femme peuvent vous rendre enragé en s'accrochant à de petites choses sans importance. Mais le vrai test est celui des « grandes circonstances » quand le fond de la personnalité se découvre et que tombe le vernis superficiel. »

Question 15 – *Avez-vous déjà eu réellement peur ?*

R.B. : « J'ai très souvent peur, en général pas (ou peu) physiquement, mais j'ai parfois peur du genre humain et de ce dont il est capable, de sa cruauté insensée, ses vices, sa barbarie, sa stupidité – surtout quand il se reflète en moi. Un jour, j'ai failli tuer un homme. J'avais environ vingt et un ans. J'étais dans la RAF. Le fait d'avoir réalisé que, sans les efforts conjugués de plusieurs de mes amis, je serais sans aucun doute devenu un assassin et que ces quelques minutes de démence auraient fait de moi un tueur et un fou, m'a toujours tourmenté. La plupart des gens sensibles sont hostiles à la peine de mort pour des raisons évidentes et humaines ; moi-même, je la réprouve, mais, je le répète, sans l'aide précieuse de quelques amis, dans un village du Norfolk, j'aurais été pendu haut et court à l'âge de vingt et un ans, jusqu'à ce que mort s'ensuive. »

J'ai envie d'insister, d'en savoir davantage, mais il a répondu à l'essentiel. Pourquoi il a failli tuer n'a aucune importance et puis, je sens qu'il a répondu avec une franchise rare et n'a plus envie d'en parler.

Question 16 – *Aimeriez-vous faire autre chose et le faites-vous ?*

R.B. : « J'aimerais être membre – membre résidant – de la confrérie de « All Souls »[1] à Oxford. »

Question 17 – *Vous avez été professeur à Oxford*[2]*, que pensez-vous de la jeunesse actuelle par rapport à celle de vos études ?*

R.B : « Les jeunes sont toujours les mêmes. Je n'aimais pas les jeunes quand j'étais jeune moi-même, et je ne les aime toujours pas. En dehors de nos enfants, il est très rare pour moi de trouver intéressant un être âgé de moins de vingt-cinq ans. »

Question 18 – *Comment choisissez-vous vos rôles ? En discutez-vous toujours avec madame Burton ? Vos enfants vous donnent-ils leur avis ? Les écoutez-vous ? Avez-vous le « coup de foudre » pour un rôle ?*

R.B. : « Je discute toujours de mes rôles au cinéma ou au théâtre avec Elizabeth, et elle en fait autant. Parfois, les enfants – les plus jeunes surtout – m'influencent dans mon choix de films. Ainsi, pour

1. Célèbre collège d'Oxford où il faut être élu.
2. Richard Burton a été professeur de poésie durant un semestre à Oxford.

La Mégère apprivoisée, *Quand les aigles attaquent* et l'actuel *Barbe Bleue*, ils voulaient que je tourne un film d'horreur drôle. Comme les deux premiers films cités ont été d'immenses succès, j'espère qu'ils auront encore une fois raison pour *Barbe Bleue.* »

Question 19 – *Connaissez-vous vos qualités ? Et vos défauts ? Si vous en avez…*

R.B. : « Je suis d'une paresse incorrigible pour ce qui est de jouer, pas pour le reste. Je suis cynique et ne reconnaîtrais en moi aucune qualité, même si j'en avais. J'ai une grande faiblesse : je suis incapable de dire non à un producteur qui m'apporte un script que je n'aime pas mais qu'il ne peut tourner sans moi. Résultat : un mauvais film. »

Question 20 – *Avez-vous eu un héros dans votre enfance ?*

R.B. : « Oui : un de mes frères aînés, Ifor. Je n'aimais pas beaucoup aller au cinéma et n'avais pas de héros de cinéma ; pourtant, s'il fallait à tout prix en nommer un, je dirais Wallace Berry [1]. »

---

1. Géant du « muet » puis du « parlant » dans de nombreux films d'aventures.

Question 21 – *Pensez-vous que chez un acteur, l'humanité passe avant le talent ? Ou devient un talent ?*

R.B. : « On n'apprend à personne à jouer. On joue ou on ne joue pas. Ça n'a rien à voir avec l'intelligence. Un des plus grands acteurs que je connaisse est extrêmement, quoique délicieusement, bête ; c'est un de mes grands amis. On ne peut vous enseigner que la technique, rien de plus. Il y a des acteurs qui suent sang et eau, qui ont des cauchemars, mais qui généralement restent très inefficaces. Le véritable acteur est nerveux, mais sûr de lui. Tout ce qu'il a à offrir, c'est son « humanité » d'acteur ; s'il n'en a pas, le public s'en rend compte immédiatement et le laisse tomber. »

Je me lève, la nuit tombe sur Budapest. Demain matin, le tournage de Barbe Bleue *reprendra. En gagnant la porte, je me retourne et demande à brûle-pourpoint :*

Question 22 – *Croyez-vous à une vie future et pensez-vous que tous les ex-champions de rugby* [1] *iront directement au ciel… ?*

(Ses yeux brillent, il répond sans hésitation.)

1. J'avais écrit que Burton avait été international de rugby du pays de Galles et d'Oxford. (Avec honnêteté, Richard m'a fait corriger cette inexactitude). Il n'a donc jamais été international de rugby, mais a fait partie de l'université des équipes de rugby dont il a même été capitaine.

R.B. : « Non, pas directement, TOUT À FAIT DIRECTEMENT. Le ciel est exactement au-dessus du pays de Galles. »

Et au-dessus de Richard Burton…

Filmographie
Elizabeth Taylor

Cinéma

1942 *There's One Born Every Minute*

1943 *Lassie Come Home (La Fidèle Lassie)*

1944 *Jane Eyre*

The White Cliffs of Dover (Les Blanches falaises de Douvres)

National Velvet (Grand National)

1946 *Courage of Lassie (Le Courage de Lassie)*

1947 *Cynthia*

Life with Father (Mon père et nous)

1948 *A Date with Judy (Ainsi sont les femmes)*

Julia Misbehaves (La Belle imprudente)

1949 *Little Women (Les Quatre filles du Docteur March)*

Conspirator (Guet-apens)

1950 *The Big Hangover (Le Chevalier de Bacchus)*

Father of the Bride (Le Père de la mariée)

Father's Little Dividend (Allons donc, papa !)

1951 *A Place in the Sun (Une Place au soleil)*
Callaway Went Thataway (Une Vedette disparaît)
Ivanhoe (Ivanhoé)

1952 *Love Is Better Than Ever*
The Girl Who Had Everything (La Fille qui avait tout)

1953 *Elephant Walk (La Piste aux éléphants)*

1954 *Rhapsody (Rhapsodie)*
Beau Brummell (Le Beau Brummel)
The last Time I Saw Paris (La Dernière fois que j'ai vu Paris)

1955 *Giant (Géant)*

1957 *Raintree County (L'Arbre de vie)*

1958 *Cat on a Hot Tin Roof (La Chatte sur un toit brûlant)*

1959 *Suddenly, Last Summer (Soudain, l'été dernier)*

1960 *Scent of Mystery / Holiday in Spain*
Butterfield 8 (La Vénus au vison)

1963 *Cleopatra (Cléopâtre),* avec Richard Burton
The V.I.P.'s (Hôtel International), avec Richard Burton

1964 *The Sandpiper (Le Chevalier des sables)*, avec Richard Burton

1965 *Who's Afraid of Virginia Woolf? (Qui a peur de Virginia Woolf ?)*, avec Richard Burton

1966 *The Taming of the Shrew (La Mégère apprivoisée)*, avec Richard Burton

1967 *Doctor Faustus (La Tragique histoire du Docteur Faust)*, avec Richard Burton

Refections in a Golden Eye (Reflets dans un œil d'or)

The Comedians (Les Comédiens), avec Richard Burton

1968 *Boom! (Boom!)*, avec Richard Burton

Secret Ceremony (Cérémonie secrète)

The Only Game in Town (Las Vegas, un couple)

1969 *Anne of the Thousand Days (Anne des mille jours)*

1972 *X, Y and Zee (Une belle tigresse)*

Hammersmith is Out (Liberté provisoire), avec Richard Burton

Under Milk Wood, avec Richard Burton

1973 *Night Watch (Terreur dans la nuit)*

Ash Wednesday (Noces de cendres)

The Driver's Seat (Identikit)

1974 *That's Entertainment! (Il était une fois Hollywood)*

1976 *The Blue Bird (L'Oiseau bleu)*

1977 *A Little Night Music (Petite musique de nuit)*

1979 *Winter Kills*

1980 *The Mirror Crack'd (Le Miroir se brisa)*

1981 *Genocide* (*Génocide,* documentaire)

1988 *Young Toscanini (Toscanini)*

1994 *The Flintstones (La Famille Pierrafeu)*

Téléfilms

1970 *All My Children (La Force du destin)*

1973 *Divorce His – Divorce Hers (Divorce)*, avec Richard Burton

1976 *Victory at Entebbe (Victoire à Entebbe)*

1978 *Return Engagement*

1983 *Between Friends / Nobody Makes Me Cry*

1985 *Malice in Wonderland (Malice au pays des merveilles)*

North and South (Nord et Sud) (Mini-série)

1986 *There Must Be a Pony (Une vie de star)*

1987 *Poker Alice*

1989 *Sweet Bird of Youth (Doux oiseau de jeunesse)*

2001 *These Old Broads (Drôles de retrouvailles)*

Théâtre

1981 *The Little Foxes (Les Petits renards)*

1983 *Private Lives (Vies privées)*

Filmographie
Richard Burton

Théâtre

1943 *Druid's Rest* – Liverpool

1944 *Measure For Measure (Mesure pour mesure),* de Shakespeare – Oxford

1948 *Castle Anna,* Hammersmith

The Last Days of Dolwyn (Les Derniers jours de Dolwyn)

1949 *The Lady's Not for Burning* (*La Dame ne brûlera pas)* – Londres

1950 *The Boy with a Cart* – Hammersmith

Un Phénix trop pressant – Brighton

La Dame ne brûlera pas – New York

1951 *Henry IV (première partie)*

Henry IV (seconde partie)

Henry V

La Tempête – Shakespeare Memorial Theater, Stratford-upon-Avon

Legend of Lovers – New York

1952 *Montserrat* – Hammersmith

1953 *Hamlet* – Edinburgh

1953-54 : Compagnie de l'Old Vic (saison)

Hamlet

Le Roi Jean

La Nuit des rois

Coriolan

La Tempête

1955-56 : Compagnie de l'Old Vic (saison)

Henry V

Othello

Iago

1957 *Time Remembered* – New York

1960 *Camelot* – New York

1964 *Hamlet* – New York

1966 *Doctor Faustus* – Oxford Playhouse

1976 *Equus* – New York

1980-81 *Camelot* – En tournée aux États-Unis, dont New York

1983 *Private Lives* – New York avec Elizabeth Taylor

Cinéma

1948 *The Last Days of Dolwyn (Les Derniers jours de Dolwyn)*

1949 *Now Barabbas Was a Robber*

1950 *Waterfront*

The Woman with No Name

1951 *Green Grow the Rushes*

1952 *My Cousin Rachel (Ma cousine Rachel)*

1953 *The Robe (La Tunique)*

The Desert Rats (Les Rats du désert)

1954 *Prince of Players*

Demetrius and the Gladiators (Les Gladiateurs)

1955 *The Rains of Ranchipur (La Mousson)*

Alexander the Great (Alexandre le Grand)

1956 *Sea Wife (L'Épouse de la mer)*

1957 *Bitter Victory (Amère victoire)*

1959 *Look Back in Anger (Les Corps sauvages)*

Bramble Bush (Le Buisson ardent)

1960 *Ice Palace (Les Aventuriers)*

1961 *The Longest Day (Le Jour le plus long)*

1963 *Cleopatra (Cléopâtre),* avec Elizabeth Taylor

The V.I.P's (Hôtel International), avec Elizabeth Taylor

Zulu (Zoulou)

Becket

The Night of the Iguana (La Nuit de l'iguane)

1964 *Hamlet*

What's New Pussycat (Apparition)

The Sandpiper (Le Chevalier des sables), avec Elizabeth Taylor

1965 *The Spy Who Came In From the Cold (L'Espion qui venait du froid)*

Who's Afraid of Virginia Woolf (Qui a peur de Virginia Woolf), avec Elizabeth Taylor

1966 *The Taming of the Shrew (La Mégère apprivoisée)*, avec Elizabeth Taylor

1967 *Doctor Faustus (La Tragique histoire du Docteur Faust)*, avec Elizabeth Taylor

The Comedians (Les Comédiens), avec Elizabeth Taylor

Candy

1968 *Boom! (Boom!)*, avec Elizabeth Taylor

Where Eagles Dare (Quand les aigles attaquent)

Staircase (L'Escalier)

1969 *Anne of the Thousand Days (Anne des mille jours)*

1971 *Raid on Rommel (Le Cinquième commando)*

Villain (Salaud)

The Assassination of Trotski (L'Assassinat de Trotski)

1972 *Under Milk Wood*, avec Elizabeth Taylor

Hammersmith is Out (Liberté provisoire), avec Elizabeth Taylor

Bluebeard (Barbe Bleue)

1973 *The Battle of Sutjeska (Tito)*

The Voyage (Le Voyage)

1974 *Rappresaglia (Massacre à Rome)*

The Klansman (L'Homme du clan)

1975 *Jackpot (film inachevé)*

1977 *Exorcist II ; The Heretic (L'Hérétique)*
Equis (Equus)
The Medusa Touch (La Grande Menace)
1978 *The Wild Geese (Les Oies sauvages)*
Breakthrough (La Percée d'Avranches)
Absolution
1979 *Tristan and Isolde (Tristan et Iseult)*
1980 *Circle of Two*
1983 *Wagner*
Private Lives, New York, avec Elizabeth Taylor
1984 *1984 (d'après le livre de George Orwell)*

Téléfilms

1958 *Wuthering Heights (Les Hauts de Hurlevent)*
1960 *The Fith Column (La Cinquième colonne)*
The Tempest (La Tempête)
A Subject of Scandal and Concern
1973 *Divorce His, Divorce Hers (Divorce),* avec Elizabeth Taylor
1974 *Walk With Destiny (Winston Churchill)*
Brief Encounter (Brève rencontre)
1982 *The Fall Guy*
1983 *Alice in Wonderland (Alice au pays des merveilles)*
1984 *Ellis Island*

Table des matières

ŒUVRES DE JACQUELINE MONSIGNY

1970 *Floris, mon Amour* (Grasset) (Archipoche)

1972 *Floris, le Cavalier de Petersbourg* (Grasset) (Archipoche)

1973 *La Belle de la Louisiane* (Grasset)

1974 *Les Amants du Mississipi* (Grasset)

1975 *Le Miroir aux Pingouins* (Collection Best Sellers Robert Laffont)

1976/77 *Freddy Ravage* (Collection Jeunesse) 6 volumes :

- *Freddy Ravage passe à l'attaque*
- *Freddy Ravage et les Diplodocus*
- *Freddy Ravage et la Ville dorée*
- *Freddy Ravage et les Karatekas*
- *Freddy Ravage et les Agents secrets*
- *Freddy Ravage prisonnier des pharaons*

1979 *L'Amour dingue* (JC Lattès)

1980 *Un Mariage à la carte* (JC Lattès, J'ai Lu) Adapté à la télévision sous le titre : *Michigan Mélodie.*

1981 *Michigan Mélodie (J'ai Lu)*

Les Nuits du Bengale (JC Lattès)

1982 *Le Palais du désert (JC Lattès)*

1983 *Divine Zéphyrine (Grasset)*

1984 *Princesse Renaissance (Grasset)*

1985 *La Rose de sang (Grasset)*

1986 *Le Roi sans couronne (Flamme, J'ai Lu)*

1987 *Toutes les vies mènent à Rome (Flamme)*

1989 *Les Lionnes de Saint-Tropez (RMC-Flamme)*

1991 *Gulf Stream (Fayard-Éditions n°1)*

1993 *Le Maître de Hautefort (Belfond)*

1995 *La Dame du bocage (Belfond)*

1996 *La Tour de l'orgueil (Belfond)*

Lorenzo le Magnifique (Flammarion)

1997 *Soir de Première (Belfond, J'ai Lu)*

1999 *La Cousine du roi (JC Lattès)*

2002 *Hollywood Machine (JC Lattès)*

Chère Princesse Grace (Michel Lafon)

Les Filles du tsar (Michel Lafon)

2003 *Bianca la rebelle (Éditions du Rocher)*

2004 *Moi Jackie Kennedy – avec Frank Bertrand (Michel Lafon)*

La Maison rouge – avec Thibaut Chatel (Éditions du Rocher)

2005 *Moi Elizabeth II, reine d'Angleterre – avec Frank Bertrand (Michel Lafon)*

2006	*Le Roman de Hollywood - avec Edward Meeks (Éditions du Rocher)*
2007	*Le Roman du Festival de Cannes - avec Edward Meeks (Éditions du Rocher)*
2008	*Laura Bush "Pourquoi j'ai épousé ce con?" – avec Frank Bertrand (Michel Lafon)*
	La Viking – Princesse des glaces (Edit-Plus / Groupe des Éditions Alphée – Jean-Paul Bertrand)

ŒUVRES ET FILMOGRAPHIE D'EDWARD MEEKS

1985	*Scénario: Michigan Mélodie (avec Jacqueline Monsigny)*
	John Kerry, l'espoir perdu (Éditions du Rocher)
2006	*Le Roman de Hollywood - avec Jacqueline Monsigny (Éditions du Rocher)*
2007	*Le Roman du Festival de Cannes – avec Jacqueline Monsigny (Éditions du Rocher)*
2008	*Les Globe-Trotters, ma grande aventure (Éditions Les Presses de la Renaissance)*

CINÉMA :

1962	*Le Jour le plus long (Darryl Zanuck)*
1962	*Le Jour et l'heure (René Clément)*
1963	*Le Dernier train pour Berlin (Sean Flynn)*
1963	*Maigret voit rouge (Gilles Grangier)*
1964	*Le Monocle rit jaune (Georges Lautner)*
1965	*Pleins feux sur Stanislas (Jean-Charles Dudrumet)*
1966	*Galia (Georges Lautner)*
1969	*Le Clan des Siciliens (Henri Verneuil)*
1970	*Liberxina 90 (Carlos Duran)*
1970	*Patton (Franklin Schaffner)*
1971	*Le Bâton (Nestor Almendros)*
1972	*Barbe Bleue (Edward Dmytryk)*
1976	*Le Faux-cul (Roger Hanin)*
1979	*Les Grandison (Akim Kurz)*
1983	*Le Grand Carnaval (Alexandre Arcady)*
1984	*The Predator (André Szotz)*
1985	*Bras de fer (Gérard Vergez)*
1985	*Les Loups entre eux (José Giovanni)*
1987	*Châteauroux District (Philippe Charigot)*
1988	*Honour Bound (Jeannot Szwarc)*
1989	*Sauf votre respect (Guy Hamilton)*
1991	*Génération oxygène (Georges Trillat)*
1997	*Pushing the Limits (Thierry Donard)*
2002	*Mon année 1919 (Huang Jianzhong)*

THÉÂTRE :

1975 *Le Zouave, Comédie des Champs-Elysées (Claude Rich)*

1978 *Par-dessus Bord, TNP (Roger Planchon)*

1981-82 *Nini la Chance, Comédie musicale Théâtre Marigny (A. Cordy)*

TÉLÉVISION :

1967-68-69 *Les Globe-Trotters, série (Claude Boissol) – 39 épisodes*

1970 *Le Loup des mers, série (Wolfgang Staudte) – 6 épisodes*

1974 *Palais bleu, série (Bavaria) – 6 épisodes*

1975 *Susi, série (Micaël Pleagar) – 6 épisodes*

1977 *Allez la Rafale, série (Yannick Andréi) – 6 épisodes*

1980 *Rearranged, film avec SAS la Princesse Grace de Monaco*

1981 *L'Atterrissage, film (François Chalais)*

1981-1982 *La Voie Jackson, série (Gérard Herzog) – 4 épisodes*

1982 *Sans famille, série (Jacques Ertaud) – 3 épisodes*

1985 *Le Regard dans le miroir, série (Jean Chapot – Nelly Kaplan) – 3 épisodes*

1986 *Michigan Mélodie, film (B.T. Michel / J. Monsigny)*

1989 *Chinatown (Navarro), film (Patrick Jamain)*

1992 *La Ville dans la forêt, film (Guy Jorré)*

1993 *Légende, film (François Luciani)*

1995 *Le Sang du chasseur, film (Gilles Carle)*

1996 *Un Jour avant l'aube, film (Jacques Ertaud)*

1997 *Le Roi de l'ordure, film (J.D. Verhaeghe / Jean-Claude Carrière)*

2006 *Carla Rubens, série (Bernard Uzan) "Un parfum de crime"*

2007 *Carla Rubens, série (Bernard Uzan) "Kidnapping"*

CET OUVRAGE A ÉTÉ ACHEVÉ D'IMPRIMER PAR
CORLET IMPRIMEUR, S.A.

N° d'imprimeur : 121509
Dépôt légal : mai 2009

Imprimé en France

Éditions Alphée, Jean-Paul Bertrand
28, rue Comte-Félix-Gastaldi
Monaco